U0600195

广东省服务经济发展研究系列丛书

广东省外经贸运行监测广外国际服务经济研究院监测点研究丛书

广东省决策咨询研究基地广外国际服务经济研究中心智库丛书

广东对外经济贸易研究报告

（2025）

陈和　刘恩初　孙波　刘乾　著

中国商务出版社

·北京·

图书在版编目（CIP）数据

广东对外经济贸易研究报告. 2025 / 陈和等著. 北京 : 中国商务出版社, 2025. -- ISBN 978-7-5103 -5753-4

Ⅰ. F752.865

中国国家版本馆CIP数据核字第20251HM191号

广东对外经济贸易研究报告（2025）

GUANGDONG DUIWAI JINGJI MAOYI YANJIU BAOGAO（2025）

陈和　刘恩初　孙波　刘乾　著

出版发行：中国商务出版社有限公司

地　　址：北京市东城区安定门外大街东后巷28号　　邮编：100710

网　　址：http://www.cctpress.com

联系电话：010-64515150（发行部）　　010-64212247（总编室）
　　　　　010-64243016（事业部）　　010-64248236（印制部）

策划编辑：刘姝辰

责任编辑：韩冰

排　　版：德州华朔广告有限公司

印　　刷：北京明达祥瑞文化传媒有限责任公司

开　　本：710毫米×1000毫米　1/16

印　　张：22.75　　　　　　　　　　字　　数：349千字

版　　次：2025年6月第1版　　　　　印　　次：2025年6月第1次印刷

书　　号：ISBN 978-7-5103-5753-4

定　　价：98.00元

P前言 REFACE

　　对外经济贸易是广东经济高质量发展的重要支柱,是构建国内国际双循环相互促进的新发展格局的重要引擎。2024年,面对全球经济复苏乏力、贸易保护主义抬头、地缘政治不确定性上升等外部挑战,以及数字化、智能化、绿色化转型的内部要求,广东对外经济贸易在承压前行中加快转型升级,亟须在提升开放水平、优化贸易结构、拓展全球市场、增强竞争优势等方面持续发力。本报告一方面立足2024年广东对外经济贸易发展的最新实践,围绕贸易商品、贸易伙伴、贸易方式、服务贸易、利用外资等传统领域进行系统梳理和深入分析,同山东、江苏、浙江、上海、福建、北京等省市进行细致对比,深度剖析广东在发展开放型经济过程中存在的问题与短板,提出具有针对性的解决思路与对策。另一方面紧扣人工智能、新质生产力、数字贸易、共建"一带一路"等前沿议题,探究新技术、新模式对广东对外经济贸易的深远影响与赋能路径,深入分析新形势下科技型企业国际化发展的新策略与新方向,力求为广东乃至全国对外经济贸易高质量发展提供有益参考和智力支持。

　　本报告由广东外语外贸大学国际服务经济研究院组织编写,广东财经大学、海关总署广东分署等高等院校和政府机构的专家共同参与。本报告撰写具体分工如下:第一章由陈和(广东外语外贸大学国际服务经济研究院院长、教授、广东省决策咨询研究基地主任)编写;第二章由刘乾(广东外语外贸大学国际服务经济研究院副研究员)、欧宗玮(广东外语外贸大学经济贸易学院硕士研究生)编写;

第三章由刘恩初（广东外语外贸大学国际服务经济研究院讲师）、黄菲（广东外语外贸大学经济贸易学院硕士研究生）、黄妍绮（广东外语外贸大学经济贸易学院硕士研究生）编写；第四章由林吉双（广东外语外贸大学国际服务经济研究院教授）、蒋星（广州商学院讲师）编写；第五章由孙波（广东外语外贸大学国际服务经济研究院副院长、教授）、罗伟允（广东外语外贸大学经济贸易学院硕士研究生）、王涛（广东外语外贸大学经济贸易学院硕士研究生）、卿婉婷（广东外语外贸大学经济贸易学院硕士研究生）编写；第六章由黄晓凤（广东财经大学广东数字经济研究院教授）、李思乐（广东财经大学广东数字经济研究院硕士研究生）、曾妤娴（广东财经大学广东数字经济研究院硕士研究生）、赵子琨（广东财经大学广东数字经济研究院博士研究生）编写；第七章由申明浩（广东外语外贸大学粤港澳大湾区研究院院长、教授）、张洁（广东外语外贸大学经济贸易学院硕士研究生）编写；第八章由海关总署广东分署统计分析工作处课题组编写，第九章由程嘉嘉（广东外语外贸大学国际经济贸易研究院讲师）编写；第十章由王先庆（广东白云学院应用经济学院院长、教授）编写。陈和、刘乾负责本报告的统稿、校对和修订工作。

本报告的出版不仅是对2024年广东外经贸发展的一次全面梳理和总结，更是对全国各省区市构建开放型经济新体制提供的重要参考和借鉴。我们衷心希望本报告能够为广大读者、研究者和决策者提供思想启迪与实践指导，促进中国外经贸事业的高质量发展，为实现国家经济发展的新跃升作出积极贡献。

陈和

2025 年 6 月 1 日

目录
CONTENTS

第一章

广东对外贸易商品研究报告

第一节 广东对外贸易商品发展概况

一、广东主要贸易商品分析

面对复杂严峻的外部环境，广东作为外贸大省，外贸发展韧性持续显现，为全国外贸稳增长做出积极贡献。据海关总署广东分署统计，2024年广东外贸进出口总额为9.11万亿元，较2023年增长了9.8%，高于全国（5.0%）约4.8个百分点，贡献了全国38.7%的贸易增量，占全国外贸进出口总额的20.8%。其中，2024年广东出口额为5.89万亿元，较2023年增长了8.4%；进口额为3.22万亿元，较2023年增长了12.5%[①]。

（一）广东22类贸易商品进出口总额、增速分析

2024年广东外贸商品进出口总额和增速情况如表1-1所示。

表1-1 2024年广东外贸商品进出口总额和增速情况

商品构成（按HS分类）	金额（亿元）	排名	同比增长（%）
第16类 机电、音像设备及其零件、附件	50 740.98	1	12.90
第15类 贱金属及其制品	5 474.99	2	16.82
第20类 杂项制品	4 808.60	3	-1.81
第7类 塑料及其制品、橡胶及其制品	3 223.18	4	2.21
第22类 特殊交易品及未分类商品	3 176.03	5	24.60
第14类 珠宝、贵金属及制品、仿首饰、硬币	2 851.33	6	15.09
第5类 矿产品	2 791.69	7	-2.41
第11类 纺织原料及纺织制品	2 786.45	8	1.74
第18类 光学、医疗等仪器、钟表、乐器	2 545.90	9	6.22
第17类 车辆、航空器、船舶及运输设备	2 536.71	10	18.30

---

① 若无特殊说明，本章数据均由笔者根据海关统计数据在线查询平台数据整理。

商品构成（按HS分类）	金额（亿元）	排名	同比增长（%）
第6类 化学工业及其相关工业的产品	2 481.43	11	3.17
第4类 食品、饮料、酒及醋、烟草及制品	1 597.40	12	3.42
第13类 矿物材料制品、陶瓷品、玻璃及制品	1 174.08	13	-2.56
第2类 植物产品	1 091.23	14	6.59
第12类 鞋帽伞等、羽毛品、人造花、人发品	1 037.20	15	0.90
第10类 纤维素浆、废纸、纸、纸板及其制品	920.21	16	0.56
第8类 革、毛皮及制品、箱包、肠线制品	831.15	17	-4.39
第1类 活动物、动物产品	664.88	18	-16.93
第9类 木及制品、木炭、软木、编结品	294.09	19	13.71
第3类 动、植物油、脂、蜡、精制食用油脂	90.19	20	-25.75
第21类 艺术品、收藏品及古物	6.23	21	-64.60
第19类 武器、弹药及其零件、附件	2.40	22	-2.48

资料来源：根据海关统计数据在线查询平台数据整理。

　　从进出口总额来看，2024年广东进出口总额排名前十的商品种类基本与2023年一致，具体情况如下：第16类（机电、音像设备及其零件、附件）进出口总额为50 740.98亿元，排名第一，较2023年增长了12.90%，占广东进出口总额的55.68%，较2023年提高了约1.56个百分点。第15类（贱金属及其制品）进出口总额为5 474.99亿元，排名第二，较2023年增长了16.82%，占广东进出口总额的6.01%。第20类（杂项制品）进出口总额为4 808.60亿元，排名第三，较2023年减少了1.81%，占广东进出口总额的5.28%。第7类（塑料及其制品、橡胶及其制品）进出口总额为3 223.18亿元，排名第四，较2023年增长了2.21%。第22类（特殊交易品及未分类商品）和第14类（珠宝、贵金属及制品、仿首饰、硬币）进出口总额分别为3 176.03亿元、2 851.33亿元，分别排名第五和第六，较2023年分别增长了24.60%、15.09%。第5类（矿产品）进出口总额为2 791.69亿元，排名第七，较2023年下降了2.41%。第11类（纺织原料及纺织制品）、第18类（光学、医疗等仪器、钟表、乐器）和第17类（车辆、航空器、船舶及运输设备）进出口总额分别为2 786.45亿元、2 545.90亿元和2 536.71亿元，分别排名第八、第九和第十，较2023年分别增长了1.74%、6.22%和18.30%。

从增速来看，增长较快的商品情况如下：第22类（特殊交易品及未分类商品）进出口总额增速为24.60%，大于广东其他商品进出口总额增速，排名第一。第17类（车辆、航空器、船舶及运输设备）进出口总额增速为18.30%，排名第二。第15类（贱金属及其制品）、第14类（珠宝、贵金属及制品、仿首饰、硬币）、第9类（木及制品、木炭、软木、编结品）进出口总额较2023年分别增长16.82%、15.09%、13.71%，增速在22类商品中分别排在第三位、第四位、第五位。

下降较快的商品情况如下：第21类（艺术品、收藏品及古物）进出口总额较2023年下降64.60%、第3类（动、植物油、脂、蜡、精制食用油脂）较2023年下降25.75%、第1类（活动物、动物产品）较2023年下降16.93%。

（二）广东22类贸易商品出口额、增速分析

2024年广东外贸商品出口额和增速情况如表1-2所示。

表1-2　2024年广东外贸商品出口额和增速情况

商品构成（按HS分类）	金额（亿元）	排名	同比增长（%）
第16类 机电、音像设备及其零件、附件	30 588.88	1	8.86
第20类 杂项制品	4 688.77	2	−1.61
第15类 贱金属及其制品	4 093.41	3	19.23
第22类 特殊交易品及未分类商品	3 084.53	4	25.24
第11类 纺织原料及纺织制品	2 542.16	5	1.56
第17类 车辆、航空器、船舶及运输设备	2 236.04	6	23.35
第7类 塑料及其制品、橡胶及其制品	2 157.10	7	2.87
第18类 光学、医疗等仪器、钟表、乐器	1 696.93	8	7.91

商品构成（按HS分类）	金额（亿元）	排名	同比增长（%）
第6类 化学工业及其相关工业的产品	1 326.17	9	13.15
第14类 珠宝、贵金属及制品、仿首饰、硬币	1 182.44	10	7.00
第4类 食品、饮料、酒及醋、烟草及制品	1 045.20	11	6.11
第13类 矿物材料制品、陶瓷品、玻璃及制品	985.80	12	−5.36
第12类 鞋帽伞等、羽毛品、人造花、人发品	984.39	13	0.18
第8类 革、毛皮及制品、箱包、肠线制品	739.82	14	−6.37
第10类 纤维素浆、废纸、纸、纸板及其制品	618.91	15	4.72
第5类 矿产品	490.71	16	−4.80
第9类 木及制品、木炭、软木、编结品	164.44	17	23.01
第2类 植物产品	134.97	18	−7.13
第1类 活动物、动物产品	126.98	19	−12.43
第3类 动、植物油、脂、蜡、精制食用油脂	23.13	20	−5.98
第21类 艺术品、收藏品及古物	2.47	21	−66.00
第19类 武器、弹药及其零件、附件	2.37	22	−3.32

资料来源：根据海关统计数据在线查询平台数据整理。

从出口额来看，2024年第16类（机电、音像设备及其零件、附件）出口额排名第一，出口额为30 588.88亿元，较2023年增长了8.86%，占广东出口总额的51.92%。第20类（杂项制品）出口额为4 688.77亿元，排名第二，较2023年下降了1.61%，占广东出口总额的7.96%。第15类（贱金属及其制品）出口额为4 093.41亿元，排名第三，较2023年增长19.23%，占广东出口总额的6.95%。第22类（特殊交易品及未分类商品）、第11类（纺织原料及纺织制品）和第17类（车辆、航空器、船舶及运输设备）分别排名第四、第五和第六，出口额分别为3 084.53亿元、2 542.16亿元和2 236.04亿元，较2023年分别增长了25.24%、1.56%和23.35%。第7类（塑料及其制品、橡胶及其制品）、第18类（光学、医疗等仪器、钟表、乐器）、第6类（化学工业及其相关工业的产品）和第14类（珠宝、贵金属及制品、

6

仿首饰、硬币）分别排名第七、第八、第九和第十，较2023年分别增长2.87%、7.91%、13.15%和7.00%。

从增速来看，增长较快的商品情况如下：第22类（特殊交易品及未分类商品）增速为25.24%，排名第一。第17类（车辆、航空器、船舶及运输设备）增速为23.35%，排名第二。第9类（木及制品、木炭、软木、编结品）、第15类（贱金属及其制品）、第6类（化学工业及其相关工业的产品）增速分别为23.01%、19.23%、13.15%。

下降较快的商品情况如下：第21类（艺术品、收藏品及古物）较2023年下降了66.00%，第1类（活动物、动物产品）、第2类（植物产品）、第8类（革、毛皮及制品、箱包、肠线制品）、第3类（动、植物油、脂、蜡、精制食用油脂）分别较2023年下降12.43%、7.13%、6.37%、5.98%。

（三）广东22类贸易商品进口额、增速分析

2024年广东外贸商品进口额和增速情况如表1-3所示。

表1-3　2024年广东外贸商品进口额和增速情况

商品构成（按HS分类）	金额（亿元）	排名	同比增长（%）
第16类 机电、音像设备及其零件、附件	20 152.10	1	19.62
第5类 矿产品	2 300.98	2	-1.88
第14类 珠宝、贵金属及制品、仿首饰、硬币	1 668.89	3	21.60
第15类 贱金属及其制品	1 381.58	4	10.23
第6类 化学工业及其相关工业的产品	1 155.26	5	-6.32
第7类 塑料及其制品、橡胶及其制品	1 066.09	6	0.90
第2类 植物产品	956.25	7	8.86
第18类 光学、医疗等仪器、钟表、乐器	848.97	8	3.01
第4类 食品、饮料、酒及醋、烟草及制品	552.20	9	-1.31
第1类 活动物、动物产品	537.90	10	-17.93
第10类 纤维素浆、废纸、纸、纸板及其制品	301.30	11	-7.03
第17类 车辆、航空器、船舶及运输设备	300.66	12	-9.30

续　表

商品构成（按HS分类）	金额（亿元）	排名	同比增长（%）
第11类 纺织原料及纺织制品	244.29	13	3.63
第13类 矿物材料制品、陶瓷品、玻璃及制品	188.28	14	15.33
第9类 木及制品、木炭、软木、编结品	129.65	15	3.76
第20类 杂项制品	119.82	16	−8.84
第22类 特殊交易品及未分类商品	91.50	17	6.17
第8类 革、毛皮及制品、箱包、肠线制品	91.32	18	15.36
第3类 动、植物油、脂、蜡、精制食用油脂	67.07	19	−30.77
第12类 鞋帽伞等、羽毛品、人造花、人发品	52.81	20	16.72
第21类 艺术品、收藏品及古物	3.77	21	−63.61
第19类 武器、弹药及其零件、附件	0.03	22	211.99

资料来源：根据海关统计数据在线查询平台数据整理。

从进口额来看，第16类（机电、音像设备及其零件、附件）进口额为20 152.10亿元，排名第一，较2023年增长19.62%。第5类（矿产品）进口额为2 300.98亿元，排名第二，较2023年下降1.88%。第14类（珠宝、贵金属及制品、仿首饰、硬币）进口额排名第三，进口额为1 668.89亿元，较2023年增长21.60%。第15类（贱金属及其制品）进口额为1 381.58亿元，排名第四，较2023年增长10.23%。第6类（化学工业及其相关工业的产品）、第4类（食品、饮料、酒及醋、烟草及制品）和第1类（活动物、动物产品）分别排名第五、第九和第十，进口额分别为1 155.26亿元、552.20亿元和537.90亿元，分别较2023年下降6.32%、1.31%和17.93%。第7类（塑料及其制品、橡胶及其制品）、第2类（植物产品）和第18类（光学、医疗等仪器、钟表、乐器）进口额分别排名第六、第七和第八，进口额分别为1 066.09亿元、956.25亿元和848.97亿元，较2023年分别增长0.90%、8.86%和3.01%。

从增速来看，增长较快的商品情况如下：第19类（武器、弹药及其零件、附件）进口额从2023年的0.01亿元增长到2024年的0.03亿元，增速为211.99%。第14类（珠宝、贵金属及制品、仿首饰、硬币）、第16类（机电、音像设备及其零件、附件）和第15类（贱金属及其制品）增速分别为21.60%、19.62%和10.23%。第12类（鞋帽伞等、羽毛品、人造花、人发品）、第8类（革、毛皮及制品、箱包、肠线制品）和第13类（矿物材料制品、陶瓷品、玻璃及制品）进口额分别较2023年增长16.72%、15.36%和15.33%。

下降较快的商品情况如下：第21类（艺术品、收藏品及古物）、第3类（动、植物油、脂、蜡、精制食用油脂）和第1类（活动物、动物产品）进口额分别较2023年下降63.61%、30.77%和17.93%。

二、广东22类贸易商品主要贸易伙伴分析

从广东22类外贸商品来看，主要贸易伙伴情况如下。

如表1-4所示，广东第16类（机电、音像设备及其零件、附件）商品对前十位贸易伙伴进出口总额较2023年均实现正增长，对中国香港进出口总额达7 668.49亿元，为此类商品第一大贸易伙伴，较2023年增长了4.77%。中国台湾为第二大贸易伙伴，进出口总额为6 689.68亿元，较2023年增长18.95%。美国为第三大贸易伙伴，进出口总额为4 157.36亿元，较2023年增长6.56%。韩国、越南、马来西亚分别排名第四、第五、第七，进出口总额分别为2 999.12亿元、2 606.66亿元、1 701.68亿元，分别较2023年增长了21.98%、20.03%、21.31%。对日本、印度和德国进出口总额分别为2 498.08亿元、1 572.14亿元和1 101.22亿元，分别较2023年增长了7.39%、10.23%和6.98%。

表1-4　2024年广东第16类商品主要贸易伙伴进出口总额、排名、增速情况

贸易伙伴	金额（亿元）	排名	同比增长（%）
中国香港	7 668.49	1	4.77
中国台湾	6 689.68	2	18.95

贸易伙伴	金额（亿元）	排名	同比增长（%）
美国	4 157.36	3	6.56
韩国	2 999.12	4	21.98
越南	2 606.66	5	20.03
日本	2 498.08	6	7.39
马来西亚	1 701.68	7	21.31
印度	1 572.14	8	10.23
德国	1 101.22	9	6.98
泰国	1 045.81	10	11.99

资料来源：根据海关统计数据在线查询平台数据整理。

如表1-5所示，广东第15类（贱金属及其制品）商品对前十位贸易伙伴进出口总额较2023年均实现正增长。对美国和马来西亚进出口总额分别为647.09亿元、314.02亿元，排名分别为第一和第二，分别较2023年增长了9.44%和9.48%。越南是第三大贸易伙伴，进出口总额为294.28亿元，较2023年增长41.89%。对泰国、印度尼西亚、中国台湾、菲律宾进出口总额分别为270.44亿元、215.45亿元、178.92亿元、146.86亿元，分别较2023年增长31.09%、30.83%、20.31%、30.76%。对日本、韩国、中国香港进出口总额分别为286.88亿元、205.92亿元、191.32亿元，分别较2023年增长4.91%、12.90%、9.31%。

表1-5　2024年广东第15类商品主要贸易伙伴进出口总额、排名、增速情况

贸易伙伴	金额（亿元）	排名	同比增长（%）
美国	647.09	1	9.44
马来西亚	314.02	2	9.48
越南	294.28	3	41.89
日本	286.88	4	4.91
泰国	270.44	5	31.09
印度尼西亚	215.45	6	30.83
韩国	205.92	7	12.90

贸易伙伴	金额（亿元）	排名	同比增长（%）
中国香港	191.32	8	9.31
中国台湾	178.92	9	20.31
菲律宾	146.86	10	30.76

资料来源：根据海关统计数据在线查询平台数据整理。

如表1-6所示，从第20类（杂项制品）商品来看，美国为广东第一大贸易伙伴，进出口总额为1 504.11亿元，较2023年增长了0.31%。日本和英国分别为第二、第三大贸易伙伴，进出口总额分别为255.03亿元、211.39亿元，分别较2023年下降3.86%、4.17%。对德国、荷兰进出口总额分别为184.94亿元、130.10亿元，分别较2023年增长了8.98%、0.61%。对中国香港、澳大利亚、新加坡、马来西亚和加拿大进出口总额分别为152.30亿元、144.21亿元、132.83亿元、125.22亿元和125.09亿元，分别较2023年下降1.40%、17.64%、2.77%、24.22%和4.03%。

表1-6　2024年广东第20类商品主要贸易伙伴进出口总额、排名、增速情况

贸易伙伴	金额（亿元）	排名	同比增长（%）
美国	1 504.11	1	0.31
日本	255.03	2	−3.86
英国	211.39	3	−4.17
德国	184.94	4	8.98
中国香港	152.30	5	−1.40
澳大利亚	144.21	6	−17.64
新加坡	132.83	7	−2.77
荷兰	130.10	8	0.61
马来西亚	125.22	9	−24.22
加拿大	125.09	10	−4.03

资料来源：根据海关统计数据在线查询平台数据整理。

如表1-7所示，从第7类（塑料及其制品、橡胶及其制品）商品来看，美国是第一大贸易伙伴，进出口总额为600.24亿元，较2023年下降0.25%。日本和韩国分别为第二、第三大贸易伙伴，进出口总额分别为275.33亿元和213.32亿元，分别较2023年增长5.11%、3.99%。对越南、泰国、中国香港进出口总额分别为160.46亿元、128.33亿元、125.45亿元，分别较2023年增长17.52%、5.40%、11.70%。对中国台湾、马来西亚、新加坡和沙特阿拉伯进出口总额分别为188.51亿元、142.93亿元、101.60亿元和84.05亿元，分别较2023年下降1.60%、4.23%、21.73%、7.42%。

表1-7　2024年广东第7类商品主要贸易伙伴进出口总额、排名、增速情况

贸易伙伴	金额（亿元）	排名	同比增长（%）
美国	600.24	1	−0.25
日本	275.33	2	5.11
韩国	213.32	3	3.99
中国台湾	188.51	4	−1.60
越南	160.46	5	17.52
马来西亚	142.93	6	−4.23
泰国	128.33	7	5.40
中国香港	125.45	8	11.70
新加坡	101.60	9	−21.73
沙特阿拉伯	84.05	10	−7.42

资料来源：根据海关统计数据在线查询平台数据整理。

如表1-8所示，广东第22类（特殊交易品及未分类商品）商品对前十位贸易伙伴进出口总额较2023年均实现正增长。美国、中国香港、马来西亚和墨西哥分别是第一、第二、第三和第四大贸易伙伴，进出口总额分别为798.01亿元、240.36亿元、214.12亿元和140.87亿元，较2023年分别实现44.31%、81.92%、24.70%和36.61%较快增长。沙特阿拉伯为第五大贸易伙伴，进出口总额为138.61亿元，较2023年增长0.52%。对西班牙、英国、法

国、德国和日本进出口总额分别为132.49亿元、130.88亿元、122.28亿元、89.49亿元和82.07亿元，分别较2023年增长了72.24%、30.22%、33.89%、81.29%和16.97%。

表1-8　2024年广东第22类商品主要贸易伙伴进出口总额、排名、增速情况

贸易伙伴	金额（亿元）	排名	同比增长（%）
美国	798.01	1	44.31
中国香港	240.36	2	81.92
马来西亚	214.12	3	24.70
墨西哥	140.87	4	36.61
沙特阿拉伯	138.61	5	0.52
西班牙	132.49	6	72.24
英国	130.88	7	30.22
法国	122.28	8	33.89
德国	89.49	9	81.29
日本	82.07	10	16.97

资料来源：根据海关统计数据在线查询平台数据整理。

如表1-9所示，从第14类（珠宝、贵金属及制品、仿首饰、硬币）商品来看，中国香港、瑞士和澳大利亚分别为第一、第二和第三大贸易伙伴，进出口总额分别为1 308.46亿元、326.37亿元和223.43亿元，分别较2023年增长40.44%、18.37%和15.41%。南非、美国、比利时和阿联酋分别为第四、第五、第七和第十大贸易伙伴，进出口总额分别为200.66亿元、115.90亿元、82.87亿元和32.67亿元，分别较2023年下降了23.15%、7.98%、25.58%和0.43%。对德国、日本和加拿大较2023年分别增长了7.94%、58.50%和113.17%。

表1-9　2024年广东第14类商品主要贸易伙伴进出口总额、排名、增速情况

贸易伙伴	金额（亿元）	排名	同比增长（%）
中国香港	1 308.46	1	40.44
瑞士	326.37	2	18.37

续　表

贸易伙伴	金额（亿元）	排名	同比增长（%）
澳大利亚	223.43	3	15.41
南非	200.66	4	−23.15
美国	115.90	5	−7.98
德国	114.66	6	7.94
比利时	82.87	7	−25.58
日本	51.41	8	58.50
加拿大	38.67	9	113.17
阿联酋	32.67	10	−0.43

资料来源：根据海关统计数据在线查询平台数据整理。

如表1-10所示，从第5类（矿产品）商品来看，澳大利亚为第一大贸易伙伴，进出口总额为506.64亿元，较2023年增长了11.81%。印度尼西亚为第二大贸易伙伴，进出口总额为285.99亿元，较2023年下降0.84%。中国香港为第三大贸易伙伴，进出口总额为180.26亿元，较2023年增长了4.50%。对阿联酋、阿曼、卡塔尔进出口总额分别为177.05亿元、162.08亿元、98.67亿元，分别较2023年实现了33.96%、30.15%、28.04%的较快增长。对俄罗斯、沙特阿拉伯、巴西进出口总额分别为176.11亿元、163.23亿元、130.45亿元，分别较2023年下降21.36%、15.15%、20.22%。

表1-10　2024年广东第5类商品主要贸易伙伴进出口总额、排名、增速情况

贸易伙伴	金额（亿元）	排名	同比增长（%）
澳大利亚	506.64	1	11.81
印度尼西亚	285.99	2	−0.84
中国香港	180.26	3	4.50
阿联酋	177.05	4	33.96
俄罗斯	176.11	5	−21.36
沙特阿拉伯	163.23	6	−15.15
阿曼	162.08	7	30.15

贸易伙伴	金额（亿元）	排名	同比增长（%）
巴西	130.45	8	-20.22
美国	113.90	9	8.22
卡塔尔	98.67	10	28.04

资料来源：根据海关统计数据在线查询平台数据整理。

如表1-11所示，从第11类（纺织原料及纺织制品）商品来看，美国为第一大贸易伙伴，进出口总额为547.60亿元，较2023年增长了7.66%。越南、中国香港分别为第二、第三大贸易伙伴，进出口总额分别为244.33亿元、225.23亿元，分别较2023年增长了20.28%、31.97%。对马来西亚、英国、澳大利亚、新加坡进出口总额分别为106.66亿元、82.83亿元、73.61亿元、72.28亿元，分别较2023年下降26.24%、10.85%、26.35%、27.85%。对孟加拉国和德国进出口总额分别为70.36亿元和66.32亿元，分别较2023年增长11.06%和2.36%。

表1-11　2024年广东第11类商品主要贸易伙伴进出口总额、排名、增速情况

贸易伙伴	金额（亿元）	排名	同比增长（%）
美国	547.60	1	7.66
越南	244.33	2	20.28
中国香港	225.23	3	31.97
马来西亚	106.66	4	-26.24
英国	82.83	5	-10.85
澳大利亚	73.61	6	-26.35
日本	72.68	7	0.38
新加坡	72.28	8	-27.85
孟加拉国	70.36	9	11.06
德国	66.32	10	2.36

资料来源：根据海关统计数据在线查询平台数据整理。

如表1-12所示，从第18类（光学、医疗等仪器、钟表、乐器）商品来看，美国、中国香港分别为第一、第二大贸易伙伴，进出口总额分别为420.32亿元、295.42亿元，分别较2023年增长14.06%、6.24%。日本、德国分别为第三、第四大贸易伙伴，进出口总额分别为221.43亿元、155.35亿元，分别较2023年下降6.81%、5.19%。对中国台湾、韩国、泰国进出口总额分别为134.73亿元、103.31亿元、66.49亿元，分别较2023年增长14.87%、8.28%、10.43%。对新加坡、马来西亚进出口总额分别为67.41亿元、65.52亿元，分别较2023年下降6.04%、5.23%。

表1-12　2024年广东第18类商品主要贸易伙伴进出口总额、排名、增速情况

贸易伙伴	金额（亿元）	排名	同比增长（%）
美国	420.32	1	14.06
中国香港	295.42	2	6.24
日本	221.43	3	−6.81
德国	155.35	4	−5.19
中国台湾	134.73	5	14.87
韩国	103.31	6	8.28
新加坡	67.41	7	−6.04
泰国	66.49	8	10.43
马来西亚	65.52	9	−5.23
意大利	65.13	10	3.65

资料来源：根据海关统计数据在线查询平台数据整理。

如表1-13所示，从第17类（车辆、航空器、船舶及运输设备）商品来看，美国和中国香港分别为第一、第二大贸易伙伴，进出口总额分别为332.53亿元、261.75亿元，分别较2023年增长26.05%、39.44%。日本为第三大贸易伙伴，进出口总额为178.23亿元，较2023年下降9.71%。对墨西哥、比利时、阿联酋、巴西进出口总额分别为94.72亿元、62.98亿元、58.86亿元、57.91亿元，同比增长率分别达78.89%、138.73%、99.39%、85.54%。

表1-13　2024年广东第17类商品主要贸易伙伴进出口总额、排名、增速情况

贸易伙伴	金额（亿元）	排名	同比增长（%）
美国	332.53	1	26.05
中国香港	261.75	2	39.44
日本	178.23	3	−9.71
德国	139.21	4	15.29
墨西哥	94.72	5	78.89
比利时	62.98	6	138.73
新加坡	60.07	7	13.87
阿联酋	58.86	8	99.39
巴西	57.91	9	85.54
泰国	57.29	10	−34.89

资料来源：根据海关统计数据在线查询平台数据整理。

如表1-14所示，从第6类（化学工业及其相关工业的产品）商品来看，日本为第一大贸易伙伴，进出口总额为244.85亿元，较2023年下降1.45%。韩国、德国分别为第三、第五大贸易伙伴，进出口总额分别为152.46亿元、118.59亿元，分别较2023年下降10.70%、10.92%。美国、中国香港分别为第二、第四大贸易伙伴，进出口总额分别为238.70亿元、121.39亿元，分别较2023年增长7.44%、4.65%。对越南、印度尼西亚、中国台湾较2023年分别实现45.88%、12.91%、15.65%的增长。

表1-14　2024年广东第6类商品主要贸易伙伴进出口总额、排名、增速情况

贸易伙伴	金额（亿元）	排名	同比增长（%）
日本	244.85	1	−1.45
美国	238.70	2	7.44
韩国	152.46	3	−10.70
中国香港	121.39	4	4.65
德国	118.59	5	−10.92
越南	110.97	6	45.88

贸易伙伴	金额（亿元）	排名	同比增长（%）
印度	101.06	7	7.59
印度尼西亚	94.82	8	12.91
中国台湾	87.56	9	15.65
法国	82.13	10	−0.71

资料来源：根据海关统计数据在线查询平台数据整理。

如表1-15所示，从第4类（食品、饮料、酒及醋、烟草及制品）商品来看，美国和中国香港分别为第一、第二大贸易伙伴，进出口总额分别为315.99亿元、203.35亿元，分别较2023年增长21.18%、1.65%。英国、法国、荷兰、泰国进出口总额分别为86.35亿元、68.67亿元、65.17亿元、47.14亿元，分别较2023年下降20.33%、21.20%、11.82%、9.49%。对德国、新西兰、越南分别较2023年增长23.59%、3.14%、21.65%。

表1-15　2024年广东第4类商品主要贸易伙伴进出口总额、排名、增速情况

贸易伙伴	金额（亿元）	排名	同比增长（%）
美国	315.99	1	21.18
中国香港	203.35	2	1.65
英国	86.35	3	−20.33
德国	78.09	4	23.59
法国	68.67	5	−21.20
荷兰	65.17	6	−11.82
新西兰	53.17	7	3.14
马来西亚	49.42	8	0.03
泰国	47.14	9	−9.49
越南	42.04	10	21.65

资料来源：根据海关统计数据在线查询平台数据整理。

如表1-16所示，从第13类（矿物材料制品、陶瓷品、玻璃及制品）商

品来看，美国是第一大贸易伙伴，进出口总额为175.63亿元，较2023年下降5.48%。韩国、中国香港、日本、中国台湾分别为第二、第三、第四、第五大贸易伙伴，进出口总额分别为115.68亿元、100.68亿元、56.58亿元、43.37亿元，分别较2023年增长了20.13%、14.62%、10.07%、10.49%。对马来西亚、越南、澳大利亚、泰国进出口总额分别为36.47亿元、35.86亿元、35.33亿元、32.51亿元，分别较2023年下降17.06%、10.67%、11.72%、9.95%。

表1-16　2024年广东第13类商品主要贸易伙伴进出口总额、排名、增速情况

贸易伙伴	金额（亿元）	排名	同比增长（%）
美国	175.63	1	-5.48
韩国	115.68	2	20.13
中国香港	100.68	3	14.62
日本	56.58	4	10.07
中国台湾	43.37	5	10.49
马来西亚	36.47	6	-17.06
越南	35.86	7	-10.67
澳大利亚	35.33	8	-11.72
泰国	32.51	9	-9.95
印度	30.05	10	1.19

资料来源：根据海关统计数据在线查询平台数据整理。

如表1-17所示，从第2类（植物产品）商品来看，智利和巴西分别是第一和第二大贸易伙伴，进出口总额分别为188.46亿元和178.61亿元，分别较2023年增长了38.34%、31.08%。对泰国、美国和中国香港进出口总额分别为151.52亿元、103.72亿元和38.83亿元，分别较2023年下降22.28%、3.31%和22.87%。对加拿大、越南、澳大利亚和秘鲁进出口总额分别为78.83亿元、72.44亿元、70.04亿元和23.00亿元，分别较2023年实现36.66%、13.27%、50.35%和36.94%的增长。

表1-17　2024年广东第2类商品主要贸易伙伴进出口总额、排名、增速情况

贸易伙伴	金额（亿元）	排名	同比增长（%）
智利	188.46	1	38.34
巴西	178.61	2	31.08
泰国	151.52	3	-22.28
美国	103.72	4	-3.31
加拿大	78.83	5	36.66
越南	72.44	6	13.27
澳大利亚	70.04	7	50.35
中国香港	38.83	8	-22.87
秘鲁	23.00	9	36.94
印度尼西亚	18.76	10	-6.59

资料来源：根据海关统计数据在线查询平台数据整理。

如表1-18所示，从第12类（鞋帽伞等、羽毛品、人造花、人发品）商品来看，美国是第一大贸易伙伴，进出口总额为268.95亿元，较2023年增长3.43%。越南和中国香港分别是第二、第三大贸易伙伴，进出口总额分别为70.57亿元和44.86亿元，分别较2023年增长12.16%和44.91%。对俄罗斯、英国、日本、荷兰进出口总额分别为36.78亿元、34.41亿元、29.74亿元、26.27亿元，较2023年变化不大，同比增长率分别为-0.46%、0.56%、-0.55%、0.90%。对西班牙、意大利进出口总额分别为30.90亿元、27.90亿元，分别较2023年增长8.65%、11.96%。

表1-18　2024年广东第12类商品主要贸易伙伴进出口总额、排名、增速情况

贸易伙伴	金额（亿元）	排名	同比增长（%）
美国	268.95	1	3.43
越南	70.57	2	12.16
中国香港	44.86	3	44.91
俄罗斯	36.78	4	-0.46
英国	34.41	5	0.56
西班牙	30.90	6	8.65

贸易伙伴	金额（亿元）	排名	同比增长（%）
日本	29.74	7	−0.55
意大利	27.90	8	11.96
德国	27.04	9	−6.10
荷兰	26.27	10	0.90

资料来源：根据海关统计数据在线查询平台数据整理。

如表1–19所示，从第10类（纤维素浆、废纸、纸、纸板及其制品）商品来看，美国和中国香港分别为第一、第二大贸易伙伴，进出口总额分别为159.19亿元和81.69亿元，分别较2023年增长2.08%和1.49%。巴西为第三大贸易伙伴，进出口总额为75.38亿元，较2023年下降1.55%。对马来西亚和越南进出口总额分别为59.77亿元和49.53亿元，分别较2023年增长12.65%和3.79%。对泰国、加拿大、澳大利亚、印度尼西亚、英国进出口总额分别较2023年下降8.29%、8.86%、15.75%、4.54%、8.12%。

表1–19　2024年广东第10类商品主要贸易伙伴进出口总额、排名、增速情况

贸易伙伴	金额（亿元）	排名	同比增长（%）
美国	159.19	1	2.08
中国香港	81.69	2	1.49
巴西	75.38	3	−1.55
马来西亚	59.77	4	12.65
越南	49.53	5	3.79
泰国	33.73	6	−8.29
加拿大	33.53	7	−8.86
澳大利亚	33.06	8	−15.75
印度尼西亚	31.77	9	−4.54
英国	30.12	10	−8.12

资料来源：根据海关统计数据在线查询平台数据整理。

如表1-20所示，从第8类（革、毛皮及制品、箱包、肠线制品）商品来看，美国、日本分别为第一、第二大贸易伙伴，进出口总额分别为150.11亿元、48.84亿元，分别较2023年下降1.12%、0.38%。对意大利进出口总额略有上涨，从2023年的48.22亿元增长到2024年的48.60亿元。对中国香港、德国进出口总额分别为43.01亿元、31.25亿元，分别较2023年增长7.87%、6.43%。对英国、马来西亚、新加坡、澳大利亚进出口总额分别为31.20亿元、31.19亿元、30.60亿元、24.17亿元，分别较2023年下降11.84%、29.01%、31.74%、39.24%。

表1-20　2024年广东第8类商品主要贸易伙伴进出口总额、排名、增速情况

贸易伙伴	金额（亿元）	排名	同比增长（%）
美国	150.11	1	−1.12
日本	48.84	2	−0.38
意大利	48.60	3	0.79
中国香港	43.01	4	7.87
德国	31.25	5	6.43
英国	31.20	6	−11.84
马来西亚	31.19	7	−29.01
新加坡	30.60	8	−31.74
越南	27.19	9	−2.20
澳大利亚	24.17	10	−39.24

资料来源：根据海关统计数据在线查询平台数据整理。

如表1-21所示，从第1类（活动物、动物产品）商品来看，巴西为第一大贸易伙伴，进出口总额为122.04亿元，较2023年下降4.63%。中国香港和美国分别为第二、第三大贸易伙伴，进出口总额分别为81.85亿元、54.18亿元，分别较2023年下降19.95%、38.72%。对越南、印度尼西亚进出口总额分别为30.64亿元、24.35亿元，分别较2023年增长22.35%、9.06%。对厄瓜多尔、阿根廷、泰国、印度分别较2023年下降42.46%、18.67%、21.04%、20.31%。

表1-21　2024年广东第1类商品主要贸易伙伴进出口总额、排名、增速情况

贸易伙伴	金额（亿元）	排名	同比增长（%）
巴西	122.04	1	-4.63
中国香港	81.85	2	-19.95
美国	54.18	3	-38.72
新西兰	34.84	4	-1.11
厄瓜多尔	31.77	5	-42.46
越南	30.64	6	22.35
阿根廷	29.67	7	-18.67
泰国	27.89	8	-21.04
印度尼西亚	24.35	9	9.06
印度	20.84	10	-20.31

资料来源：根据海关统计数据在线查询平台数据整理。

如表1-22所示，从第9类（木及制品、木炭、软木、编结品）商品来看，泰国、中国香港、越南分别为第一、第三、第四大贸易伙伴，进出口总额分别为70.91亿元、20.67亿元、19.48亿元，分别较2023年增长21.76%、19.55%、24.73%。对美国、英国、日本进出口总额分别为53.39亿元、10.35亿元、6.31亿元，分别较2023年增长2.60%、8.19%、2.53%。对新加坡、澳大利亚、马来西亚进出口总额较2023年均有增长，其中对新加坡同比增长率达70.93%。

表1-22　2024年广东第9类商品主要贸易伙伴进出口总额、排名、增速情况

贸易伙伴	金额（亿元）	排名	同比增长（%）
泰国	70.91	1	21.76
美国	53.39	2	2.60
中国香港	20.67	3	19.55
越南	19.48	4	24.73
英国	10.35	5	8.19
日本	6.31	6	2.53

贸易伙伴	金额（亿元）	排名	同比增长（%）
新加坡	5.58	7	70.93
德国	5.57	8	−8.66
澳大利亚	5.38	9	13.86
马来西亚	5.18	10	12.83

资料来源：根据海关统计数据在线查询平台数据整理。

如表1-23所示，从第3类（动、植物油、脂、蜡、精制食用油脂）商品来看，印度尼西亚、马来西亚分别为第一、第二大贸易伙伴，进出口总额分别为28.80亿元、14.94亿元，分别较2023年下降44.14%、6.51%。美国、澳大利亚分别为第三、第四大贸易伙伴，进出口总额分别为6.93亿元、6.61亿元，分别较2023年增长47.53%、91.10%。对印度、俄罗斯、朝鲜、荷兰分别较2023年下降20.07%、61.07%、38.21%、22.50%。

表1-23　2024年广东第3类商品主要贸易伙伴进出口总额、排名、增速情况

贸易伙伴	金额（亿元）	排名	同比增长（%）
印度尼西亚	28.80	1	−44.14
马来西亚	14.94	2	−6.51
美国	6.93	3	47.53
澳大利亚	6.61	4	91.10
中国香港	5.37	5	4.33
印度	3.99	6	−20.07
俄罗斯	3.97	7	−61.07
西班牙	3.34	8	6.34
朝鲜	3.22	9	−38.21
荷兰	2.83	10	−22.50

资料来源：根据海关统计数据在线查询平台数据整理。

如表1-24所示，从第21类（艺术品、收藏品及古物）商品来看，德国

为第一大贸易伙伴，进出口总额为0.97亿元、较2023年下降35.62%。对日本、澳大利亚进出口总额分别较2023年增长397.66%、130.76%。对美国、中国香港、英国、韩国分别同比下降38.09%、86.68%、79.30%、72.04%。

表1-24　2024年广东第21类商品主要贸易伙伴进出口总额、排名、增速情况

贸易伙伴	金额（亿元）	排名	同比增长（%）
德国	0.97	1	−35.62
日本	0.90	2	397.66
美国	0.71	3	−38.09
中国香港	0.59	4	−86.68
法国	0.41	5	39.19
英国	0.37	6	−79.30
澳大利亚	0.34	7	130.76
瑞士	0.17	8	60.08
韩国	0.16	9	−72.04
加拿大	0.11	10	17.20

资料来源：根据海关统计数据在线查询平台数据整理。

如表1-25所示，对第19类（武器、弹药及其零件、附件）商品来看，此类商品占广东进出口总额份额较小，美国、俄罗斯、波兰分别为第一、第二、第三大贸易伙伴，进出口总额分别为1.04亿元、0.25亿元、0.17亿元，分别较2023年下降9.79%、9.30%、1.37%。对匈牙利进出口总额从2023年的50 423元增长至2024年的0.12亿元。

表1-25　2024年广东第19类商品主要贸易伙伴进出口总额、排名、增速情况

贸易伙伴	金额（亿元）	排名	同比增长（%）
美国	1.04	1	−9.79
俄罗斯	0.25	2	−9.30
波兰	0.17	3	−1.37
匈牙利	0.12	4	22 931.74

贸易伙伴	金额（亿元）	排名	同比增长（%）
巴西	0.11	5	84.35
德国	0.06	6	−46.49
澳大利亚	0.05	7	5.82
韩国	0.05	8	97.76
日本	0.05	9	13.06
中国香港	0.05	10	127.82

资料来源：根据海关统计数据在线查询平台数据整理。

三、广东22类贸易商品主要贸易方式分析

从贸易方式的角度来分析，广东贸易方式结构持续优化，22类贸易商品主要贸易方式包括一般贸易、保税物流、进料加工贸易、来料加工贸易等。

如表1-26和表1-27所示，2024年，第1类（活动物、动物产品）和第19类（武器、弹药及其零件、附件）商品的一般贸易占以上两类商品进出口总额比重均超过98%，居主导地位。第1类（活动物、动物产品）商品的一般贸易进出口总额为654.67亿元，较2023年下降16.88%。第19类（武器、弹药及其零件、附件）商品的一般贸易进出口总额为2.37亿元，较2023年下降2.52%。

表1-26　2024年广东第1类商品主要贸易方式进出口总额、增速、占比情况

贸易方式	金额（亿元）	同比增长（%）	占比（%）
一般贸易	654.67	−16.88	98.46
保税监管场所进出境货物	3.81	−41.32	0.57
海关特殊监管区域物流货物	3.61	11.48	0.54
进料加工贸易	1.90	−16.75	0.29
来料加工贸易	0.89	8.55	0.13

资料来源：根据海关统计数据在线查询平台数据整理。

表1-27　2024年广东第19类商品主要贸易方式进出口总额、增速、占比情况

贸易方式	金额（亿元）	同比增长（%）	占比（%）
一般贸易	2.37	−2.52	98.89
保税监管场所进出境货物	0.02	−27.56	0.63
海关特殊监管区域物流货物	0.01	65.25	0.32

资料来源：根据海关统计数据在线查询平台数据整理。

如表1-28、表1-29和表1-30所示，2024年，第2类（植物产品）、第3类（动、植物油、脂、蜡、精制食用油脂）和第9类（木及制品、木炭、软木、编结品）商品的一般贸易进出口总额占比均超过90%。第2类（植物产品）商品的一般贸易进出口总额为1 000.51亿元，较2023年增长9.31%；进料、来料加工贸易进出口总额分别为65.57亿元、4.03亿元，分别较2023年增长37.33%、12.45%；海关特殊监管区域物流货物、保税监管场所进出境货物进出口总额分别较2023年下降60.10%、92.88%。第3类（动、植物油、脂、蜡、精制食用油脂）商品的一般贸易进出口总额为82.66亿元，较2023年下降23.11%；进料加工贸易、海关特殊监管区域物流货物、保税监管场所进出境货物分别较2023年下降10.25%、60.56%、81.65%。第9类（木及制品、木炭、软木、编结品）商品的一般贸易进出口总额为269.68亿元，较2023年增长16.61%；进料加工贸易、来料加工贸易分别较2023年下降20.73%、23.59%；保税监管场所进出境货物、海关特殊监管区域物流货物分别较2023年增长3.12%、9.79%。

表1-28　2024年广东第2类商品主要贸易方式进出口总额、增速、占比情况

贸易方式	金额（亿元）	同比增长（%）	占比（%）
一般贸易	1 000.51	9.31	91.69
进料加工贸易	65.57	37.33	6.01
寄售、代销贸易	13.82	36.79	1.27
海关特殊监管区域物流货物	4.78	−60.10	0.44
来料加工贸易	4.03	12.45	0.37
保税监管场所进出境货物	2.49	−92.88	0.23

资料来源：根据海关统计数据在线查询平台数据整理。

表1-29　2024年广东第3类商品主要贸易方式进出口总额、增速、占比情况

贸易方式	金额（亿元）	同比增长（%）	占比（%）
一般贸易	82.66	−23.11	91.64
进料加工贸易	5.27	−10.25	5.84
海关特殊监管区域物流货物	1.19	−60.56	1.32
保税监管场所进出境货物	0.90	−81.65	1.00
来料加工贸易	0.18	−1.66	0.20

资料来源：根据海关统计数据在线查询平台数据整理。

表1-30　2024年广东第9类商品主要贸易方式进出口总额、增速、占比情况

贸易方式	金额（亿元）	同比增长（%）	占比（%）
一般贸易	269.68	16.61	91.70
进料加工贸易	8.08	−20.73	2.75
保税监管场所进出境货物	6.41	3.12	2.18
来料加工贸易	4.72	−23.59	1.61
海关特殊监管区域物流货物	3.98	9.79	1.35

资料来源：根据海关统计数据在线查询平台数据整理。

如表1-31、表1-32和表1-33所示，2024年，第22类（特殊交易品及未分类商品）、第4类（食品、饮料、酒及醋、烟草及制品）、第15类（贱金属及其制品）一般贸易进出口总额占比均大于80%。第22类（特殊交易品及未分类商品）一般贸易进出口总额为2 860.02亿元，占比90.05%，较2023年增长25.93%。第4类（食品、饮料、酒及醋、烟草及制品）一般贸易进出口总额为1 317.96亿元，占比82.51%，较2023年增长4.00%；海关特殊监管区域物流货物、进料加工贸易进出口总额分别为153.51亿元、84.99亿元，占比分别为9.61%、5.32%。第15类（贱金属及其制品）一般贸易进出口总额为4 546.70亿元，占比83.04%，较2023年增长19.82%；进料加工贸易、保税监管场所进出境货物进出口总额分别较2023年增长7.79%、15.39%，占比分别为8.77%、3.19%。

表1-31　2024年广东第22类商品主要贸易方式进出口总额、增速、占比情况

贸易方式	金额（亿元）	同比增长（%）	占比（%）
一般贸易	2 860.02	25.93	90.05
其他	316.01	13.72	9.95

资料来源：根据海关统计数据在线查询平台数据整理。

表1-32　2024年广东第4类商品主要贸易方式进出口总额、增速、占比情况

贸易方式	金额（亿元）	同比增长（%）	占比（%）
一般贸易	1 317.96	4.00	82.51
海关特殊监管区域物流货物	153.51	0.24	9.61
进料加工贸易	84.99	4.88	5.32
免税品	20.53	23.31	1.29
保税监管场所进出境货物	16.44	−32.11	1.03
来料加工贸易	2.81	129.05	0.18

资料来源：根据海关统计数据在线查询平台数据整理。

表1-33　2024年广东第15类商品主要贸易方式进出口总额、增速、占比情况

贸易方式	金额（亿元）	同比增长（%）	占比（%）
一般贸易	4 546.70	19.82	83.04
进料加工贸易	480.01	7.79	8.77
保税监管场所进出境货物	174.87	15.39	3.19
海关特殊监管区域物流货物	141.28	17.09	2.58
来料加工贸易	85.79	−0.53	1.57

资料来源：根据海关统计数据在线查询平台数据整理。

如表1-34、表1-35和表1-36所示，2024年，第6类（化学工业及其相关工业的产品）、第8类（革、毛皮及制品、箱包、肠线制品）、第10类（纤维素浆、废纸、纸、纸板及其制品）一般贸易进出口总额占比均高于70%。第6类（化学工业及其相关工业的产品）一般贸易进出口总额为1 792.32亿元，较2023年增长4.44%；保税监管场所进出境货物、海关特殊监管区域物流货物进出口总额分别较2023年下降2.60%、3.99%，占比分别为8.70%、

7.45%。第8类（革、毛皮及制品、箱包、肠线制品）一般贸易进出口总额为624.99亿元，较2023年下降4.11%；进料加工贸易、保税监管场所进出境货物、来料加工贸易进出口总额同比增长率分别为−6.33%、9.90%、24.11%，占比分别为6.71%、5.98%、2.87%。第10类（纤维素浆、废纸、纸、纸板及其制品）一般贸易、进料加工贸易进出口总额分别为687.37亿元、120.76亿元，占比分别为74.70%、13.12%；来料加工贸易、保税监管场所进出境货物进出口总额分别较2023年下降2.60%、5.01%。

表1-34　2024年广东第6类商品主要贸易方式进出口总额、增速、占比情况

贸易方式	金额（亿元）	同比增长（%）	占比（%）
一般贸易	1 792.32	4.44	72.23
进料加工贸易	233.53	0.33	9.41
保税监管场所进出境货物	215.95	−2.60	8.70
海关特殊监管区域物流货物	184.98	−3.99	7.45
来料加工贸易	44.82	32.30	1.81

资料来源：根据海关统计数据在线查询平台数据整理。

表1-35　2024年广东第8类商品主要贸易方式进出口总额、增速、占比情况

贸易方式	金额（亿元）	同比增长（%）	占比（%）
一般贸易	624.99	−4.11	75.20
海关特殊监管区域物流货物	58.50	0.86	7.04
进料加工贸易	55.73	−6.33	6.71
保税监管场所进出境货物	49.69	9.90	5.98
来料加工贸易	23.82	24.11	2.87

资料来源：根据海关统计数据在线查询平台数据整理。

表1-36　2024年广东第10类商品主要贸易方式进出口总额、增速、占比情况

贸易方式	金额（亿元）	同比增长（%）	占比（%）
一般贸易	687.37	1.38	74.70
进料加工贸易	120.76	6.70	13.12

续　表

贸易方式	金额（亿元）	同比增长（%）	占比（%）
来料加工贸易	42.15	−2.60	4.58
保税监管场所进出境货物	41.52	−5.01	4.51
海关特殊监管区域物流货物	22.46	−1.22	2.44

资料来源：根据海关统计数据在线查询平台数据整理。

如表1-37和表1-38所示，2024年，第11类（纺织原料及纺织制品）、第13类（矿物材料制品、陶瓷品、玻璃及制品）一般贸易进出口总额占比均高于75%。第11类（纺织原料及纺织制品）一般贸易进出口总额为2 124.44亿元，较2023年增长2.13%；进料加工贸易、保税监管场所进出境货物、海关特殊监管区域物流货物分别较2023年增长2.22%、9.04%、5.80%。第13类（矿物材料制品、陶瓷品、玻璃及制品）一般贸易、进料加工贸易进出口总额分别为907.75亿元、69.43亿元，占比分别为77.32%、5.91%，较2023年分别下降3.62%、16.05%；海关特殊监管区域物流货物进出口总额为141.71亿元，较2023年增长55.89%，占比为12.07%。

表1-37　2024年广东第11类商品主要贸易方式进出口总额、增速、占比情况

贸易方式	金额（亿元）	同比增长（%）	占比（%）
一般贸易	2 124.44	2.13	76.24
进料加工贸易	303.75	2.22	10.90
保税监管场所进出境货物	157.54	9.04	5.65
海关特殊监管区域物流货物	135.22	5.80	4.85
来料加工贸易	20.47	−11.82	0.73

资料来源：根据海关统计数据在线查询平台数据整理。

表1-38　2024年广东第13类商品主要贸易方式进出口总额、增速、占比情况

贸易方式	金额（亿元）	同比增长（%）	占比（%）
一般贸易	907.75	−3.62	77.32
海关特殊监管区域物流货物	141.71	55.89	12.07

贸易方式	金额（亿元）	同比增长（%）	占比（%）
进料加工贸易	69.43	-16.05	5.91
保税监管场所进出境货物	25.33	12.59	2.16
来料加工贸易	14.74	57.69	1.26

资料来源：根据海关统计数据在线查询平台数据整理。

　　如表1-39和表1-40所示，2024年，第17类（车辆、航空器、船舶及运输设备）、第20类（杂项制品）一般贸易进出口总额占比均大于75%。第17类（车辆、航空器、船舶及运输设备）一般贸易、进料加工贸易进出口总额分别为1 910.42亿元、418.92亿元，分别较2023年增长25.79%、3.68%；海关特殊监管区域物流货物、保税监管场所进出境货物进出口总额分别较2023年下降8.31%、2.20%；第20类（杂项制品）一般贸易、进料加工贸易进出口总额分别为3 689.08亿元、534.03亿元，同比增长率分别为1.44%、-1.18%；保税监管场所进出境货物、海关特殊监管区域物流货物进出口总额分别较2023年增长9.96%、2.44%。

表1-39　2024年广东第17类商品主要贸易方式进出口总额、增速、占比情况

贸易方式	金额（亿元）	同比增长（%）	占比（%）
一般贸易	1 910.42	25.79	75.31
进料加工贸易	418.92	3.68	16.51
海关特殊监管区域物流货物	137.22	-8.31	5.41
保税监管场所进出境货物	37.61	-2.20	1.48

资料来源：根据海关统计数据在线查询平台数据整理。

表1-40　2024年广东第20类商品主要贸易方式进出口总额、增速、占比情况

贸易方式	金额（亿元）	同比增长（%）	占比（%）
一般贸易	3 689.08	1.44	76.72
进料加工贸易	534.03	-1.18	11.11
保税监管场所进出境货物	183.54	9.96	3.82

贸易方式	金额（亿元）	同比增长（%）	占比（%）
海关特殊监管区域物流货物	177.55	2.44	3.69
来料加工贸易	73.48	−23.75	1.53

资料来源：根据海关统计数据在线查询平台数据整理。

如表1–41、表1–42和表1–43所示，2024年，第5类（矿产品）、第7类（塑料及其制品、橡胶及其制品）、第12类（鞋帽伞等、羽毛品、人造花、人发品）一般贸易进出口总额占比均高于60%。第5类（矿产品）一般贸易进出口总额为1 850.01亿元，较2023年增长0.87%；保税监管场所进出境货物、来料加工贸易、进料加工贸易进出口总额分别为934.80亿元、4.01亿元、1.80亿元，分别较2023年下降7.46%、1.17%、80.74%。第7类（塑料及其制品、橡胶及其制品）一般贸易、进料加工贸易进出口总额分别为2 251.26亿元、597.01亿元，同比增长率分别为3.91%、−1.61%，占比分别为69.85%、18.52%；海关特殊监管区域物流货物、保税监管场所进出境货物进出口总额分别为158.69亿元、152.64亿元，分别较2023年增长2.95%、16.81%。第12类（鞋帽伞等、羽毛品、人造花、人发品）一般贸易进出口总额为722.74亿元，较2023年增长5.89%；进料加工贸易、海关特殊监管区域物流货物、保税监管场所进出境货物进出口总额分别为110.55亿元、93.99亿元、75.52亿元，同比增长率分别为−11.26%、5.27%、3.10%。

表1–41　2024年广东第5类商品主要贸易方式进出口总额、增速、占比情况

贸易方式	金额（亿元）	同比增长（%）	占比（%）
一般贸易	1 850.01	0.87	66.27
保税监管场所进出境货物	934.80	−7.46	33.49
来料加工贸易	4.01	−1.17	0.14
进料加工贸易	1.80	−80.74	0.06
海关特殊监管区域物流货物	1.04	−64.51	0.04

资料来源：根据海关统计数据在线查询平台数据整理。

表1-42　2024年广东第7类商品主要贸易方式进出口总额、增速、占比情况

贸易方式	金额（亿元）	同比增长（%）	占比（%）
一般贸易	2 251.26	3.91	69.85
进料加工贸易	597.01	−1.61	18.52
海关特殊监管区域物流货物	158.69	2.95	4.92
保税监管场所进出境货物	152.64	16.81	4.74
来料加工贸易	36.27	1.38	1.13

资料来源：根据海关统计数据在线查询平台数据整理。

表1-43　2024年广东第12类商品主要贸易方式进出口总额、增速、占比情况

贸易方式	金额（亿元）	同比增长（%）	占比（%）
一般贸易	722.74	5.89	69.68
进料加工贸易	110.55	−11.26	10.66
海关特殊监管区域物流货物	93.99	5.27	9.06
保税监管场所进出境货物	75.52	3.10	7.28
来料加工贸易	5.49	−2.64	0.53

资料来源：根据海关统计数据在线查询平台数据整理。

如表1-44和表1-45所示，2024年，第18类（光学、医疗等仪器、钟表、乐器）、第21类（艺术品、收藏品及古物）一般贸易进出口总额占比均高于60%。第18类（光学、医疗等仪器、钟表、乐器）一般贸易进出口总额为1 570.49亿元，较2023年增长9.55%，占比从2023年的59.81%提升至2024年的61.69%；进料加工贸易、保税监管场所进出境货物、海关特殊监管区域物流货物进出口总额同比增长率分别为−0.75%、6.71%、5.33%，占比分别为22.55%、8.69%、5.11%。第21类（艺术品、收藏品及古物）一般贸易进出口总额为3.91亿元，较2023年增长26.25%；保税监管场所进出境货物进出口总额从2023年的149.70万元增长至2024年的1.11亿元；租赁贸易进出口总额从2023年的0元增长至2024年的0.65亿元；海关特殊监管区域物流货物进出口总额较2023年下降了96.57%。

表1-44 2024年广东第18类商品主要贸易方式进出口总额、增速、占比情况

贸易方式	金额（亿元）	同比增长（%）	占比（%）
一般贸易	1 570.49	9.55	61.69
进料加工贸易	574.06	−0.75	22.55
保税监管场所进出境货物	221.33	6.71	8.69
海关特殊监管区域物流货物	130.09	5.33	5.11
来料加工贸易	33.73	−2.75	1.32

资料来源：根据海关统计数据在线查询平台数据整理。

表1-45 2024年广东第21类商品主要贸易方式进出口总额、增速、占比情况

贸易方式	金额（亿元）	同比增长（%）	占比（%）
一般贸易	3.91	26.25	62.79
保税监管场所进出境货物	1.11	7 310.30	17.79
租赁贸易	0.65	—	10.40
海关特殊监管区域物流货物	0.49	−96.57	7.91

资料来源：根据海关统计数据在线查询平台数据整理。

如表1-46所示，2024年，第16类（机电、音像设备及其零件、附件）一般贸易进出口总额为23 855.41亿元，较2023年增长15.30%，占比为47.01%；进料加工贸易、海关特殊监管区域物流货物、保税监管场所进出境货物进出口总额分别为13 076.89亿元、8 820.05亿元、4 458.70亿元，分别较2023年增长0.23%、22.10%、31.67%，占比分别为25.77%、17.38%、8.79%。

表1-46 2024年广东第16类商品主要贸易方式进出口总额、增速、占比情况

贸易方式	金额（亿元）	同比增长（%）	占比（%）
一般贸易	23 855.41	15.30	47.01
进料加工贸易	13 076.89	0.23	25.77
海关特殊监管区域物流货物	8 820.05	22.10	17.38
保税监管场所进出境货物	4 458.70	31.67	8.79
来料加工贸易	368.78	−11.37	0.73

资料来源：根据海关统计数据在线查询平台数据整理。

如表1-47所示，2024年，第14类（珠宝、贵金属及制品、仿首饰、硬币）进料加工贸易、来料加工贸易进出口总额分别为938.73亿元、908.16亿元，分别较2023年下降1.50%、3.93%，占比分别为32.92%、31.85%；保税监管场所进出境货物、一般贸易进出口总额分别为697.18亿元、297.46亿元，占比分别为24.45%、10.43%。

表1-47　2024年广东第14类商品主要贸易方式进出口总额、增速、占比情况

贸易方式	金额（亿元）	同比增长（%）	占比（%）
进料加工贸易	938.73	−1.50	32.92
来料加工贸易	908.16	−3.93	31.85
保税监管场所进出境货物	697.18	311.01	24.45
一般贸易	297.46	−25.56	10.43
海关特殊监管区域物流货物	8.90	17.12	0.31

资料来源：根据海关统计数据在线查询平台数据整理。

第二节　广东与主要省市对外贸易商品对比分析

一、广东与北京主要贸易商品对比分析

（一）广东与北京前十大类贸易商品进出口总额、增速对比

如表1-48和表1-49所示，2024年，北京进出口总额为36 083.52亿元，低于广东同期进出口总额；同比下降1.05%，低于广东同期增长率。北京进出口总额排名前十类商品情况如下：北京第5类（矿产品）、第14类（珠宝、贵金属及制品、仿首饰、硬币）进出口总额分别为17 465.06亿元、4 190.30亿元，均高于广东；增速分别为−8.41%、14.18%，均低于广东。北京第16类（机电、音像设备及其零件、附件）、第17类（车辆、航空器、船舶及运输设备）、第6类（化学工业及其相关工业的产品）进出口总额分别为4 909.66亿元、2 272.32亿元、2 231.71亿元，均低于广东；增速分别

为10.61%、−1.95%、1.25%，均低于广东。

表1-48　2024年广东与北京前十大类贸易商品进出口总额对比

广东			北京		
商品构成（按HS分类）	金额（亿元）	排名	商品构成（按HS分类）	金额（亿元）	排名
第16类 机电、音像设备及其零件、附件	50 740.98	1	第5类 矿产品	17 465.06	1
第15类 贱金属及其制品	5 474.99	2	第16类 机电、音像设备及其零件、附件	4 909.66	2
第20类 杂项制品	4 808.60	3	第14类 珠宝、贵金属及制品、仿首饰、硬币	4 190.30	3
第7类 塑料及其制品、橡胶及其制品	3 223.18	4	第17类 车辆、航空器、船舶及运输设备	2 272.32	4
第22类 特殊交易品及未分类商品	3 176.03	5	第6类 化学工业及其相关工业的产品	2 231.71	5
第14类 珠宝、贵金属及制品、仿首饰、硬币	2 851.33	6	第2类 植物产品	1 291.71	6
第5类 矿产品	2 791.69	7	第15类 贱金属及其制品	1 064.42	7
第11类 纺织原料及纺织制品	2 786.45	8	第18类 光学、医疗等仪器、钟表、乐器	1 057.50	8
第18类 光学、医疗等仪器、钟表、乐器	2 545.90	9	第4类 食品、饮料、酒及醋、烟草及制品	367.17	9
第17类 车辆、航空器、船舶及运输设备	2 536.71	10	第11类 纺织原料及纺织制品	309.79	10

资料来源：根据海关统计数据在线查询平台数据整理。

表1-49　2024年广东与北京前十大类贸易商品进出口总额增速对比

广东		北京	
商品构成（按HS分类）	同比增长（%）	商品构成（按HS分类）	同比增长（%）
第16类 机电、音像设备及其零件、附件	12.90	第5类 矿产品	−8.41
第15类 贱金属及其制品	16.82	第16类 机电、音像设备及其零件、附件	10.61
第20类 杂项制品	−1.81	第14类 珠宝、贵金属及制品、仿首饰、硬币	14.18

续　表

广东		北京	
商品构成（按HS分类）	同比增长（%）	商品构成（按HS分类）	同比增长（%）
第7类 塑料及其制品、橡胶及其制品	2.21	第17类 车辆、航空器、船舶及运输设备	−1.95
第22类 特殊交易品及未分类商品	24.60	第6类 化学工业及其相关工业的产品	1.25
第14类 珠宝、贵金属及制品、仿首饰、硬币	15.09	第2类 植物产品	6.84
第5类 矿产品	−2.41	第15类 贱金属及其制品	14.83
第11类 纺织原料及纺织制品	1.74	第18类 光学、医疗等仪器、钟表、乐器	−2.18
第18类 光学、医疗等仪器、钟表、乐器	6.22	第4类 食品、饮料、酒及醋、烟草及制品	4.89
第17类 车辆、航空器、船舶及运输设备	18.30	第11类 纺织原料及纺织制品	35.58

资料来源：根据海关统计数据在线查询平台数据整理。

（二）广东与北京主要贸易商品的贸易伙伴对比

如表1-50所示，与广东相比，北京第5类（矿产品）对前十贸易伙伴的进出口总额（1.23万亿元）高于广东（1 994.35亿元）。广东第5类（矿产品）贸易伙伴集中在中东、东南亚等新兴市场，以及澳大利亚、俄罗斯等传统伙伴，相比之下，北京第5类（矿产品）贸易伙伴集中在中东和南美等地区的资源大国。其中，北京第5类（矿产品）对伊拉克、俄罗斯、巴西、土库曼斯坦、科威特进出口总额分别为1 875.72亿元、1 832.61亿元、1 445.08亿元、681.77亿元、514.00亿元，均高于广东；增速分别为3.31%、44.34%、−13.46%、1.10%、−33.92%，均高于广东。北京第5类（矿产品）对阿曼、安哥拉、沙特阿拉伯进出口总额分别为1 454.03亿元、1 138.67亿元、1 127.67亿元，均高于广东；增速分别为−1.94%、−9.33%、−24.61%，均低于广东。

表1-50　2024年广东与北京第5类商品前十大贸易伙伴情况对比

广东			北京		
贸易伙伴	金额（亿元）	排名	贸易伙伴	金额（亿元）	排名
澳大利亚	506.64	1	伊拉克	1 875.72	1
印度尼西亚	285.99	2	俄罗斯	1 832.61	2
中国香港	180.26	3	阿曼	1 454.03	3
阿联酋	177.05	4	巴西	1 445.08	4
俄罗斯	176.11	5	安哥拉	1 138.67	5
沙特阿拉伯	163.23	6	沙特阿拉伯	1 127.67	6
阿曼	162.08	7	澳大利亚	1 108.33	7
巴西	130.45	8	阿联酋	1 102.05	8
美国	113.90	9	土库曼斯坦	681.77	9
卡塔尔	98.67	10	科威特	514.00	10

资料来源：根据海关统计数据在线查询平台数据整理。

如表1-51所示，与广东相比，北京第6类（化学工业及其相关工业的产品）对前十贸易伙伴的进出口总额（1 509.78亿元）略高于广东（1 352.52亿元）。广东第6类（化学工业及其相关工业的产品）对日本、美国、韩国、中国香港和德国进出口总额排在前五位，相比之下，北京同类商品贸易伙伴集中在欧洲和北美等发达经济体。其中，北京第6类（化学工业及其相关工业的产品）对爱尔兰、德国、美国、俄罗斯、哈萨克斯坦进出口总额分别为382.04亿元、224.89亿元、201.52亿元、182.36亿元、122.76亿元，排名前五。广东第6类（化学工业及其相关工业的产品）对日本进出口总额、增速均高于北京。广东第6类（化学工业及其相关工业的产品）对俄罗斯、意大利、瑞士、瑞典进出口总额、增速均低于北京。

表1-51　2024年广东与北京第6类商品前十大贸易伙伴情况对比

广东			北京		
贸易伙伴	金额（亿元）	排名	贸易伙伴	金额（亿元）	排名
日本	244.85	1	爱尔兰	382.04	1

续　表

广东			北京		
贸易伙伴	金额（亿元）	排名	贸易伙伴	金额（亿元）	排名
美国	238.70	2	德国	224.89	2
韩国	152.46	3	美国	201.52	3
中国香港	121.39	4	俄罗斯	182.36	4
德国	118.59	5	哈萨克斯坦	122.76	5
越南	110.97	6	意大利	119.82	6
印度	101.06	7	瑞士	96.18	7
印度尼西亚	94.82	8	日本	62.64	8
中国台湾	87.56	9	瑞典	59.07	9
法国	82.13	10	比利时	58.49	10

资料来源：根据海关统计数据在线查询平台数据整理。

如表1–52所示，与广东相比，北京第14类（珠宝、贵金属及制品、仿首饰、硬币）对前十贸易伙伴的进出口总额（4 135.82亿元）高于广东（2 495.12亿元）。广东第14类（珠宝、贵金属及制品、仿首饰、硬币）对中国香港、瑞士、澳大利亚、南非和美国进出口总额排在前五位，相比之下，北京同类商品贸易伙伴集中在欧洲和北美等发达经济体。其中，北京第14类（珠宝、贵金属及制品、仿首饰、硬币）对瑞士、加拿大、南非、中国香港和澳大利亚进出口总额分别为1 602.76亿元、1 212.22亿元、469.59亿元、375.55亿元和226.79亿元，排名前五。广东第14类（珠宝、贵金属及制品、仿首饰、硬币）对中国香港进出口总额、增速均高于北京。广东第14类（珠宝、贵金属及制品、仿首饰、硬币）对瑞士、加拿大、澳大利亚、日本、新加坡进出口总额低于北京，但增速高于北京。广东第14类（珠宝、贵金属及制品、仿首饰、硬币）对南非进出口总额、增速均低于北京。

表1-52 2024年广东与北京第14类商品前十大贸易伙伴情况对比

广东			北京		
贸易伙伴	金额（亿元）	排名	贸易伙伴	金额（亿元）	排名
中国香港	1 308.46	1	瑞士	1 602.76	1
瑞士	326.37	2	加拿大	1 212.22	2
澳大利亚	223.43	3	南非	469.59	3
南非	200.66	4	中国香港	375.55	4
美国	115.90	5	澳大利亚	226.79	5
德国	114.66	6	日本	103.18	6
比利时	82.87	7	德国	61.02	7
日本	51.41	8	泰国	32.97	8
加拿大	38.67	9	新加坡	32.11	9
阿联酋	32.67	10	法国	19.63	10

资料来源：根据海关统计数据在线查询平台数据整理。

如表1-53所示，与广东相比，北京第16类（机电、音像设备及其零件、附件）对前十贸易伙伴的进出口总额（2 942.94亿元）低于广东（32 040.22亿元）。广东第16类（机电、音像设备及其零件、附件）贸易伙伴集中在亚洲地区，尤其是中国香港、中国台湾、韩国和越南，排名前五。相比之下，北京同类商品贸易伙伴分布较为分散，主要集中在亚洲、欧洲和北美等发达经济体。其中，北京第16类（机电、音像设备及其零件、附件）对日本、美国、德国、中国台湾和中国香港进出口总额分别为461.36亿元、408.14亿元、356.69亿元、338.84亿元和304.43亿元，排名前五。北京第16类（机电、音像设备及其零件、附件）对德国、中国台湾、越南、阿联酋进出口总额、增速均低于广东。北京第16类（机电、音像设备及其零件、附件）对日本、美国、中国香港、韩国、俄罗斯进出口总额低于广东，但增速高于广东。

表1-53 2024年广东与北京第16类商品前十大贸易伙伴情况对比

广东			北京		
贸易伙伴	金额（亿元）	排名	贸易伙伴	金额（亿元）	排名
中国香港	7 668.49	1	日本	461.36	1
中国台湾	6 689.68	2	美国	408.14	2
美国	4 157.36	3	德国	356.69	3
韩国	2 999.12	4	中国台湾	338.84	4
越南	2 606.66	5	中国香港	304.43	5
日本	2 498.08	6	韩国	304.05	6
马来西亚	1 701.68	7	俄罗斯	217.40	7
印度	1 572.14	8	越南	212.98	8
德国	1 101.22	9	荷兰	181.82	9
泰国	1 045.81	10	阿联酋	157.22	10

资料来源：根据海关统计数据在线查询平台数据整理。

二、广东与江苏主要贸易商品对比分析

（一）广东与江苏前十大类贸易商品进出口总额、增速对比

如表1-54和表1-55所示，2024年，江苏进出口总额为56 176.95亿元，低于广东同期进出口总额；同比增长7.02%，低于广东同期增长率。江苏进出口总额排名前十的商品情况如下：江苏第16类（机电、音像设备及其零件、附件）、第15类（贱金属及其制品）、第18类（光学、医疗等仪器、钟表、乐器）、第20类（杂项制品）、第2类（植物产品）进出口总额分别为28 789.68亿元、3 955.62亿元、1 647.40亿元、1 461.90亿元、785.25亿元，均高于广东；增速分别为7.57%、5.55%、4.84%、−6.52%、−27.03%，均低于广东。江苏第5类（矿产品）、第7类（塑料及其制品、橡胶及其制品）进出口总额分别为2 613.81亿元、2 436.01亿元，均低于广东；增速分别为13.26%、6.10%，均高于广东。江苏第11类（纺织原料及纺织制品）、第17类（车辆、航空器、船舶及运输设备）进出口总额分别为3 790.89亿元、3 442.43亿元，均高于广东；增速分别为9.57%、40.14%，均高于广东。

表1-54　2024年广东与江苏前十大类贸易商品进出口总额对比

广东			江苏		
商品构成（按HS分类）	金额（亿元）	排名	商品构成（按HS分类）	金额（亿元）	排名
第16类 机电、音像设备及其零件、附件	50 740.98	1	第16类 机电、音像设备及其零件、附件	28 789.68	1
第15类 贱金属及其制品	5 474.99	2	第6类 化学工业及其相关工业的产品	4 207.71	2
第20类 杂项制品	4 808.60	3	第15类 贱金属及其制品	3 955.62	3
第7类 塑料及其制品、橡胶及其制品	3 223.18	4	第11类 纺织原料及纺织制品	3 790.89	4
第22类 特殊交易品及未分类商品	3 176.03	5	第17类 车辆、航空器、船舶及运输设备	3 442.43	5
第14类 珠宝、贵金属及制品、仿首饰、硬币	2 851.33	6	第5类 矿产品	2 613.81	6
第5类 矿产品	2 791.69	7	第7类 塑料及其制品、橡胶及其制品	2 436.01	7
第11类 纺织原料及纺织制品	2 786.45	8	第18类 光学、医疗等仪器、钟表、乐器	1 647.40	8
第18类 光学、医疗等仪器、钟表、乐器	2 545.90	9	第20类 杂项制品	1 461.90	9
第17类 车辆、航空器、船舶及运输设备	2 536.71	10	第2类 植物产品	785.25	10

资料来源：根据海关统计数据在线查询平台数据整理。

表1-55　2024年广东与江苏前十大类贸易商品进出口总额增速对比

广东		江苏	
商品构成（按HS分类）	同比增长（%）	商品构成（按HS分类）	同比增长（%）
第16类 机电、音像设备及其零件、附件	12.90	第16类 机电、音像设备及其零件、附件	7.57
第15类 贱金属及其制品	16.82	第6类 化学工业及其相关工业的产品	−1.55
第20类 杂项制品	−1.81	第15类 贱金属及其制品	5.55
第7类 塑料及其制品、橡胶及其制品	2.21	第11类 纺织原料及纺织制品	9.57
第22类 特殊交易品及未分类商品	24.60	第17类 车辆、航空器、船舶及运输设备	40.14

续　表

广东			江苏		
商品构成（按HS分类）	同比增长（%）		商品构成（按HS分类）	同比增长（%）	
第14类 珠宝、贵金属及制品、仿首饰、硬币	15.09		第5类 矿产品	13.26	
第5类 矿产品	−2.41		第7类 塑料及其制品、橡胶及其制品	6.10	
第11类 纺织原料及纺织制品	1.74		第18类 光学、医疗等仪器、钟表、乐器	4.84	
第18类 光学、医疗等仪器、钟表、乐器	6.22		第20类 杂项制品	−6.52	
第17类 车辆、航空器、船舶及运输设备	18.30		第2类 植物产品	−27.03	

资料来源：根据海关统计数据在线查询平台数据整理。

（二）广东与江苏主要贸易商品的贸易伙伴对比

如表1-56所示，与广东相比，江苏第6类（化学工业及其相关工业的产品）对前十贸易伙伴的进出口总额（2 443.95亿元）高于广东（1 352.52亿元）。江苏第6类（化学工业及其相关工业的产品）贸易伙伴集中在亚洲和北美地区，尤其是美国、韩国和日本。相比之下，广东同类商品贸易伙伴分布较为集中，主要集中在亚洲地区，尤其是日本、韩国和中国香港，排名前四。其中，江苏第6类（化学工业及其相关工业的产品）对美国、韩国、印度、中国台湾、印度尼西亚进出口总额分别为549.42亿元、499.06亿元、204.19亿元、141.29亿元、131.67亿元，均高于广东；增速分别为1.84%、−18.42%、−2.88%、−0.11%、2.77%，均低于广东。江苏第6类（化学工业及其相关工业的产品）对日本、德国、巴西、新加坡进出口总额分别为407.08亿元、176.67亿元、131.45亿元、106.49亿元，增速分别为3.87%、9.66%、21.43%、16.61%，均高于广东。

表1-56　2024年广东与江苏第6类商品前十大贸易伙伴情况对比

广东			江苏		
贸易伙伴	金额（亿元）	排名	贸易伙伴	金额（亿元）	排名
日本	244.85	1	美国	549.42	1

广东			江苏		
贸易伙伴	金额（亿元）	排名	贸易伙伴	金额（亿元）	排名
美国	238.70	2	韩国	499.06	2
韩国	152.46	3	日本	407.08	3
中国香港	121.39	4	印度	204.19	4
德国	118.59	5	德国	176.67	5
越南	110.97	6	中国台湾	141.29	6
印度	101.06	7	印度尼西亚	131.67	7
印度尼西亚	94.82	8	巴西	131.45	8
中国台湾	87.56	9	新加坡	106.49	9
法国	82.13	10	沙特阿拉伯	96.63	10

资料来源：根据海关统计数据在线查询平台数据整理。

如表1-57所示，与广东相比，江苏第11类（纺织原料及纺织制品）对前十贸易伙伴的进出口总额（2 241.51亿元）高于广东（1 561.89亿元）。江苏第11类（纺织原料及纺织制品）贸易伙伴集中在亚洲和北美地区，尤其是美国、日本和越南，排名前三。相比之下，广东同类商品贸易伙伴分布较为分散，主要集中在亚洲地区，尤其是越南和中国香港，排名前三。其中，江苏第11类（纺织原料及纺织制品）对日本、越南进出口总额分别为320.33亿元、301.39亿元，均高于广东；增速分别为-8.19%、18.38%，均低于广东。江苏第11类（纺织原料及纺织制品）对美国、孟加拉国、澳大利亚、柬埔寨、德国进出口总额分别为756.76亿元、230.19亿元、152.57亿元、124.82亿元、93.76亿元，均高于广东；增速分别为12.47%、25.80%、2.92%、37.52%、6.36%，均高于广东。

表1-57　2024年广东与江苏第11类商品前十大贸易伙伴情况对比

广东			江苏		
贸易伙伴	金额（亿元）	排名	贸易伙伴	金额（亿元）	排名
美国	547.60	1	美国	756.76	1

续　表

广东			江苏		
贸易伙伴	金额（亿元）	排名	贸易伙伴	金额（亿元）	排名
越南	244.33	2	日本	320.33	2
中国香港	225.23	3	越南	301.39	3
马来西亚	106.66	4	孟加拉国	230.19	4
英国	82.83	5	澳大利亚	152.57	5
澳大利亚	73.61	6	柬埔寨	124.82	6
日本	72.68	7	德国	93.76	7
新加坡	72.28	8	法国	90.09	8
孟加拉国	70.36	9	印度尼西亚	88.30	9
德国	66.32	10	韩国	83.29	10

资料来源：根据海关统计数据在线查询平台数据整理。

如表1–58所示，与广东相比，江苏第16类（机电、音像设备及其零件、附件）对前十贸易伙伴的进出口总额（19 740.17亿元）低于广东（32 040.22亿元）。江苏第16类（机电、音像设备及其零件、附件）贸易伙伴主要集中在亚洲和北美地区，尤其是韩国、美国和中国台湾，排名前三。相比之下，广东同类商品贸易伙伴分布也较为集中在亚洲和北美地区，尤其是中国香港、中国台湾和美国，排名前三。其中，江苏第16类（机电、音像设备及其零件、附件）对韩国、德国进出口总额分别为4 149.78亿元、1 225.88亿元，均高于广东；增速分别为21.42%、–4.03%，均低于广东。江苏第16类（机电、音像设备及其零件、附件）对中国香港、印度、马来西亚进出口总额分别为1 385.88亿元、948.19亿元、904.47亿元，均低于广东；增速分别为12.48%、10.84%、21.40%，均高于广东。江苏第16类（机电、音像设备及其零件、附件）对美国、中国台湾进出口总额分别为3 468.43亿元、3 193.46亿元，均低于广东；增速分别为4.52%、15.25%，均低于广东。

表1-58 2024年广东与江苏第16类商品前十大贸易伙伴情况对比

广东			江苏		
贸易伙伴	金额（亿元）	排名	贸易伙伴	金额（亿元）	排名
中国香港	7 668.49	1	韩国	4 149.78	1
中国台湾	6 689.68	2	美国	3 468.43	2
美国	4 157.36	3	中国台湾	3 193.46	3
韩国	2 999.12	4	日本	1 878.31	4
越南	2 606.66	5	越南	1 776.91	5
日本	2 498.08	6	中国香港	1 385.88	6
马来西亚	1 701.68	7	德国	1 225.88	7
印度	1 572.14	8	印度	948.19	8
德国	1 101.22	9	马来西亚	904.47	9
泰国	1 045.81	10	荷兰	808.86	10

资料来源：根据海关统计数据在线查询平台数据整理。

三、广东与上海主要贸易商品对比分析

（一）广东与上海前十大类贸易商品进出口总额、增速对比

如表1-59和表1-60所示，2024年，上海进出口总额为42 680.87亿元，低于广东同期进出口总额；同比增长1.33%，低于广东同期增长率。上海进出口总额排名前十的商品情况如下：上海第16类（机电、音像设备及其零件、附件）、第15类（贱金属及其制品）、第18类（光学、医疗等仪器、钟表、乐器）、第14类（珠宝、贵金属及制品、仿首饰、硬币）、第2类（植物产品）进出口总额分别为15 950.24亿元、2 752.94亿元、2 477.03亿元、2 179.53亿元、681.54亿元，均低于广东；增速分别为4.02%、9.81%、−1.22%、−6.01%、−17.46%，均低于广东。上海第6类（化学工业及其相关工业的产品）、第17类（车辆、航空器、船舶及运输设备）进出口总额分别为4 500.61亿元、3 491.86亿元，均高于广东；增速分别为−1.93%、−5.41%，均低于广东。上海第7类（塑料及其制品、橡胶及其制品）、

第11类（纺织原料及纺织制品）进出口总额分别为 2 019.55亿元、1 824.53亿元，均低于广东；增速分别为9.04%、4.22%，均高于广东。

表1-59　2024年广东与上海前十大贸易商品进出口总额对比

广东			上海		
商品构成（按HS分类）	金额（亿元）	排名	商品构成（按HS分类）	金额（亿元）	排名
第16类 机电、音像设备及其零件、附件	50 740.98	1	第16类 机电、音像设备及其零件、附件	15 950.24	1
第15类 贱金属及其制品	5 474.99	2	第6类 化学工业及其相关工业的产品	4 500.61	2
第20类 杂项制品	4 808.60	3	第17类 车辆、航空器、船舶及运输设备	3 491.86	3
第7类 塑料及其制品、橡胶及其制品	3 223.18	4	第5类 矿产品	2 959.86	4
第22类 特殊交易品及未分类商品	3 176.03	5	第15类 贱金属及其制品	2 752.94	5
第14类 珠宝、贵金属及制品、仿首饰、硬币	2 851.33	6	第18类 光学、医疗等仪器、钟表、乐器	2 477.03	6
第5类 矿产品	2 791.69	7	第14类 珠宝、贵金属及制品、仿首饰、硬币	2 179.53	7
第11类 纺织原料及纺织制品	2 786.45	8	第7类 塑料及其制品、橡胶及其制品	2 019.55	8
第18类 光学、医疗等仪器、钟表、乐器	2 545.90	9	第11类 纺织原料及纺织制品	1 824.53	9
第17类 车辆、航空器、船舶及运输设备	2 536.71	10	第2类 植物产品	681.54	10

资料来源：根据海关统计数据在线查询平台数据整理。

表1-60　2024年广东与上海前十大贸易商品进出口总额增速对比

广东		上海	
商品构成（按HS分类）	同比增长（%）	商品构成（按HS分类）	同比增长（%）
第16类 机电、音像设备及其零件、附件	12.90	第16类 机电、音像设备及其零件、附件	4.02
第15类 贱金属及其制品	16.82	第6类 化学工业及其相关工业的产品	−1.93

广东		上海	
商品构成（按HS分类）	同比增长（%）	商品构成（按HS分类）	同比增长（%）
第20类 杂项制品	−1.81	第17类 车辆、航空器、船舶及运输设备	−5.41
第7类 塑料及其制品、橡胶及其制品	2.21	第5类 矿产品	7.48
第22类 特殊交易品及未分类商品	24.60	第15类 贱金属及其制品	9.81
第14类 珠宝、贵金属及制品、仿首饰、硬币	15.09	第18类 光学、医疗等仪器、钟表、乐器	−1.22
第5类 矿产品	−2.41	第14类 珠宝、贵金属及制品、仿首饰、硬币	−6.01
第11类 纺织原料及纺织制品	1.74	第7类 塑料及其制品、橡胶及其制品	9.04
第18类 光学、医疗等仪器、钟表、乐器	6.22	第11类 纺织原料及纺织制品	4.22
第17类 车辆、航空器、船舶及运输设备	18.30	第2类 植物产品	−17.46

资料来源：根据海关统计数据在线查询平台数据整理。

（二）广东与上海主要贸易商品的贸易伙伴对比

如表1-61所示，与广东相比，上海第16类（机电、音像设备及其零件、附件）对前十贸易伙伴的进出口总额（11 357.60亿元）低于广东（32 040.22亿元）。上海第16类（机电、音像设备及其零件、附件）贸易伙伴集中在亚洲和北美地区，尤其是中国台湾、美国和日本，排名前三，广东同类商品贸易伙伴分布同样集中在亚洲和北美地区，主要集中在中国香港、中国台湾和美国，排名前三。其中，上海第16类（机电、音像设备及其零件、附件）对中国台湾、美国、日本、中国香港、韩国进出口总额分别为2 152.62亿元、1 904.31亿元、1 772.00亿元、1 156.64亿元、1 047.77亿元，均低于广东；增速分别为8.66%、−1.56%、−5.37%、3.31%、1.63%，均低于广东。上海第16类（机电、音像设备及其零件、附件）对新加坡、荷兰进出口总额分别为571.30亿元、430.71亿元，均低于广东；增速分别为21.47%、5.74%，均高于广东。

表1-61　2024年广东与上海第16类商品前十大贸易伙伴情况对比

广东			上海		
贸易伙伴	金额（亿元）	排名	贸易伙伴	金额（亿元）	排名
中国香港	7 668.49	1	中国台湾	2 152.62	1
中国台湾	6 689.68	2	美国	1 904.31	2
美国	4 157.36	3	日本	1 772.00	3
韩国	2 999.12	4	中国香港	1 156.64	4
越南	2 606.66	5	韩国	1 047.77	5
日本	2 498.08	6	德国	952.64	6
马来西亚	1 701.68	7	越南	750.50	7
印度	1 572.14	8	马来西亚	619.11	8
德国	1 101.22	9	新加坡	571.30	9
泰国	1 045.81	10	荷兰	430.71	10

资料来源：根据海关统计数据在线查询平台数据整理。

如表1-62所示，与广东相比，上海第6类（化学工业及其相关工业的产品）对前十贸易伙伴的进出口总额（2 924.54亿元）高于广东（1 352.52亿元）。上海第6类（化学工业及其相关工业的产品）贸易伙伴集中在欧美和亚洲地区，尤其是美国、日本和德国，排名前三。相比之下，广东同类商品贸易伙伴分布主要集中在亚洲地区。其中，上海第6类（化学工业及其相关工业的产品）对美国、瑞士、印度、爱尔兰进出口总额分别为641.65亿元、142.93亿元、131.77亿元、117.32亿元，均高于广东；增速分别为4.99%、−7.24%、4.62%、−3.26%，均低于广东。上海第6类（化学工业及其相关工业的产品）对日本、德国、韩国、法国进出口总额分别为534.44亿元、454.31亿元、303.53亿元、295.38亿元，均高于广东；增速分别为2.31%、−5.96%、−2.77%、3.95%，均高于广东。

表1-62　2024年广东与上海第6类商品前十大贸易伙伴情况对比

广东			上海		
贸易伙伴	金额（亿元）	排名	贸易伙伴	金额（亿元）	排名
日本	244.85	1	美国	641.65	1

广东			上海		
贸易伙伴	金额（亿元）	排名	贸易伙伴	金额（亿元）	排名
美国	238.70	2	日本	534.44	2
韩国	152.46	3	德国	454.31	3
中国香港	121.39	4	韩国	303.53	4
德国	118.59	5	法国	295.38	5
越南	110.97	6	意大利	157.21	6
印度	101.06	7	智利	146.00	7
印度尼西亚	94.82	8	瑞士	142.93	8
中国台湾	87.56	9	印度	131.77	9
法国	82.13	10	爱尔兰	117.32	10

资料来源：根据海关统计数据在线查询平台数据整理。

如表1–63所示，与广东相比，上海第17类（车辆、航空器、船舶及运输设备）对前十贸易伙伴的进出口总额（2 055.92亿元）高于广东（1 303.57亿元）。上海第17类（车辆、航空器、船舶及运输设备）贸易伙伴集中在欧美和亚洲地区，尤其是英国、德国和美国，排名前三。相比之下，广东同类商品贸易伙伴分布主要集中在亚洲和北美洲地区，主要集中在美国、中国香港和日本，排名前三。其中，上海第17类（车辆、航空器、船舶及运输设备）对英国、德国、比利时、新加坡进出口总额分别为399.28亿元、296.94亿元、225.45亿元、162.06亿元，均高于广东；增速分别为–12.77%、–26.39%、–5.61%、4.75%，均低于广东。上海第17类（车辆、航空器、船舶及运输设备）对韩国、斯洛伐克进出口总额分别为121.26亿元、120.70亿元，均高于广东；增速分别为30.85%、–24.21%，均高于广东。

表1–63　2024年广东与上海第17类商品前十大贸易伙伴情况对比

广东			上海		
贸易伙伴	金额（亿元）	排名	贸易伙伴	金额（亿元）	排名
美国	332.53	1	英国	399.28	1

续　表

广东			上海		
贸易伙伴	金额（亿元）	排名	贸易伙伴	金额（亿元）	排名
中国香港	261.75	2	德国	296.94	2
日本	178.23	3	美国	259.57	3
德国	139.21	4	比利时	225.45	4
墨西哥	94.72	5	中国香港	204.25	5
比利时	62.98	6	新加坡	162.06	6
新加坡	60.07	7	墨西哥	141.88	7
阿联酋	58.86	8	澳大利亚	124.53	8
巴西	57.91	9	韩国	121.26	9
泰国	57.29	10	斯洛伐克	120.70	10

资料来源：根据海关统计数据在线查询平台数据整理。

四、广东与山东主要贸易商品对比分析

（一）广东与山东前十大类贸易商品进出口总额、增速对比

如表1-64和1-65所示，2024年，山东进出口总额为33 806.18亿元，低于广东同期进出口总额；同比增长3.56%，低于广东同期增长率。山东进出口总额排名前十的商品情况如下：山东第16类（机电、音像设备及其零件、附件）、第11类（纺织原料及纺织制品）、第15类（贱金属及其制品）、第20类（杂项制品）进出口总额分别为6 867.35亿元、2 248.02亿元、2 186.08亿元、2 039.47亿元，均低于广东；增速分别为7.86%、1.08%、9.59%、-9.53%，均低于广东。山东第7类（塑料及其制品、橡胶及其制品）、第6类（化学工业及其相关工业的产品）、第17类（车辆、航空器、船舶及运输设备）、第4类（食品、饮料、酒及醋、烟草及制品）进出口总额分别为2 777.24亿元、2 199.27亿元、1 928.04亿元、821.86亿元，均低于广东；增速分别为4.65%、4.81%、25.12%、7.95%，均高于广东。

表1-64　2024年广东与山东前十大贸易商品进出口总额对比

广东			山东		
商品构成（按HS分类）	金额（亿元）	排名	商品构成（按HS分类）	金额（亿元）	排名
第16类 机电、音像设备及其零件、附件	50 740.98	1	第5类 矿产品	7 395.25	1
第15类 贱金属及其制品	5 474.99	2	第16类 机电、音像设备及其零件、附件	6 867.35	2
第20类 杂项制品	4 808.60	3	第7类 塑料及其制品、橡胶及其制品	2 777.24	3
第7类 塑料及其制品、橡胶及其制品	3 223.18	4	第11类 纺织原料及纺织制品	2 248.02	4
第22类 特殊交易品及未分类商品	3 176.03	5	第6类 化学工业及其相关工业的产品	2 199.27	5
第14类 珠宝、贵金属及制品、仿首饰、硬币	2 851.33	6	第15类 贱金属及其制品	2 186.08	6
第5类 矿产品	2 791.69	7	第20类 杂项制品	2 039.47	7
第11类 纺织原料及纺织制品	2 786.45	8	第17类 车辆、航空器、船舶及运输设备	1 928.04	8
第18类 光学、医疗等仪器、钟表、乐器	2 545.90	9	第2类 植物产品	1 275.45	9
第17类 车辆、航空器、船舶及运输设备	2 536.71	10	第4类 食品、饮料、酒及醋、烟草及制品	821.86	10

资料来源：根据海关统计数据在线查询平台数据整理。

表1-65　2024年广东与山东前十大类贸易商品进出口总额增速对比

广东		山东	
商品构成（按HS分类）	同比增长（%）	商品构成（按HS分类）	同比增长（%）
第16类 机电、音像设备及其零件、附件	12.90	第5类 矿产品	1.15
第15类 贱金属及其制品	16.82	第16类 机电、音像设备及其零件、附件	7.86
第20类 杂项制品	−1.81	第7类 塑料及其制品、橡胶及其制品	4.65
第7类 塑料及其制品、橡胶及其制品	2.21	第11类 纺织原料及纺织制品	1.08
第22类 特殊交易品及未分类商品	24.60	第6类 化学工业及其相关工业的产品	4.81

广东		山东	
商品构成（按 HS 分类）	同比增长（％）	商品构成（按 HS 分类）	同比增长（％）
第 14 类珠宝、贵金属及制品、仿首饰、硬币	15.09	第 15 类贱金属及其制品	9.59
第 5 类矿产品	-2.41	第 20 类杂项制品	-9.53
第 11 类纺织原料及纺织制品	1.74	第 17 类车辆、航空器、船舶及运输设备	25.12
第 18 类光学、医疗等仪器、钟表、乐器	6.22	第 2 类植物产品	0.97
第 17 类车辆、航空器、船舶及运输设备	18.30	第 4 类食品、饮料、酒及醋、烟草及制品	7.95

资料来源：根据海关统计数据在线查询平台数据整理。

（二）广东与山东主要贸易商品的贸易伙伴对比

如表 1-66 所示，与广东相比，山东第 5 类（矿产品）对前十贸易伙伴的进出口总额（6 177.83 亿元）高于广东（1 994.35 亿元）。山东第 5 类（矿产品）贸易伙伴集中在亚洲、南美洲和大洋洲地区，尤其是马来西亚、俄罗斯和澳大利亚，排名前三。相比之下，广东同类商品贸易伙伴分布集中在亚洲和大洋洲地区，主要集中在澳大利亚、印度尼西亚和中国香港，排名前三。其中，山东第 5 类（矿产品）对马来西亚、俄罗斯、巴西、几内亚、美国进出口总额分别为 2 213.00 亿元、1 438.65 亿元、539.52 亿元、316.06 亿元、291.36 亿元，均高于广东；增速分别为 -0.34%、-16.61%、20.71%、19.99%、31.80%，均高于广东。

表 1-66　2024 年广东与山东第 5 类商品前十大贸易伙伴情况对比

广东			山东		
贸易伙伴	金额（亿元）	排名	贸易伙伴	金额（亿元）	排名
澳大利亚	506.64	1	马来西亚	2 213.00	1
印度尼西亚	285.99	2	俄罗斯	1 438.65	2
中国香港	180.26	3	澳大利亚	700.06	3

续　表

广东			山东		
贸易伙伴	金额（亿元）	排名	贸易伙伴	金额（亿元）	排名
阿联酋	177.05	4	巴西	539.52	4
俄罗斯	176.11	5	几内亚	316.06	5
沙特阿拉伯	163.23	6	美国	291.36	6
阿曼	162.08	7	智利	173.26	7
巴西	130.45	8	秘鲁	171.63	8
美国	113.90	9	阿曼	167.35	9
卡塔尔	98.67	10	印度尼西亚	166.95	10

资料来源：根据海关统计数据在线查询平台数据整理。

如表1-67所示，与广东相比，山东第16类（机电、音像设备及其零件、附件）对前十贸易伙伴的进出口总额（3 994.46亿元）低于广东（32 040.22亿元）。山东第16类（机电、音像设备及其零件、附件）贸易伙伴集中在亚洲和欧洲地区，尤其是韩国和中国香港，排名前三。相比之下，广东同类商品贸易伙伴分布较为广泛，集中在亚洲、北美洲等地，尤其是中国香港、中国台湾和美国，排名前三。其中，山东第16类（机电、音像设备及其零件、附件）对韩国、美国、中国香港、新加坡进出口总额分别为957.34亿元、614.26亿元、427.27亿元、218.08亿元，均低于广东；增速分别为47.03%、9.79%、21.71%、35.28%，均高于广东。山东第16类（机电、音像设备及其零件、附件）对中国台湾、马来西亚、日本、俄罗斯、越南进出口总额分别为390.31亿元、367.41亿元、337.02亿元、264.40亿元、215.95亿元，均低于广东；增速分别为-12.39%、-23.18%、-26.62%、-5.16%、13.46%，均低于广东。

表1-67　2024年广东与山东第16类商品前十大贸易伙伴情况对比

广东			山东		
贸易伙伴	金额（亿元）	排名	贸易伙伴	金额（亿元）	排名
中国香港	7 668.49	1	韩国	957.34	1
中国台湾	6 689.68	2	美国	614.26	2

广东			山东		
贸易伙伴	金额（亿元）	排名	贸易伙伴	金额（亿元）	排名
美国	4 157.36	3	中国香港	427.27	3
韩国	2 999.12	4	中国台湾	390.31	4
越南	2 606.66	5	马来西亚	367.41	5
日本	2 498.08	6	日本	337.02	6
马来西亚	1 701.68	7	俄罗斯	264.40	7
印度	1 572.14	8	新加坡	218.08	8
德国	1 101.22	9	越南	215.95	9
泰国	1 045.81	10	德国	202.44	10

资料来源：根据海关统计数据在线查询平台数据整理。

如表1-68所示，与广东相比，山东第7类（塑料及其制品、橡胶及其制品）对前十贸易伙伴的进出口总额（1 298.15亿元）低于广东（2 020.21亿元）。山东第7类（塑料及其制品、橡胶及其制品）贸易伙伴集中在亚洲地区，尤其是泰国和韩国，排名前三。相比之下，广东同类商品贸易伙伴分布更为广泛，除亚洲外还涵盖北美洲等地，主要集中在美国、日本和韩国，排名前三。其中，山东第7类（塑料及其制品、橡胶及其制品）对美国、马来西亚、沙特阿拉伯进出口总额分别为220.41亿元、129.14亿元、82.92亿元，均低于广东；增速分别为0.70%、5.95%、-7.05%，均高于广东。山东第7类（塑料及其制品、橡胶及其制品）对韩国、越南、日本进出口总额分别为168.23亿元、112.90亿元、75.75亿元，均低于广东；增速分别为-1.32%、14.33%、0.86%，均低于广东。山东第7类（塑料及其制品、橡胶及其制品）对泰国、俄罗斯进出口总额分别为177.87亿元、139.91亿元，均高于广东；增速分别为0.68%、-6.22%，均低于广东。

表1-68　2024年广东与山东第7类商品前十大贸易伙伴情况对比

广东			山东		
贸易伙伴	金额（亿元）	排名	贸易伙伴	金额（亿元）	排名
美国	600.24	1	美国	220.41	1

广东			山东		
贸易伙伴	金额（亿元）	排名	贸易伙伴	金额（亿元）	排名
日本	275.33	2	泰国	177.87	2
韩国	213.32	3	韩国	168.23	3
中国台湾	188.51	4	俄罗斯	139.91	4
越南	160.46	5	马来西亚	129.14	5
马来西亚	142.93	6	越南	112.90	6
泰国	128.33	7	阿联酋	106.15	7
中国香港	125.45	8	印度	84.87	8
新加坡	101.60	9	沙特阿拉伯	82.92	9
沙特阿拉伯	84.05	10	日本	75.75	10

资料来源：根据海关统计数据在线查询平台数据整理。

五、广东与浙江主要贸易商品对比分析

（一）广东与浙江前十大类贸易商品进出口总额、增速对比

如表1–69和1–70所示，2024年，浙江进出口总额为52 641.26亿元，低于广东同期进出口总额；同比增长7.44%，低于广东同期增长率。浙江进出口总额排名前十的商品情况如下：浙江第16类（机电、音像设备及其零件、附件）、第18类（光学、医疗等仪器、钟表、乐器）进出口总额分别为12 165.19亿元、1 015.66亿元，均低于广东；增速分别为6.40%、2.42%，均低于广东。浙江第15类（贱金属及其制品）、第6类（化学工业及其相关工业的产品）进出口总额分别为6 783.02亿元、3 179.15亿元，均高于广东；增速分别为3.64%、1.49%，均低于广东。浙江第11类（纺织原料及纺织制品）、第5类（矿产品）、第7类（塑料及其制品、橡胶及其制品）、第17类（车辆、航空器、船舶及运输设备）、第12类（鞋帽伞等、羽毛品、人造花、人发品）进出口总额分别为6 770.33亿元、5 617.97亿元、3 670.02亿元、2 712.99亿元、1 117.00亿元，均高于广东；增速分别为8.42%、1.87%、7.84%、26.29%、3.57%，均高于广东。

表 1-69 2024 年广东与浙江前十大类贸易商品进出口总额对比

广东			浙江		
商品构成（按HS分类）	金额（亿元）	排名	商品构成（按HS分类）	金额（亿元）	排名
第16类 机电、音像设备及其零件、附件	50 740.98	1	第16类 机电、音像设备及其零件、附件	12 165.19	1
第15类 贱金属及其制品	5 474.99	2	第15类 贱金属及其制品	6 783.02	2
第20类 杂项制品	4 808.60	3	第11类 纺织原料及纺织制品	6 770.33	3
第7类 塑料及其制品、橡胶及其制品	3 223.18	4	第5类 矿产品	5 617.97	4
第22类 特殊交易品及未分类商品	3 176.03	5	第20类 杂项制品	4 271.21	5
第14类 珠宝、贵金属及制品、仿首饰、硬币	2 851.33	6	第7类 塑料及其制品、橡胶及其制品	3 670.02	6
第5类 矿产品	2 791.69	7	第6类 化学工业及其相关工业的产品	3 179.15	7
第11类 纺织原料及纺织制品	2 786.45	8	第17类 车辆、航空器、船舶及运输设备	2 712.99	8
第18类 光学、医疗等仪器、钟表、乐器	2 545.90	9	第12类 鞋帽伞等、羽毛品、人造花、人发品	1 117.00	9
第17类 车辆、航空器、船舶及运输设备	2 536.71	10	第18类 光学、医疗等仪器、钟表、乐器	1 015.66	10

资料来源：根据海关统计数据在线查询平台数据整理。

表 1-70 2024 年广东与浙江前十大类贸易商品进出口总额增速对比

广东		浙江	
商品构成（按HS分类）	同比增长（%）	商品构成（按HS分类）	同比增长（%）
第16类 机电、音像设备及其零件、附件	12.90	第16类 机电、音像设备及其零件、附件	6.40
第15类 贱金属及其制品	16.82	第15类 贱金属及其制品	3.64
第20类 杂项制品	−1.81	第11类 纺织原料及纺织制品	8.42
第7类 塑料及其制品、橡胶及其制品	2.21	第5类 矿产品	1.87
第22类 特殊交易品及未分类商品	24.60	第20类 杂项制品	14.13
第14类 珠宝、贵金属及制品、仿首饰、硬币	15.09	第7类 塑料及其制品、橡胶及其制品	7.84

广东		浙江	
商品构成（按HS分类）	同比增长（%）	商品构成（按HS分类）	同比增长（%）
第5类 矿产品	−2.41	第6类 化学工业及其相关工业的产品	1.49
第11类 纺织原料及纺织制品	1.74	第17类 车辆、航空器、船舶及运输设备	26.29
第18类 光学、医疗等仪器、钟表、乐器	6.22	第12类 鞋帽伞等、羽毛品、人造花、人发品	3.57
第17类 车辆、航空器、船舶及运输设备	18.30	第18类 光学、医疗等仪器、钟表、乐器	2.42

资料来源：根据海关统计数据在线查询平台数据整理。

（二）广东与浙江主要贸易商品的贸易伙伴对比

如表1-71所示，与广东相比，浙江第16类（机电、音像设备及其零件、附件）对前十贸易伙伴的进出口总额（5 614.47亿元）低于广东（32 040.22亿元）。浙江第16类（机电、音像设备及其零件、附件）贸易伙伴相对分散，主要集中在欧美、亚洲地区，美国、越南、日本位列前三。相比之下，广东同类商品贸易伙伴集中在亚洲地区，尤其是中国香港和中国台湾，排名前三。其中，浙江第16类（机电、音像设备及其零件、附件）对美国、日本、印度、德国进出口总额分别为1 416.56亿元、558.42亿元、527.64亿元、496.58亿元，均低于广东；增速分别为4.56%、2.69%、5.55%、3.97%，均低于广东。浙江第16类（机电、音像设备及其零件、附件）对俄罗斯、中国台湾、巴西、荷兰进出口总额分别为475.46亿元、432.12亿元、394.33亿元、361.81亿元，均低于广东；增速分别为−1.61%、−4.12%、16.67%、−18.49%，均低于广东。浙江第16类（机电、音像设备及其零件、附件）对越南、墨西哥进出口总额分别为577.61亿元、373.95亿元，均低于广东；增速分别为25.52%、12.23%，均高于广东。

表1-71　2024年广东与浙江第16类商品前十大贸易伙伴情况对比

广东			浙江		
贸易伙伴	金额（亿元）	排名	贸易伙伴	金额（亿元）	排名
中国香港	7 668.49	1	美国	1 416.56	1
中国台湾	6 689.68	2	越南	577.61	2
美国	4 157.36	3	日本	558.42	3
韩国	2 999.12	4	印度	527.64	4
越南	2 606.66	5	德国	496.58	5
日本	2 498.08	6	俄罗斯	475.46	6
马来西亚	1 701.68	7	中国台湾	432.12	7
印度	1 572.14	8	巴西	394.33	8
德国	1 101.22	9	墨西哥	373.95	9
泰国	1 045.81	10	荷兰	361.81	10

资料来源：根据海关统计数据在线查询平台数据整理。

如表1-72所示，与广东相比，浙江第15类（贱金属及其制品）对前十贸易伙伴的进出口总额（3 318.47亿元）略高于广东（2 751.19亿元）。浙江第15类（贱金属及其制品）贸易伙伴中，刚果民主共和国位列前三，整体贸易伙伴地域分布更为多元，不仅有传统欧美市场，还涵盖非洲等地。相比之下，广东同类商品贸易伙伴主要集中在亚洲地区。其中，浙江第15类（贱金属及其制品）对泰国进出口总额为218.92亿元，低于广东；增速为6.43%，低于广东。浙江第15类（贱金属及其制品）对印度尼西亚、日本、韩国、俄罗斯、巴西进出口总额分别为660.91亿元、330.04亿元、242.15亿元、197.38亿元、173.72亿元，均高于广东；增速分别为3.35%、2.74%、10.72%、-24.97%、4.82%，均低于广东。浙江第15类（贱金属及其制品）对美国、刚果民主共和国进出口总额分别为751.20亿元、387.45亿元，均高于广东；增速分别为15.27%、49.61%，均高于广东。

表1-72　2024年广东与浙江第15类商品前十大贸易伙伴情况对比

广东			浙江		
贸易伙伴	金额（亿元）	排名	贸易伙伴	金额（亿元）	排名
美国	647.09	1	美国	751.20	1
马来西亚	314.02	2	印度尼西亚	660.91	2
越南	294.28	3	刚果民主共和国	387.45	3
日本	286.88	4	日本	330.04	4
泰国	270.44	5	韩国	242.15	5
印度尼西亚	215.45	6	泰国	218.92	6
韩国	205.92	7	俄罗斯	197.38	7
中国香港	191.32	8	马来西亚	193.27	8
中国台湾	178.92	9	巴西	173.72	9
菲律宾	146.86	10	德国	163.43	10

资料来源：根据海关统计数据在线查询平台数据整理。

如表1-73所示，与广东相比，浙江第11类（纺织原料及纺织制品）对前十贸易伙伴的进出口总额（2 850.91亿元）高于广东（1 561.89亿元）。浙江第11类（纺织原料及纺织制品）贸易伙伴分布较为广泛，涵盖美洲、亚洲等地区，美国、越南、墨西哥位列前三。相比之下，广东同类商品贸易伙伴主要集中在亚洲和欧洲地区。其中，浙江第11类（纺织原料及纺织）制品对美国、孟加拉国、印度、澳大利亚进出口总额分别为1 081.53亿元、204.39亿元、197.41亿元、158.72亿元，均高于广东；增速分别为13.22%、23.20%、-6.36%、2.88%，均高于广东。浙江第11类（纺织原料及纺织制品）对越南、墨西哥、巴西、印度尼西亚、日本进出口总额分别为316.35亿元、208.21亿元、201.81亿元、168.05亿元、157.76亿元，均高于广东；增速分别为14.40%、6.43%、15.61%、4.55%、-3.87%，均低于广东。

表1-73　2024年广东与浙江第11类商品前十大贸易伙伴情况对比

广东			浙江		
贸易伙伴	金额（亿元）	排名	贸易伙伴	金额（亿元）	排名
美国	547.60	1	美国	1 081.53	1
越南	244.33	2	越南	316.35	2
中国香港	225.23	3	墨西哥	208.21	3
马来西亚	106.66	4	孟加拉国	204.39	4
英国	82.83	5	巴西	201.81	5
澳大利亚	73.61	6	印度	197.41	6
日本	72.68	7	印度尼西亚	168.05	7
新加坡	72.28	8	澳大利亚	158.72	8
孟加拉国	70.36	9	日本	157.76	9
德国	66.32	10	俄罗斯	156.69	10

资料来源：根据海关统计数据在线查询平台数据整理。

六、广东与福建主要贸易商品对比分析

（一）广东与福建前十大类贸易商品进出口总额、增速对比

如表1-74和1-75所示，2024年，福建进出口总额为19 898.50亿元，低于广东同期进出口总额；同比增长0.79%，低于广东同期增长率。福建进出口总额排名前十的商品情况如下：福建第16类（机电、音像设备及其零件、附件）、第11类（纺织原料及纺织制品）、第15类（贱金属及其制品）、第4类（食品、饮料、酒及醋、烟草及制品）、第6类（化学工业及其相关工业的产品）进出口总额分别为4 677.63亿元、1 560.59亿元、1 441.84亿元、711.25亿元、678.52亿元，均低于广东；增速分别为0.39%、-1.49%、5.92%、-4.25%、-4.36%，均低于广东。福建第20类（杂项制品）、第12类（鞋帽伞等、羽毛品、人造花、人发品）、第7类（塑料及其制品、橡胶及其制品）进出口总额分别为1 015.69亿元、964.03亿元、896.36亿元，均低于广东；增速分别为1.04%、1.92%、8.39%，均高于广东。

表1-74　2024年广东与福建前十大类贸易商品进出口总额对比

广东			福建		
商品构成（按HS分类）	金额（亿元）	排名	商品构成（按HS分类）	金额（亿元）	排名
第16类 机电、音像设备及其零件、附件	50 740.98	1	第16类 机电、音像设备及其零件、附件	4 677.63	1
第15类 贱金属及其制品	5 474.99	2	第5类 矿产品	3 563.25	2
第20类 杂项制品	4 808.60	3	第11类 纺织原料及纺织制品	1 560.59	3
第7类 塑料及其制品、橡胶及其制品	3 223.18	4	第15类 贱金属及其制品	1 441.84	4
第22类 特殊交易品及未分类商品	3 176.03	5	第20类 杂项制品	1 015.69	5
第14类 珠宝、贵金属及制品、仿首饰、硬币	2 851.33	6	第12类 鞋帽伞等、羽毛品、人造花、人发品	964.03	6
第5类 矿产品	2 791.69	7	第7类 塑料及其制品、橡胶及其制品	896.36	7
第11类 纺织原料及纺织制品	2 786.45	8	第4类 食品、饮料、酒及醋、烟草及制品	711.25	8
第18类 光学、医疗等仪器、钟表、乐器	2 545.90	9	第6类 化学工业及其相关工业的产品	678.52	9
第17类 车辆、航空器、船舶及运输设备	2 536.71	10	第17类 车辆、航空器、船舶及运输设备	623.96	10

资料来源：根据海关统计数据在线查询平台数据整理。

表1-75　2024年广东与福建前十大类贸易商品进出口总额增速对比

广东		福建	
商品构成（按HS分类）	同比增长（%）	商品构成（按HS分类）	同比增长（%）
第16类 机电、音像设备及其零件、附件	12.90	第16类 机电、音像设备及其零件、附件	0.39
第15类 贱金属及其制品	16.82	第5类 矿产品	−8.50
第20类 杂项制品	−1.81	第11类 纺织原料及纺织制品	−1.49
第7类 塑料及其制品、橡胶及其制品	2.21	第15类 贱金属及其制品	5.92
第22类 特殊交易品及未分类商品	24.60	第20类 杂项制品	1.04

续　表

广东		福建	
商品构成（按HS分类）	同比增长（%）	商品构成（按HS分类）	同比增长（%）
第14类 珠宝、贵金属及制品、仿首饰、硬币	15.09	第12类 鞋帽伞等、羽毛品、人造花、人发品	1.92
第5类 矿产品	−2.41	第7类 塑料及其制品、橡胶及其制品	8.39
第11类 纺织原料及纺织制品	1.74	第4类 食品、饮料、酒及醋、烟草及制品	−4.25
第18类 光学、医疗等仪器、钟表、乐器	6.22	第6类 化学工业及其相关工业的产品	−4.36
第17类 车辆、航空器、船舶及运输设备	18.30	第17类 车辆、航空器、船舶及运输设备	12.32

资料来源：根据海关统计数据在线查询平台数据整理。

（二）广东与福建主要贸易商品的贸易伙伴对比

如表1-76所示，与广东相比，福建第16类（机电、音像设备及其零件、附件）对前十贸易伙伴的进出口总额（3 047.86亿元）远低于广东（32 040.22亿元）。福建第16类（机电、音像设备及其零件、附件）贸易伙伴主要集中在亚洲和欧美地区，美国、德国、中国台湾位列前三。相比之下，广东同类商品贸易伙伴分布更为广泛，除亚洲、欧美外，贸易伙伴地域覆盖更为多元，中国香港、中国台湾、美国排名前三。其中，福建第16类（机电、音像设备及其零件、附件）对美国、德国、荷兰进出口总额分别为997.78亿元、515.10亿元、101.57亿元，均低于广东；增速分别为15.60%、23.68%、−2.41%，均高于广东。福建第16类（机电、音像设备及其零件、附件）对中国台湾、日本、越南、韩国、中国香港进出口总额分别为334.14亿元、277.97亿元、191.88亿元、185.38亿元、171.58亿元，均低于广东；增速分别为10.85%、4.46%、−3.30%、−17.46%、−15.39%，均低于广东。

表1-76　2024年广东与福建第16类商品前十大贸易伙伴情况对比

广东			福建		
贸易伙伴	金额（亿元）	排名	贸易伙伴	金额（亿元）	排名
中国香港	7 668.49	1	美国	997.78	1
中国台湾	6 689.68	2	德国	515.10	2
美国	4 157.36	3	中国台湾	334.14	3
韩国	2 999.12	4	日本	277.97	4
越南	2 606.66	5	越南	191.88	5
日本	2 498.08	6	韩国	185.38	6
马来西亚	1 701.68	7	中国香港	171.58	7
印度	1 572.14	8	马来西亚	158.06	8
德国	1 101.22	9	泰国	114.38	9
泰国	1 045.81	10	荷兰	101.57	10

资料来源：根据海关统计数据在线查询平台数据整理。

如表1-77所示，与广东相比，福建第5类（矿产品）对前十贸易伙伴的进出口总额（2 711.64亿元）高于广东（1 994.35亿元）。福建第5类（矿产品）贸易伙伴主要集中在亚洲和南美洲地区，澳大利亚、印度尼西亚、沙特阿拉伯位列前三。相比之下，广东同类商品贸易伙伴主要集中在澳大利亚、印度尼西亚、中国香港，排名前三。其中，福建第5类（矿产品）对澳大利亚、印度尼西亚、沙特阿拉伯进出口总额分别为691.86亿元、486.51亿元、293.20亿元，均高于广东；增速分别为–1.97%、–3.83%、–30.96%，均低于广东。福建第5类（矿产品）对智利、巴西、秘鲁、马来西亚、伊拉克进出口分别为256.96亿元、211.47亿元、207.52亿元、170.45亿元、154.90亿元，均高于广东；增速分别为14.27%、–9.38%、–23.97%、131.31%、53.82%，均高于广东。

表1-77　2024年广东与福建第5类商品前十大贸易伙伴情况对比

广东			福建		
贸易伙伴	金额（亿元）	排名	贸易伙伴	金额（亿元）	排名
澳大利亚	506.64	1	澳大利亚	691.86	1

续　表

广东			福建		
贸易伙伴	金额（亿元）	排名	贸易伙伴	金额（亿元）	排名
印度尼西亚	285.99	2	印度尼西亚	486.51	2
中国香港	180.26	3	沙特阿拉伯	293.20	3
阿联酋	177.05	4	智利	256.96	4
俄罗斯	176.11	5	巴西	211.47	5
沙特阿拉伯	163.23	6	秘鲁	207.52	6
阿曼	162.08	7	马来西亚	170.45	7
巴西	130.45	8	伊拉克	154.90	8
美国	113.90	9	俄罗斯	153.65	9
卡塔尔	98.67	10	美国	85.11	10

资料来源：根据海关统计数据在线查询平台数据整理。

如表1-78所示，与广东相比，福建第11类（纺织原料及纺织制品）对前十贸易伙伴的进出口总额（789.31亿元）低于广东（1 561.89亿元）。福建第11类（纺织原料及纺织制品）贸易伙伴主要集中在亚洲及北美洲地区，美国、菲律宾、越南位列前三。相比之下，广东同类商品贸易伙伴分布更为广泛，除亚洲、北美洲外，还涉及大洋洲等地。其中，福建第11类（纺织原料及纺织制品）对美国、马来西亚、新加坡、英国进出口总额分别为187.92亿元、60.35亿元、58.96亿元、41.61亿元，均低于广东；增速分别为15.49%、61.28%、97.43%、27.54%，均高于广东。福建第11类（纺织原料及纺织制品）对菲律宾、中国台湾、墨西哥、俄罗斯进出口总额分别为134.94亿元、59.71亿元、43.84亿元、34.87亿元，均高于广东；增速分别为−20.38%、−17.82%、7.59%、3.37%，均低于广东。

表1-78　2024年广东与福建第11类商品前十大贸易伙伴情况对比

广东			福建		
贸易伙伴	金额（亿元）	排名	贸易伙伴	金额（亿元）	排名
美国	547.60	1	美国	187.92	1

广东			福建		
贸易伙伴	金额（亿元）	排名	贸易伙伴	金额（亿元）	排名
越南	244.33	2	菲律宾	134.94	2
中国香港	225.23	3	越南	130.19	3
马来西亚	106.66	4	马来西亚	60.35	4
英国	82.83	5	中国台湾	59.71	5
澳大利亚	73.61	6	新加坡	58.96	6
日本	72.68	7	墨西哥	43.84	7
新加坡	72.28	8	英国	41.61	8
孟加拉国	70.36	9	德国	36.93	9
德国	66.32	10	俄罗斯	34.87	10

资料来源：根据海关统计数据在线查询平台数据整理。

第三节　广东对外贸易商品的发展总结

第一，广东部分商品进出口总额占比较高、增长显著。从进出口总额来看，第16类（机电、音像设备及其零件、附件）、第15类（贱金属及其制品）和第20类（杂项制品）进出口总额占比达66.97%，为广东外贸主导商品；从出口额来看，第16类（机电、音像设备及其零件、附件）、第20类（杂项制品）和第15类（贱金属及其制品）出口额占比达66.83%，为广东主要出口商品；从进口额来看，第16类（机电、音像设备及其零件、附件）、第5类（矿产品）和第14类（珠宝、贵金属及制品、仿首饰、硬币）进口额占比达74.89%，为广东主要进口商品。从进出口总额增速来看，第22类（特殊交易品及未分类商品）、第17类（车辆、航空器、船舶及运输设备）、第15类（贱金属及其制品）进出口增速分别为24.60%、18.30%、16.82%，排名前三；从出口额增速来看，第22类（特殊交易品及未分类商品）、第17类（车辆、航空器、船舶及运输设备）、第9类（木及制品、木炭、软木、编结品）出口增速分别为25.24%、23.35%、23.01%，排名前三；从进口额增速来看，第14类（珠宝、贵金属及制品、仿首饰、硬币）、第16类（机电、音像设备及其零件、附件）、第12类（鞋帽伞等、羽毛品、人造花、人发品）进口增速分别为21.60%、19.62%、16.72%，排名前三。

第二，广东的外贸商品贸易伙伴分布广泛，但主要集中在亚洲、欧洲和北美洲等经济发达地区，同时在逐步拓展与其他地区的贸易合作，形成了多元化的贸易格局。广东第16类（机电、音像设备及其零件、附件）主要贸易伙伴集中在亚洲地区，如中国香港、中国台湾、韩国、日本等；欧洲地区，如德国、荷兰；北美洲地区，如美国。第15类（贱金属及其制品）、第7类（塑料及其制品、橡胶及其制品）、第22类（特殊交易品及未分类商品）、第11类（纺织原料及纺织制品）等商品的贸易伙伴也主要集中在亚洲国家，如日本、韩国、马来西亚，北美洲国家，如美国、加拿大，以及大洋洲国家，如澳大利亚。对于部分特殊商品类别，贸易伙伴的分布则呈现一定的区域性特征。例如，第21类（艺术品、收藏品及古物）、第4类（食品、饮料、酒及醋、烟草及制品）的主要贸易伙伴来自欧洲，如德国、英国、法国等。第2类（植物产品）、第1类（活动物、动物产品）的贸易伙伴主要集中于南美洲的智利、巴西、阿根廷等。

第三，广东大部分外贸商品贸易方式持续优化。广东第1类（活动物、动物产品）、第19类（武器、弹药及其零件、附件）、第2类（植物产品）、第9类（木及制品、木炭、软木、编结品）等一般贸易进出口总额占比均高于90%。第22类（特殊交易品及未分类商品）、第4类（食品、饮料、酒及醋、烟草及制品）、第15类（贱金属及其制品）等一般贸易进出口总额占比均高于80%。第6类（化学工业及其相关工业的产品）、第11类（纺织原料及纺织制品）、第13类（矿物材料制品、陶瓷品、玻璃及制品）、第17类（车辆、航空器、船舶及运输设备）等一般贸易进出口总额占比均高于70%。第5类（矿产品）、第7类（塑料及其制品、橡胶及其制品）、第18类（光学、医疗等仪器、钟表、乐器）等一般贸易进出口总额占比均高于60%。

第四，广东大部分外贸商品进出口总额、增速在全国有较大优势，高于大部分兄弟省市。从进出口总额来看，广东第16类（机电、音像设备及其零件、附件）、第22类（特殊交易品及未分类商品）、第18类（光学、医疗等仪器、钟表、乐器）、第20类（杂项制品）进出口总额高于北京、江苏、上海、山东、浙江、福建。广东第15类（贱金属及其制品）、第7类（塑料及其制品、橡胶及其制品）进出口总额高于北京、江苏、上海、山东、福建。广东第11类（纺织原料及纺织制品）进出口总额高于北京、上海、山东、福建。从进出口总额增速来看，广东第16类（机电、音像设备及其零件、附件）、第15类（贱金属及其制品）进出口增速高于北京、江苏、上海、山东、浙江、福建。广东第14类（珠宝、贵金属及制品、仿首饰、硬币）进出口增速高于北京、江苏、上海、山东、浙江。广东第18类（光学、医疗等仪器、钟表、乐器）进出口增速高于北京、江苏、上海、山东、浙江。

第五，广东部分外贸商品进出口总额、增速低于部分兄弟省市。从进出口总额来看，广东第5类（矿产品）进出口总额低于北京、上海、山东、浙江、福建。广东第17类（车辆、航空器、船舶及运输设备）、第6类（化学工业及其相关工业的产品）进出口总额低于江苏、上海、浙江。广东第9类（木及制品、木炭、软木、编结品）进出口总额低于江苏、山东、浙江、福建。广东第3类（动、植物油、脂、蜡、精制食用油脂）进出口总额低于江苏、上海、福建。从进出口总额增速来看，广东第20类（杂项制品）进出口增速低于北京、上海、浙江、福建。广东第7类（塑料及其制品、橡胶及其制品）进出口增速低于江苏、山东、浙江、福建。广东第5类（矿产品）进出口增速低于江苏、上海、山东、浙江。广东第22类（特殊交易品及未分类商品）进出口增速低于北京、江苏、山东、浙江、福建。广东第11类（纺织原料及纺织制品）进出口增速低于北京、江苏、上海、浙江。

第二章

广东对外贸易伙伴研究报告

第一节　广东对外贸易伙伴发展概况

一、主要贸易伙伴的发展概况

（一）主要进出口国家和地区

1.主要进出口国家和地区的规模情况

表2-1展示了2024年广东进出口规模排名前三十的国家和地区，这些贸易伙伴合计占全省进出口总额的82.88%，达到75 527.31亿元。其中，发达经济体的进出口总额为53 933.84亿元，占广东与主要国家和地区进出口总额的71.41%，新兴市场和发展中经济体仅占28.59%，进出口总额为21 593.47亿元。从前十大贸易伙伴来看，中国香港位列第一，2024年进出口总额达11 391.39亿元，同比增长9.87%，占广东与主要国家和地区进出口总额的15.08%，与排名第二的美国基本持平。中国台湾位居第三，进出口总额为7 557.56亿元，同比增长17.76%，占广东与主要国家和地区进出口总额的10.01%。越南、中国台湾和韩国的进出口总额同比增幅均超过15%，显著高于其他贸易伙伴，其中，越南以4 003.39亿元的进出口总额位列第六，进出口增长速度最快，进出口总额接近第四位的日本与第五位的韩国。马来西亚、德国和印度分别位列第七、第八和第十，进出口总额同比增速相对接近，三者平均同比增长6.87%。

表 2-1　2024年广东与主要国家和地区进出口总额、增速情况

排名	贸易伙伴	金额（亿元）	同比增长（%）	排名	贸易伙伴	金额（亿元）	同比增长（%）
1	中国香港	11 391.39	9.87	4	日本	4 404.74	4.07
2	美国	10 765.60	7.55	5	韩国	4 101.99	15.77
3	中国台湾	7 557.56	17.76	6	越南	4 003.39	17.81

续　表

排名	贸易伙伴	金额（亿元）	同比增长（%）	排名	贸易伙伴	金额（亿元）	同比增长（%）
7	马来西亚	3 104.66	6.34	19	菲律宾	1 408.35	15.57
8	德国	2 354.73	7.54	20	阿联酋	1 151.05	23.83
9	泰国	2 247.10	4.85	21	法国	1 127.05	3.04
10	印度	2 200.20	6.73	22	加拿大	1 022.47	4.52
11	澳大利亚	1 960.25	−1.86	23	意大利	954.31	5.38
12	荷兰	1 730.14	−3.22	24	沙特阿拉伯	928.08	−0.39
13	印度尼西亚	1 718.29	12.33	25	西班牙	760.78	17.23
14	墨西哥	1 698.89	16.06	26	波兰	748.85	18.75
15	新加坡	1 530.63	−8.75	27	南非	583.55	−14.66
16	英国	1 529.10	−0.91	28	土耳其	551.03	9.84
17	巴西	1 496.98	19.24	29	瑞士	549.71	16.96
18	俄罗斯	1 418.57	−0.92	30	比利时	527.90	12.46

资料来源：根据海关总署公布的进出口数据整理。

从全球区域分布来看，与广东进出口贸易排名前三十的主要国家和地区中，亚洲占据主导地位，进出口总额达46 298.44亿元，占广东与主要国家和地区进出口总额的61.30%。欧洲和北美洲紧随其后，与广东的进出口总额分别为11 701.13亿元和11 788.08亿元，分别占广东与主要国家和地区进出口总额的15.49%和15.61%。拉丁美洲和大洋洲与广东的进出口总额分别为3 195.87亿元和1 960.25亿元，分别占广东与主要国家和地区进出口总额的4.23%和2.60%。非洲地区仅南非与广东进出口贸易排名前三十，进出口总额为583.55亿元，占广东与主要国家和地区进出口总额的0.79%。

从趋势变化来看，进出口贸易增长较快的贸易伙伴情况如下：广东与阿联酋以23.83%的进出口增速居广东前三十个主要贸易伙伴之首。其次与巴西的进出口总额达1 496.98亿元，同比增长19.24%，占广东与主要国家和地区进出口总额的1.98%。进出口增速排名第三的是波兰，进出口总额为748.85亿元，同比增长18.75%。广东与越南、中国台湾、西班牙和瑞士的进出口总额也保持强劲增长，进出口增速分别为17.81%、17.76%、17.23%和16.96%，在主要贸易伙伴中表现突出。相比之下，部分贸易伙伴进出口总额出现下滑，南非、新加坡、荷兰和澳大利亚的进出口总额较2023年分别下降14.66%、8.75%、3.22%和1.86%。

2.主要进出口国家和地区的商品类型

表2-2展示了2024年与广东进出口贸易排名前三十的国家和地区的商品类型。广东与主要国家和地区的商品贸易排名前五的商品情况如下：进出口排名第一的为第16类商品（机电产品、音像设备及其零件、附件），进出口总额达41 717.39亿元，同比增长11.09%，占广东与主要国家和地区进出口总额的55.41%，占比遥遥领先于其他商品类别。排名第二的为第15类商品（贱金属及其制品），进出口总额为4 277.78亿元，同比增长14.87%，占广东与主要国家和地区进出口总额的5.68%。排名第三的为第20类商品（杂项制品），进出口总额为4 220.44亿元，较2023年略降1.56%。第7类商品（塑料及其制品、橡胶及其制品）位居第四，进出口总额为2 853.20亿元，同比增长2.04%。第五位为第22类商品（特殊交易品及未分类商品），进出口总额达2 830.80亿元，同比增长高达25.60%，成为涨幅最大的商品类别。

表2-2　2024年广东与主要进出口贸易伙伴前五大类商品进出口总额、增速、占比情况

排名	商品构成（按HS分类）	金额（亿元）	同比增长（%）	占比（%）
1	第16类 机电、音像设备及其零件、附件	41 717.39	11.09	55.41
2	第15类 贱金属及其制品	4 277.78	14.87	5.68
3	第20类 杂项制品	4 220.44	−1.56	5.61
4	第7类 塑料及其制品、橡胶及其制品	2 853.20	2.04	3.79
5	第22类 特殊交易品及未分类商品	2 830.80	25.60	3.76

资料来源：根据海关总署公布的进出口数据整理。

3. 主要进出口国家和地区的贸易方式

从贸易方式来看，如表2-3所示，广东与主要国家和地区的进出口商品

贸易方式以一般贸易为主，进出口总额达42 882.81亿元，占广东与主要国家和地区进出口总额的56.78%，同比增长10.20%，展现出较强的增长动能。进料加工贸易进出口总额为15 739.54亿元，占广东与主要国家和地区进出口总额的20.84%，较2023年小幅增长0.29%，整体保持稳定。位列第三和第四的贸易方式分别是海关特殊监管区域物流货物和保税监管场所进出境货物，进出口总额分别为8 754.06亿元和5 847.62亿元，其中保税监管场所进出境货物增幅较为显著，同比增长23.23%，显示保税业态在外贸中的活跃度持续提升。

表2-3　2024年广东与主要进出口贸易伙伴主要贸易方式进出口总额、增速、占比情况

排名	贸易方式	金额（亿元）	同比增长（%）	占比（%）
1	一般贸易	42 882.81	10.20	56.78
2	进料加工贸易	15 739.54	0.29	20.84
3	海关特殊监管区域物流货物	8 754.06	17.51	11.59
4	保税监管场所进出境货物	5 847.62	23.23	7.74
5	来料加工贸易	1 562.99	−5.26	2.07

资料来源：根据海关总署公布的进出口数据整理。

（二）主要出口国家和地区

1. 主要出口国家和地区的规模情况

从出口规模来看，如表2-4所示，与广东出口贸易排名前三十的主要国家和地区出口额占全省出口额的86.28%，达到50 830.81亿元。其中，对发达经济体的出口额为36 186.06亿元，占广东对主要国家和地区出口额的71.19%；对新兴市场和发展中经济体的出口额为14 644.75亿元，占广东对主要国家和地区出口额的28.81%。2024年广东出口排名前十的贸易伙伴情况如下：中国香港继续位居广东第一大出口市场，出口额达10 888.09亿元，同比增长7.40%，占广东对主要国家和地区出口额的21.42%。美国为第二大出口贸易伙伴，出口额达9 488.08亿元，同比增长7.74%，占广东对主要国家和地区出口额的18.67%。越南位居第三，出口额为2 206.69亿元，同比增

长23.71%，占广东对主要国家和地区出口额的4.34%，增速显著。印度和日本分别位列第四、第五，出口额为2 027.90亿元和1 956.79亿元，其中对印度出口额同比增长7.41%。德国和墨西哥分别位列第六、第七，出口额分别为1 638.65亿元和1 553.10亿元，均实现较大幅度增长。排名第八至第十的分别为荷兰、马来西亚和英国，出口额依次为1 552.75亿元、1 542.14亿元和1 385.85亿元，较2023年均有所回落，显示这些贸易伙伴出口市场压力加大。

表2-4　2024年广东对主要国家和地区出口额、增速情况

排名	贸易伙伴	金额（亿元）	同比增长（%）	排名	贸易伙伴	金额（亿元）	同比增长（%）
1	中国香港	10 888.09	7.40	16	澳大利亚	1 076.75	-12.56
2	美国	9 488.08	7.74	17	新加坡	1 032.56	-12.83
3	越南	2 206.69	23.71	18	巴西	945.98	33.54
4	印度	2 027.90	7.41	19	阿联酋	924.42	22.34
5	日本	1 956.79	0.81	20	菲律宾	837.16	17.69
6	德国	1 638.65	11.84	21	法国	802.20	10.21
7	墨西哥	1 553.10	16.96	22	加拿大	777.03	0.82
8	荷兰	1 552.75	-2.50	23	意大利	748.49	6.39
9	马来西亚	1 542.14	-1.18	24	波兰	727.27	20.98
10	英国	1 385.85	-0.97	25	西班牙	686.22	21.59
11	韩国	1 210.73	2.35	26	沙特阿拉伯	686.07	6.93
12	泰国	1 180.44	8.49	27	土耳其	523.97	11.60
13	俄罗斯	1 176.12	4.06	28	比利时	413.53	27.39
14	印度尼西亚	1 122.76	22.57	29	南非	325.57	-10.47
15	中国台湾	1 115.01	13.39	30	孟加拉国	278.50	11.56

资料来源：根据海关总署公布的出口数据整理。

从全球区域分布来看，与广东出口贸易排名前三十的主要国家和地区中，亚洲出口额为27 533.22亿元，占广东对主要国家和地区出口额的54.17%，仍为最主要的出口市场。北美洲和欧洲分别以10 265.11亿元和

9 131.07亿元位列第二和第三，分别占广东对主要国家和地区出口额的20.19%和17.96%。对拉丁美洲和大洋洲出口额分别为2 499.09亿元和1 076.75亿元，分别占广东对主要国家和地区出口额的4.92%和2.12%。非洲地区仅南非进入广东出口前三十，出口额为325.57亿元，仅占广东对主要国家和地区出口额的0.64%。

从趋势变化来看，出口贸易增长较快的贸易伙伴如下：广东对巴西出口增速高达33.54%，在前三十个出口贸易伙伴中增速居首位。其次为比利时，同比增长27.39%。对越南出口增速排名第三，出口额为2 206.69亿元，同比增长23.71%。对印度尼西亚、阿联酋、西班牙和波兰出口增速分别位列第四至第七，出口额较2023年分别增长22.57%、22.34%、21.59%和20.98%。广东对上述七个国家和地区的出口增速均超过20%，成为拉动整体出口增长的重要力量。出口贸易下降较快的贸易伙伴情况如下：对新加坡、澳大利亚以及南非的出口额分别下降12.83%、12.56%、10.47%，为出口降幅最大的三大市场，较2023年均下降超过10%。

2. 主要出口国家和地区的商品类型

从出口商品结构来看，如表2-5所示，广东与主要国家和地区的出口贸易排名前五的商品类型情况如下：广东对第16类商品（机电、音像设备及其零件、附件）的出口额达26 871.55亿元，同比增长7.91%，占广东对主要国家和地区出口额的52.86%，远高于其他商品类别，继续保持主导地位。出口排名第二的商品为第20类（杂项制品），出口额为4 140.49亿元，较2023年下降1.94%，占广东对主要国家和地区出口额的8.15%。第15类（贱金属及其制品）出口额为3 184.22亿元，同比增长15.78%。第22类（特殊交易品及未分类商品）出口额为2 747.33亿元，同比增长23.96%，增速居前，显示该类商品在广东出口结构中的活跃度持续上升。第11类（纺织原料及纺织制品）出口排名第五，为2 081.95亿元，较2023年增长了5.36%。

表 2-5　2024 年广东对主要出口贸易伙伴前五大类商品出口额、增速、占比情况

排名	商品构成（按HS分类）	金额（亿元）	同比增长（%）	占比（%）
1	第 16 类 机电、音像设备及其零件、附件	26 871.55	7.91	52.86
2	第 20 类 杂项制品	4 140.49	−1.94	8.15
3	第 15 类 贱金属及其制品	3 184.22	15.78	6.26
4	第 22 类 特殊交易品及未分类 商品	2 747.33	23.96	5.40
5	第 11 类 纺织原料及纺织制品	2 081.95	5.36	4.10

资料来源：根据海关总署公布的出口数据整理。

3. 主要出口国家和地区的贸易方式

从贸易方式来看，如表2-6所示，广东与主要国家和地区的出口贸易方式排名前五的情况如下：一般贸易出口额达31 467.24亿元，居各类贸易方式首位，占广东对主要国家和地区出口额的61.91%，较2023年增长11.57%，显示出稳定增长的良好态势。进料加工贸易为第二大出口方式，出口额为11 012.17亿元，占广东对主要国家和地区出口额的21.66%，较2023年小幅下降0.50%。海关特殊监管区域物流货物与保税监管场所进出境货物分别排名第三和第四，出口额分别为4 272.57亿元和2 583.93亿元，其中后者同比增长18.29%，增幅较为显著，反映出保税监管业务活跃度提升。

表 2-6　2024 年广东对主要出口贸易伙伴贸易方式出口额、增速、占比情况

排名	贸易方式	金额（亿元）	同比增长（%）	占比（%）
1	一般贸易	31 467.24	11.57	61.91
2	进料加工贸易	11 012.17	−0.50	21.66
3	海关特殊监管区域物流货物	4 272.57	7.99	8.41
4	保税监管场所进出境货物	2 583.93	18.29	5.08
5	来料加工贸易	925.44	−5.90	1.82

资料来源：根据海关总署公布的出口数据整理。

（三）主要进口国家和地区

1. 主要进口国家和地区的规模情况

从进口规模来看，如表2-7所示，与广东进口贸易排名前三十的主要国家和地区进口额为25 369.88亿元，占全省进口额的78.76%。其中，来自发达经济体的进口额为17 988.32亿元，占广东自主要国家和地区进口额的70.90%；而来自新兴市场和发展中经济体的进口额为7 381.56亿元，仅占广东自主要国家和地区进口额的29.10%。2024年广东进口排名前十的贸易伙伴情况如下：中国台湾居首位，进口额达6 442.55亿元，同比增长18.55%，占广东自主要国家和地区进口额的25.39%，表现突出。韩国为第二大进口来源国，进口额为2 891.26亿元，同比增长22.49%，占广东自主要国家和地区进口额的11.40%。日本位列第三，进口额达2 447.96亿元，同比增长6.83%，占广东自主要国家和地区进口额的9.65%。越南、马来西亚和澳大利亚分别位列第四、第五和第八，进口额分别为1 796.70亿元、1 562.52亿元和883.50亿元，均实现两位数增长。其中，澳大利亚进口额同比增长15.35%，增幅居前。相比之下，德国和印度尼西亚虽位列前十，但进口额分别为716.08亿元和595.52亿元，较2023年均有所下降，显示出一定的回调态势。

表 2-7　2024年广东自主要国家和地区进口额、增速情况

排名	贸易伙伴	金额（亿元）	同比增长（%）	排名	贸易伙伴	金额（亿元）	同比增长（%）
1	中国台湾	6 442.55	18.55	10	印度尼西亚	595.52	-2.95
2	韩国	2 891.26	22.49	11	菲律宾	571.19	12.58
3	日本	2 447.96	6.83	12	巴西	551.00	0.72
4	越南	1 796.70	11.29	13	中国香港	503.30	118.34
5	马来西亚	1 562.52	14.98	14	新加坡	498.07	1.06
6	美国	1 277.52	6.13	15	瑞士	443.42	16.65
7	泰国	1 066.65	1.09	16	法国	324.84	-11.23
8	澳大利亚	883.50	15.35	17	智利	263.82	5.89
9	德国	716.08	-1.15	18	南非	257.98	-19.42

续　表

排名	贸易伙伴	金额（亿元）	同比增长（%）	排名	贸易伙伴	金额（亿元）	同比增长（%）
19	加拿大	245.44	18.26	25	荷兰	177.39	−9.13
20	俄罗斯	242.45	−19.57	26	印度	172.30	−0.59
21	沙特阿拉伯	242.01	−16.57	27	阿曼	167.71	27.26
22	阿联酋	226.63	30.30	28	墨西哥	145.79	7.29
23	意大利	205.82	1.86	29	英国	143.25	−0.36
24	哥斯达黎加	192.84	110.08	30	比利时	114.36	−21.01

资料来源：根据海关总署公布的进口数据整理。

从全球区域分布来看，与广东进口贸易排名前三十的主要国家中，自亚洲地区进口额为19 184.37亿元，占广东自主要国家和地区进口额的75.62%。自欧洲地区和北美洲地区的进口额分别为2 367.63亿元、1 522.97亿元，分别占广东自主要国家和地区进口额的9.33%、6.00%。拉丁美洲地区和大洋洲地区与广东的进口额分别为1 153.44亿元、883.50亿元，分别占广东自主要国家和地区进口额的4.55%、3.48%。非洲地区仅南非与广东进口贸易排名前三十，进口额为257.98亿元，仅占广东自主要国家和地区进口额的1.02%。

从趋势变化来看，进口贸易增长较快的贸易伙伴情况如下：广东自中国香港进口增速为118.34%，在三十个主要贸易伙伴中增速排名第一。其次自哥斯达黎加的进口增速为110.08%。进口增速排名第三的为阿联酋，较2023年增长30.3%。广东自阿曼、韩国、中国台湾、加拿大进口增速分别排名第四、第五、第六、第七，进口额较2023年分别增长27.26%、22.49%、18.55%、18.26%，以上七个贸易伙伴与广东的进口均保持良好的增长态势。进口贸易下降较快的贸易伙伴情况如下：自比利时、俄罗斯、南非及沙特阿拉伯的进口分别下降21.01%、19.57%、19.42%、16.57%。

2.主要进口国家和地区的商品类型

从进口商品结构来看，如表2-8所示，广东与主要国家和地区的进口贸易排名前五的商品情况如下：广东对第16类（机电、音像设备及其零件、附件）进口额为15 093.47亿元，较2023年增长18.97%，占广东自主要国家和地区进口额的59.49%，占比远超其他四类商品。进口排名第二的商品为第5类（矿产品），进口额为1 907.90亿元，较2023年下降1.52%。第14类（珠宝、贵金属及制品、仿首饰、硬币）以及第15类（贱金属及其制品）分别排名第三、第四，进口额分别为1 496.43亿元、1 146.61亿元，较2023年分别增长13.29%、11.76%。进口排名第五的商品为第6类（化学工业及其相关工业的产品），进口额为1 026.60亿元，较2023年下降4.21%。

表2-8　2024年广东自主要进口贸易伙伴前五大类商品进口额、增速、占比情况

排名	商品构成（按HS分类）	金额（亿元）	同比增长（%）	占比（%）
1	第16类 机电、音像设备及其零件、附件	15 093.47	18.97	59.49
2	第5类 矿产品	1 907.90	−1.52	7.52
3	第14类 珠宝、贵金属及制品、仿首饰、硬币	1 496.43	13.29	5.90
4	第15类 贱金属及其制品	1 146.61	11.76	4.52
5	第6类 化学工业及其相关工业的产品	1 026.60	−4.21	4.05

资料来源：根据海关总署公布的进口数据整理。

3. 主要进口国家和地区的贸易方式

从贸易方式来看，如表2-9所示，广东自主要国家和地区的进口贸易方式排名前五的情况如下：一般贸易进口额为11 787.00亿元，排名第一，占广东自主要国家和地区进口额的46.46%，较2023年同比增长6.94%。进料加工贸易进口额为4 727.55亿元，占广东自主要国家和地区进口额的18.63%，较2023年下降0.80%。海关特殊监管区域物流货物与保税监管场所进出境货物分别排名第三、第四，进口额分别为4 598.07亿元、3 429.53亿元，较2023年分别增长31.53%、28.67%。排名第五的来料加工贸易进口额为642.34亿元，较2023年下降4.20%。

表 2-9　2024年广东自主要进口贸易伙伴贸易方式进口额、增速、占比情况

排名	贸易方式	金额（亿元）	同比增长（%）	占比（%）
1	一般贸易	11 787.00	6.94	46.46
2	进料加工贸易	4 727.55	−0.80	18.63
3	海关特殊监管区域物流货物	4 598.07	31.53	18.12
4	保税监管场所进出境货物	3 429.53	28.67	13.52
5	来料加工贸易	642.34	−4.20	2.53

资料来源：根据海关总署公布的数据整理。

二、"一带一路"共建国家的发展概况

（一）进出口情况

1."一带一路"共建国家进出口的规模情况

从进出口规模来看，如表2-10所示，2024年广东与"一带一路"共建国家[①]的进出口总额占全省进出口总额的27.92%，达到25 443.27亿元。广东与"一带一路"共建国家进出口排名前十的贸易伙伴情况如下：越南为广东进出口第一大贸易伙伴，进出口总额达4 003.39亿元，较2023年增长17.81%，占广东与"一带一路"共建国家进出口总额的15.73%。第二大贸易伙伴为马来西亚，进出口总额为3 104.66亿元，较2023年增长6.34%，占广东与"一带一路"共建国家进出口总额的12.20%。泰国为第三大贸易伙伴，进出口总额为2 247.10亿元，较2023年增长4.85%，占广东与"一带一路"共建国家进出口总额的8.83%。印度、印度尼西亚、菲律宾以及阿联酋分别排名第四、第五、第八以及第九，进出口总额分别为2 200.20亿元、1 718.29亿元、1 408.35亿元、1 151.05亿元，广东与这四个贸易伙伴的进出口总额较2023年均有所增长，其中与阿联酋的进出口增长速度较快，同比增长23.83%。新加坡、俄罗斯以及沙特阿拉伯分别排名第六、第七以及第十，进出口总额分别为1 530.63亿元、1 418.57亿元、928.08亿元，这

---

① 资料来源：北京大学"一带一路"数据分析平台。

三个贸易伙伴与广东进出口总额均有所下降。

表 2-10 2024 年广东与"一带一路"共建国家进出口总额、增速情况

排名	贸易伙伴	金额（亿元）	同比增长（%）	排名	贸易伙伴	金额（亿元）	同比增长（%）
1	越南	4 003.39	17.81	27	乌兹别克斯坦	110.67	33.00
2	马来西亚	3 104.66	6.34	28	科威特	100.49	-9.02
3	泰国	2 247.10	4.85	29	伊朗	94.26	-21.97
4	印度	2 200.20	6.73	30	斯里兰卡	81.62	46.22
5	印度尼西亚	1 718.29	12.33	31	乌克兰	74.13	34.64
6	新加坡	1 530.63	-8.75	32	约旦	72.74	4.24
7	俄罗斯	1 418.57	-0.92	33	斯洛伐克	58.36	-7.35
8	菲律宾	1 408.35	15.57	34	克罗地亚	56.16	20.00
9	阿联酋	1 151.05	23.83	35	老挝	55.73	31.33
10	沙特阿拉伯	928.08	-0.39	36	白俄罗斯	55.13	4.68
11	波兰	748.85	18.75	37	吉尔吉斯斯坦	47.01	32.69
12	土耳其	551.03	9.84	38	蒙古	46.47	75.73
13	匈牙利	320.66	8.83	39	保加利亚	45.09	3.42
14	以色列	316.66	-9.14	40	塞尔维亚	42.42	21.35
15	孟加拉国	290.55	11.16	41	阿塞拜疆	40.52	82.17
16	巴基斯坦	273.09	31.69	42	立陶宛	32.75	13.69
17	捷克	262.51	9.93	43	格鲁吉亚	28.80	36.78
18	柬埔寨	253.03	30.52	44	黎巴嫩	28.09	-16.23
19	伊拉克	244.16	6.86	45	也门	24.75	1.61
20	埃及	231.91	22.35	46	文莱	21.43	-37.45
21	阿曼	218.70	27.51	47	巴林	21.26	3.92
22	卡塔尔	174.10	22.66	48	尼泊尔	20.72	0.34
23	罗马尼亚	160.69	33.06	49	拉脱维亚	18.78	-13.07
24	缅甸	160.41	-40.99	50	爱沙尼亚	16.31	17.89
25	哈萨克斯坦	134.06	53.51	51	阿富汗	14.06	-55.64
26	斯洛文尼亚	117.05	13.84	52	塔吉克斯坦	13.11	57.23

续　表

排名	贸易伙伴	金额（亿元）	同比增长（%）	排名	贸易伙伴	金额（亿元）	同比增长（%）
53	阿尔巴尼亚	13.05	11.25	58	叙利亚	5.07	78.31
54	马尔代夫	9.28	−3.49	59	东帝汶	3.11	18.13
55	土库曼斯坦	6.90	−13.12	60	巴勒斯坦	2.57	−10.96
56	摩尔多瓦	5.77	25.94	61	黑山	1.95	36.63
57	波黑	5.42	35.40	62	不丹	1.51	39.06

资料来源：根据海关总署公布的进出口数据整理。

从全球区域分布来看，广东与"一带一路"共建国家贸易中，与亚洲地区进出口总额为 21 757.68 亿元，占广东与"一带一路"共建国家进出口总额的 85.51%。与欧洲地区进出口总额为 3 453.64 亿元，占广东与"一带一路"共建国家进出口总额的 13.57%。与非洲地区进出口总额为 231.91 亿元，仅占广东与"一带一路"共建国家进出口总额的 0.91%。

从趋势变化来看，进出口贸易增长较快的贸易伙伴情况如下：广东与阿塞拜疆进出口增速为 82.17%，进出口总额从 2023 年的 22.24 亿元增长到 2024 年的 40.52 亿元，在"一带一路"共建国家中增速排名第一。与叙利亚的进出口增速次之，为 78.31%。进出口增速排名第三的为蒙古，进出口总额为 46.47 亿元，较 2023 年增长 75.73%。广东与塔吉克斯坦、哈萨克斯坦、斯里兰卡进出口增速分别排名第四、第五、第六，进出口总额较 2023 年分别增长 57.23%、53.51%、46.22%，以上六个贸易伙伴与广东的进出口增速均在 45% 以上。进出口总额下降较快的贸易伙伴情况如下：与阿富汗、缅甸、文莱、伊朗以及黎巴嫩的进出口总额分别下降 55.64%、40.99%、37.45%、21.97%、16.23%。

2. "一带一路"共建国家进出口的商品类型

从进出口商品结构来看，如表 2-11 所示，广东与"一带一路"共建国家的贸易额排名前五的商品情况如下：广东对第 16 类（机电、音像设备及其零件、附件）进出口总额为 13 300.70 亿元，较 2023 年增长 14.94%，占广东与"一带一路"共建国家进出口总额的52.67%，占比远超其他四类商品。进出口总额排名第二的商品为第15类（贱金属及其制品），进出口总额为2 202.99亿元，较2023年增长26.11%，占广东与"一带一路"共建国家进出口总额的8.72%。第5类（矿产品）进出口总额为1 360.98亿元，排名第三，较2023年下降6.16%。排名第四的商品为第20类（杂项制品），进出口总额为1 117.58亿元，较2023年下降3.90%。第7类（塑料及其制品、橡胶及其制品）排名第五，进出口总额为1 084.88亿元，较2023年增长3.39%。

表2-11　2024年广东与"一带一路"共建国家前五大类商品进出口总额、增速、占比情况

排名	商品构成（按HS分类）	金额（亿元）	同比增长（%）	占比（%）
1	第16类 机电、音像设备及其零件、附件	13 300.70	14.94	52.67
2	第15类 贱金属及其制品	2 202.99	26.11	8.72
3	第5类 矿产品	1 360.98	−6.16	5.39
4	第20类 杂项制品	1 117.58	−3.90	4.43
5	第7类 塑料及其制品、橡胶及其制品	1 084.88	3.39	4.30

资料来源：根据海关总署公布的进出口数据整理。

3."一带一路"共建国家进出口的贸易方式

从贸易方式来来看，如表2-12所示，广东与"一带一路"共建国家的进出口商品贸易方式排名前五的情况如下：一般贸易进出口总额为17 654.65亿元，排名第一，占广东与"一带一路"共建国家进出口总额的69.39%，较2023年增长10.72%。进料加工贸易进出口总额为3 342.67亿元，占广东与"一带一路"共建国家进出口总额的13.14%，较2023年下降4.16%。海关特殊监管区域物流货物与保税监管场所进出境货物分别排名第三、第四，进出口总额分别为2 303.16亿元、1 638.54亿元，其中海关特殊监管区域物流货物进出口总额增幅显著，同比增长27.03%。排名第五的贸易方式为米料加工贸易，进出口总额为244.82亿元，较2023年增长8.12%。

表 2-12　2024年广东与"一带一路"共建国家贸易方式进出口总额、增速、占比情况

排名	贸易方式	金额（亿元）	同比增长（%）	占比（%）
1	一般贸易	17 654.65	10.72	69.39
2	进料加工贸易	3 342.67	−4.16	13.14
3	海关特殊监管区域物流货物	2 303.16	27.03	9.05
4	保税监管场所进出境货物	1 638.54	6.37	6.44
5	来料加工贸易	244.82	8.12	0.96

资料来源：根据海关总署公布的进出口数据整理。

（二）出口情况

1."一带一路"共建国家出口的规模情况

从出口规模来看，如表2-13所示，广东对"一带一路"共建国家的出口额占全省出口额的30.09%，达到17 727.99亿元。2024年广东对"一带一路"共建国家出口排名前十的贸易伙伴情况如下：越南为广东出口第一大贸易伙伴，出口额达2 206.69亿元，较2023年增长23.71%，占广东对"一带一路"共建国家出口额的12.45%。第二大贸易伙伴为印度，出口额为2 027.90亿元，较2023年增长7.41%，占广东对"一带一路"共建国家出口额的11.44%。马来西亚为第三大贸易伙伴，出口额为1 542.14亿元，较2023年下降1.18%，占广东对"一带一路"共建国家出口额的8.70%。泰国、俄罗斯、印度尼西亚、阿联酋、菲律宾以及波兰分别排名第四、第五、第六、第八、第九以及第十，出口额分别为1 180.44亿元、1 176.12亿元、1 122.76亿元、924.42亿元、837.16亿元、727.27亿元，广东对这六个贸易伙伴的出口额较2023年均有所增长，其中对印度尼西亚、阿联酋以及波兰出口增长速度较快，同比增长均在20%以上。新加坡排名第七，出口额为1 032.56亿元，较2023年下降12.83%。

表 2-13　2024年广东对"一带一路"共建国家出口额、增速情况

排名	贸易伙伴	金额（亿元）	同比增长（%）	排名	贸易伙伴	金额（亿元）	同比增长（%）
1	越南	2 206.69	23.71	30	卡塔尔	64.19	27.42
2	印度	2 027.90	7.41	31	乌克兰	57.88	42.98
3	马来西亚	1 542.14	−1.18	32	克罗地亚	53.78	20.11
4	泰国	1 180.44	8.49	33	老挝	51.99	29.60
5	俄罗斯	1 176.12	4.06	34	白俄罗斯	51.09	27.92
6	印度尼西亚	1 122.76	22.57	35	阿曼	51.00	28.34
7	新加坡	1 032.56	−12.83	36	吉尔吉斯斯坦	46.91	33.13
8	阿联酋	924.42	22.34	37	蒙古	45.74	77.65
9	菲律宾	837.16	17.69	38	保加利亚	41.73	16.89
10	波兰	727.27	20.98	39	塞尔维亚	40.16	19.73
11	沙特阿拉伯	686.07	6.93	40	阿塞拜疆	39.51	88.00
12	土耳其	523.97	11.60	41	斯洛伐克	38.17	14.34
13	孟加拉国	278.50	11.56	42	立陶宛	30.74	10.54
14	匈牙利	275.48	13.08	43	格鲁吉亚	28.01	35.09
15	巴基斯坦	249.04	37.76	44	黎巴嫩	27.99	−16.08
16	以色列	241.41	−16.07	45	也门	24.73	1.92
17	埃及	229.20	23.23	46	巴林	21.00	5.40
18	伊拉克	228.77	20.44	47	尼泊尔	20.18	−1.30
19	柬埔寨	228.50	29.50	48	拉脱维亚	16.85	−14.05
20	捷克	219.71	7.09	49	爱沙尼亚	14.43	22.90
21	罗马尼亚	149.35	36.66	50	阿富汗	13.98	−55.85
22	缅甸	135.55	9.84	51	塔吉克斯坦	12.80	53.75
23	哈萨克斯坦	127.26	61.99	52	阿尔巴尼亚	12.39	10.41
24	斯洛文尼亚	114.01	14.96	53	文莱	10.89	−2.78
25	乌兹别克斯坦	108.24	30.47	54	马尔代夫	9.28	−3.50
26	伊朗	80.80	−26.98	55	土库曼斯坦	6.90	−13.06
27	斯里兰卡	74.32	44.78	56	摩尔多瓦	5.55	26.53
28	科威特	73.57	8.59	57	叙利亚	5.02	77.89
29	约旦	70.70	12.56	58	波黑	4.10	31.32

排名	贸易伙伴	金额（亿元）	同比增长（%）	排名	贸易伙伴	金额（亿元）	同比增长（%）
59	东帝汶	3.10	17.89	61	黑山	1.94	36.96
60	巴勒斯坦	2.57	−10.95	62	不丹	1.51	39.10

资料来源：根据海关总署公布的出口数据整理。

从全球区域分布来看，广东对"一带一路"共建国家出口贸易中，对亚洲地区出口额为14 468.05亿元，占广东对"一带一路"共建国家出口额的81.61%。对欧洲地区出口额为3 030.74亿元，占广东对"一带一路"共建国家出口额的17.10%。对非洲地区出口额为229.20亿元，仅占广东对"一带一路"共建国家出口额的1.29%。

从趋势变化来看，出口贸易增长较快的贸易伙伴情况如下：广东对阿塞拜疆出口增速为88.00%，出口额从2023年的21.01亿元增长到2024年的39.51亿元，在"一带一路"共建国家中增速排名第一。其次对叙利亚的出口增速为77.89%，出口额从2023年的2.82亿元增长到2024年的5.02亿元。出口增速排名第三的为蒙古，出口额为45.74亿元，较2023年增长77.65%。广东对哈萨克斯坦以及塔吉克斯坦出口增速分别排名第四、第五，出口额较2023年分别增长61.99%、53.75%，广东对以上五个贸易伙伴的出口增速均在50%以上。出口贸易下降较快的贸易伙伴情况如下：对阿富汗、伊朗、黎巴嫩、以色列以及拉脱维亚的出口额分别下降55.85%、26.98%、16.08%、16.07%、14.05%。

2. "一带一路"共建国家出口的商品类型

从出口商品结构来看，如表2-14所示，广东对"一带一路"共建国家的出口贸易排名前五的商品情况如下：广东对第16类（机电、音像设备及其零件、附件）出口额为9 133.35亿元，较2023年增长15.42%，占广东对"一带一路"共建国家出口额的51.52%，占比远超其他四类商品。排名第二的商品为第15类（贱金属及其制品），出口额达1 721.71亿元，较2023年增长28.98%，占广东对"一带一路"共建国家出口额的9.71%。排名第三与第五的商品分别是第20类（杂项制品）与第22类（特殊交易品及未分类商品），出口额分别为1 089.09亿元、811.08亿元，较2023年分别下降3.83%、3.97%。第11类（纺织原料及纺织制品）排名第四，出口额达905.43亿元，较2023年增长1.32%。

表2-14　2024年广东对"一带一路"共建国家前五大类商品出口额、增速、占比情况

排名	商品构成（按HS分类）	金额（亿元）	同比增长（%）	占比（%）
1	第16类 机电、音像设备及其零件、附件	9 133.35	15.42	51.52
2	第15类 贱金属及其制品	1 721.71	28.98	9.71
3	第20类 杂项制品	1 089.09	−3.83	6.14
4	第11类 纺织原料及纺织制品	905.43	1.32	5.11
5	第22类 特殊交易品及未分类商品	811.08	−3.97	4.58

资料来源：根据海关总署公布的出口数据整理。

3."一带一路"共建国家出口的贸易方式

从贸易方式来来看，如表2-15所示，广东对"一带一路"共建国家的出口贸易方式排名前五的情况如下：一般贸易出口额为13 853.21亿元，排名第一，占广东对"一带一路"共建国家出口额的78.14%，较2023年增长12.38%。进料加工贸易出口额为2 049.78亿元，占广东对"一带一路"共建国家出口额的11.56%，较2023年增长6.39%。海关特殊监管区域物流货物与保税监管场所进出境货物分别排名第三、第四，出口额分别为724.42亿元、723.41亿元，较2023分别增长23.59%、18.18%。

表2-15　2024年广东对"一带一路"共建国家贸易方式出口额、增速、占比情况

排名	贸易方式	金额（亿元）	同比增长（%）	占比（%）
1	一般贸易	13 853.21	12.38	78.14
2	进料加工贸易	2 049.78	6.39	11.56
3	保税监管场所进出境货物	724.42	23.59	4.09
4	海关特殊监管区域物流货物	723.41	18.18	4.08

排名	贸易方式	金额（亿元）	同比增长（%）	占比（%）
5	其他	194.10	-42.52	1.09

资料来源：根据海关总署公布的出口数据整理。

（三）进口情况

1. "一带一路"共建国家进口的规模情况

从进口规模来看，如表2-16所示，2024年广东自"一带一路"共建国家的进口额占全省进口额的28.54%，达到7 715.23亿元，较2023年增长3.51%。广东自"一带一路"共建国家进口排名前十的贸易伙伴情况如下：越南为广东进口第一大贸易伙伴，进口额达1 796.70亿元，较2023年增长11.29%，占广东自"一带一路"共建国家进口额的23.29%。第二大贸易伙伴为马来西亚，进口额为1 562.52亿元，较2023年增长14.98%，占广东自"一带一路"共建国家进口额的20.25%。泰国为第三大贸易伙伴，进口额为1 066.65亿元，较2023年增长1.09%，占广东自"一带一路"共建国家进口额的13.83%。菲律宾、新加坡以及阿联酋分别排名第五、第六以及第九，进口额分别为571.19亿元、498.07亿元、226.63亿元，广东自这三个贸易伙伴进口额较2023年均有所增长，其中自阿联酋进口增长速度较快，同比增长30.30%。印度尼西亚、俄罗斯、沙特阿拉伯以及印度分别排名第四、第七、第八以及第十，进口额分别为595.52亿元、242.45亿元、242.01亿元、172.30亿元，广东自这四个贸易伙伴的进口额较2023年均有所下降。

表2-16　2024年广东自"一带一路"共建国家进口额、增速情况

排名	贸易伙伴	金额（亿元）	同比增长（%）	排名	贸易伙伴	金额（亿元）	同比增长（%）
1	越南	1 796.70	11.29	5	菲律宾	571.19	12.58
2	马来西亚	1 562.52	14.98	6	新加坡	498.07	1.06
3	泰国	1 066.65	1.09	7	俄罗斯	242.45	-19.57
4	印度尼西亚	595.52	-2.95	8	沙特阿拉伯	242.01	-16.57

续　表

排名	贸易伙伴	金额（亿元）	同比增长（%）	排名	贸易伙伴	金额（亿元）	同比增长（%）
9	阿联酋	226.63	30.30	36	乌兹别克斯坦	2.42	893.89
10	印度	172.30	-0.59	37	克罗地亚	2.38	17.49
11	阿曼	167.71	27.26	38	塞尔维亚	2.26	59.88
12	卡塔尔	109.91	20.05	39	约旦	2.05	-70.69
13	以色列	75.26	23.62	40	立陶宛	2.01	101.10
14	匈牙利	45.18	-11.45	41	拉脱维亚	1.93	-3.55
15	捷克	42.80	27.25	42	爱沙尼亚	1.87	-10.27
16	土耳其	27.06	-15.81	43	波黑	1.32	49.81
17	科威特	26.92	-36.96	44	阿塞拜疆	1.01	-17.66
18	缅甸	24.85	-83.26	45	格鲁吉亚	0.79	145.71
19	柬埔寨	24.53	40.90	46	蒙古	0.73	4.85
20	巴基斯坦	24.05	-9.58	47	阿尔巴尼亚	0.66	29.73
21	波兰	21.58	-26.74	48	尼泊尔	0.54	162.85
22	斯洛伐克	20.19	-31.81	49	塔吉克斯坦	0.31	2 344.73
23	乌克兰	16.25	11.49	50	巴林	0.26	-51.09
24	伊拉克	15.38	-60.08	51	摩尔多瓦	0.22	12.78
25	伊朗	13.46	32.68	52	黎巴嫩	0.10	-43.90
26	孟加拉国	12.06	2.58	53	吉尔吉斯斯坦	0.10	-48.08
27	罗马尼亚	11.34	-1.19	54	阿富汗	0.08	125.23
28	文莱	10.54	-54.28	55	叙利亚	0.05	136.99
29	斯里兰卡	7.30	62.71	56	也门	0.02	-80.94
30	哈萨克斯坦	6.79	-22.48	57	黑山	0.01	-14.26
31	白俄罗斯	4.04	-68.24	58	东帝汶	0.01	858.03
32	老挝	3.74	61.16	59	马尔代夫	0.00	12.13
33	保加利亚	3.37	-57.40	60	土库曼斯坦	0.00	-89.13
34	斯洛文尼亚	3.04	-16.62	61	不丹	0.00	-54.40
35	埃及	2.71	-23.60	62	巴勒斯坦	0.00	-80.47

资料来源：根据海关总署公布的进口数据整理。

从全球区域分布来看，广东与"一带一路"共建国家进口贸易中，自亚洲地区进口额为 7 289.62 亿元，占广东自"一带一路"共建国家进口额的 94.48%。自欧洲地区进口额为 422.90 亿元，占广东自"一带一路"共建国家进口额的 5.48%。自非洲地区进口额为 2.71 亿元，仅占广东自"一带一路"共建国家进口额的 0.04%。

从趋势变化来看，进口额达 1.00 亿元且增长速度较快的贸易伙伴情况如下：广东自乌兹别克斯坦进口增速为 893.89%，进口额从 2023 年的 0.24 亿元增长到 2024 年的 2.42 亿元，在"一带一路"共建国家中增速排名第一。其次自立陶宛的进口增速为 101.10%，进口额从 2023 年的 1.00 亿元增长到 2024 年的 2.01 亿元。进口增速排名第三的为斯里兰卡，进口额为 7.30 亿元，较 2023 年增长 62.71%。进口贸易下降较快的贸易伙伴情况如下：自缅甸、约旦、白俄罗斯、伊拉克及保加利亚的进口额分别下降 83.26%、70.69%、68.24%、60.08%、57.40%。

2."一带一路"共建国家进口的商品类型

从进口商品结构来看，如表 2-17 所示，广东自"一带一路"共建国家的进口贸易排名前五的商品情况如下：第 16 类（机电、音像设备及其零件、附件）进口额为 4 167.35 亿元，较 2023 年增长 13.90%，占广东自"一带一路"共建国家进口额的 54.01%，占比远超其他四类商品。进口排名第二的商品为第 5 类（矿产品），进口额为 1 232.89 亿元，较 2023 年下降 6.04%，占广东自"一带一路"共建国家进口额的 15.98%。第 15 类（贱金属及其制品）与第 7 类（塑料及其制品、橡胶及其制品）分别排名第三、第四，进口额分别为 481.28 亿元、331.61 亿元，较 2023 年分别上升 16.81%、3.30%。第 2 类（植物产品）排名第五，进口额为 274.89 亿元，较 2023 年下降 11.72%。

表 2-17　2024 年广东自"一带一路"共建国家前五大类商品进口额、增速、占比情况

排名	商品构成（按HS分类）	金额（亿元）	同比增长（%）	占比（%）
1	第 16 类 机电、音像设备及其零件、附件	4 167.35	13.90	54.01
2	第 5 类 矿产品	1 232.89	−6.04	15.98
3	第 15 类 贱金属及其制品	481.28	16.81	6.24

排名	商品构成（按HS分类）	金额（亿元）	同比增长（%）	占比（%）
4	第7类 塑料及其制品、橡胶及其制品	331.61	3.30	4.30
5	第2类 植物产品	274.89	−11.72	3.56

资料来源：根据海关总署公布的进口数据整理。

3."一带一路"共建国家进口的贸易方式

从贸易方式来看，如表2-18所示，广东自"一带一路"共建国家的进口贸易方式排名前五的情况如下：一般贸易进口额为3 801.45亿元，排名第一，占广东自"一带一路"共建国家进口额的49.27%，较2023年增长5.07%。海关特殊监管区域物流货物进口额为1 579.75亿元，排名第二，占广东自"一带一路"共建国家进口额的20.48%，较2023年增长31.55%。第三位、第四位分别是进料加工贸易以及保税监管场所进出境货物，进口额分别为1 292.89亿元、914.12亿元，这两种贸易方式与2023年相比均有所下降，其中进料加工贸易下降17.19%。来料加工贸易排名第五，进口额为97.55亿元，较2023年增长5.50%

表 2-18　2024年广东自"一带一路"共建国家主要贸易方式进口额、增速、占比情况

排名	贸易方式	金额（亿元）	同比增长（%）	占比（%）
1	一般贸易	3 801.45	5.07	49.27
2	海关特殊监管区域物流货物	1 579.75	31.55	20.48
3	进料加工贸易	1 292.89	−17.19	16.76
4	保税监管场所进出境货物	914.12	−4.22	11.85
5	来料加工贸易	97.55	5.50	1.26

资料来源：根据海关总署公布的进口数据整理。

三、RCEP成员的发展概况

（一）进出口情况

1. RCEP成员进出口的规模情况

从进出口规模来看，如表2-19所示，广东与RCEP成员的进出口总额占全省进出口总额的27.66%，达到25 202.62亿元。其中，发达经济体的进出口总额为12 251.68亿元，占广东与RCEP成员进出口总额的48.61%，新兴市场和发展中经济体进出口总额为12 950.94亿元，占比为51.39%。2024年广东与RCEP成员进出口贸易伙伴情况如下：东盟经济体为广东进出口第一大贸易伙伴，进出口总额达14 502.99亿元，较2023年增长8.00%，占广东与RCEP成员进出口总额的57.55%。第二大贸易伙伴为日本，进出口总额为4 404.74亿元，较2023年增长4.07%，占广东与RCEP成员进出口总额的17.48%。韩国为第三大贸易伙伴，进出口总额为4 101.99亿元，较2023年增长15.77%，占广东与RCEP成员进出口总额的16.28%。澳大利亚为第四大贸易伙伴，进出口总额为1 960.25亿元，较2023年下降1.86%，占广东与RCEP成员进出口总额的7.78%。第五大贸易伙伴为新西兰，进出口总额为232.65亿元，较2023年下降2.56%。

表 2-19　2024年广东与RCEP成员进出口总额、增速、占比情况

排名	RCEP成员	金额（亿元）	同比增长（%）	占比（%）
1	日本	4 404.74	4.07	17.48
2	韩国	4 101.99	15.77	16.28
3	越南	4 003.39	17.81	15.88
4	马来西亚	3 104.66	6.34	12.32
5	泰国	2 247.10	4.85	8.92
6	澳大利亚	1 960.25	−1.86	7.78
7	印度尼西亚	1 718.29	12.33	6.82
8	新加坡	1 530.63	−8.75	6.07

续　表

排名	RCEP成员	金额（亿元）	同比增长（%）	占比（%）
9	菲律宾	1 408.35	15.57	5.59
10	柬埔寨	253.03	30.52	1.00
11	新西兰	232.65	−2.56	0.92
12	缅甸	160.41	−40.99	0.64
13	老挝	55.73	31.33	0.22
14	文莱	21.43	−37.45	0.09

资料来源：根据海关总署公布的进出口数据整理。

从趋势变化来看，进出口贸易增长较快的贸易伙伴情况如下：广东与老挝进出口增速为31.33%，进出口总额从2023年的42.44亿元增长到2024年的55.73亿元，在RCEP成员中增速排名第一。其次与柬埔寨的进出口增速为30.52%，进出口总额从2023年的193.85亿元增长到2024年的253.03亿元。广东与越南、韩国以及菲律宾进出口增速分别排名第三、第四、第五，较2023年分别增长17.81%、15.77%、15.57%。进出口贸易下降较快的贸易伙伴情况如下：与缅甸、文莱、新加坡、新西兰以及澳大利亚的进出口总额分别下降40.99%、37.45%、8.75%、2.56%、1.86%。

2. RCEP成员进出口的商品类型

从进出口商品结构来看，如表2-20所示，2024年广东与RCEP成员的进出口贸易排名前五的商品情况如下：广东对第16类（机电、音像设备及其零件、附件）进出口总额为13 576.78亿元，较2023年增长15.89%，占广东与RCEP成员进出口总额的54.18%，占比远超其他四类商品。进出口排名第二的商品为第15类（贱金属及其制品），进出口总额为2 054.50亿元，较2023年增长16.36%，占广东与RCEP成员进出口总额的8.20%。进出口排名第三的商品为第7类（塑料及其制品、橡胶及其制品），进出口总额为1 240.11亿元，较2023年增长1.27%。第20类（杂项制品）与第5类（矿产品）分别排名第四、第五，进出口总额分别为1 051.46亿元、1 034.57亿元，较2023年分别下降7.56%、4.74%。

表 2-20　2024 年广东与 RCEP 成员主要商品进出口总额、增速、占比情况

排名	商品构成（按 HS 分类）	金额（亿元）	同比增长（%）	占比（%）
1	第 16 类 机电、音像设备及其零件、附件	13 576.78	15.89	54.18
2	第 15 类 贱金属及其制品	2 054.50	16.36	8.20
3	第 7 类 塑料及其制品、橡胶及其制品	1 240.11	1.27	4.95
4	第 20 类 杂项制品	1 051.46	−7.56	4.20
5	第 5 类 矿产品	1 034.57	−4.74	4.13

资料来源：根据海关总署公布的进出口数据整理。

3. RCEP 成员进出口的贸易方式

从贸易方式来看，如表 2-21 所示，2024 年广东与 RCEP 成员的进出口贸易方式排名前五的情况如下：一般贸易进出口总额为 15 461.69 亿元，排名第一，占广东与 RCEP 成员进出口总额的 61.35%，较 2023 年增长 7.43%。进料加工贸易进出口总额为 4 565.11 亿元，排名第二，占广东与 RCEP 成员进出口总额的 18.11%，较 2023 年下降 4.16%。海关特殊监管区域物流货物排名第三，进出口总额为 2 754.95 亿元，较 2023 年增长 28.77%。保税监管场所进出境货物排名第四，进出口总额为 1 910.48 亿元，较 2023 年增长 23.16%。

表 2-21　2024 年广东与 RCEP 成员主要贸易方式进出口总额、增速、占比情况

排名	贸易方式	金额（亿元）	同比增长（%）	占比（%）
1	一般贸易	15 461.69	7.43	61.35
2	进料加工贸易	4 565.11	−4.16	18.11
3	海关特殊监管区域物流货物	2 754.95	28.77	10.93
4	保税监管场所进出境货物	1 910.48	23.16	7.58
5	来料加工贸易	272.18	1.16	1.08

资料来源：根据海关总署公布的进出口数据整理。

（二）出口情况

1. RCEP 成员出口的规模情况

从出口规模来看，如表 2-22 所示，广东对 RCEP 成员的出口额占全省出

口额的21.59%，达到12 717.71亿元。其中，对发达经济体的出口额达到5 412.48亿元，占广东对RCEP成员出口额的42.56%，新兴市场和发展中经济体占57.44%，出口额为7 305.23亿元。2024年广东对RCEP成员出口贸易情况如下：东盟经济体为广东出口第一大贸易伙伴，出口额达8 348.68亿元，较2023年增长9.92%，占广东对RCEP成员出口额的65.65%。第二大贸易伙伴为日本，出口额为1 956.79亿元，较2023年增长0.81%，占广东对RCEP成员出口额的15.39%。韩国为第三大贸易伙伴，出口额为1 210.73亿元，较2023年增长2.35%，占广东对RCEP成员出口额的9.52%。澳大利亚为第四大贸易伙伴，出口额为1 076.75亿元，较2023年下降12.56%，占广东对RCEP成员出口额的8.47%。第五大贸易伙伴为新西兰，出口额为124.76亿元，较2023年下降4.99%。

表 2-22　2024年广东对RCEP成员出口额、增速、占比情况

排名	RCEP成员	金额（亿元）	同比增长（%）	占比（%）
1	越南	2 206.69	23.71	17.35
2	日本	1 956.79	0.81	15.39
3	马来西亚	1 542.14	-1.18	12.13
4	韩国	1 210.73	2.35	9.52
5	泰国	1 180.44	8.49	9.28
6	印度尼西亚	1 122.76	22.57	8.83
7	澳大利亚	1 076.75	-12.56	8.47
8	新加坡	1 032.56	-12.83	8.12
9	菲律宾	837.16	17.69	6.58
10	柬埔寨	228.50	29.50	1.80
11	缅甸	135.55	9.84	1.07
12	新西兰	124.76	-4.99	0.98
13	老挝	51.99	29.60	0.41
14	文莱	10.89	-2.78	0.09

资料来源：根据海关总署公布的出口数据整理。

从趋势变化来看，出口贸易增长较快的贸易伙伴情况如下：广东对老挝出口增速为29.60%，出口额从2023年的40.11亿元增长到2024年的51.99亿元，在RCEP成员中增速排名第一。其次对柬埔寨的出口增速为29.50%，出口额从2023年的193.85亿元增长到2024年的228.50亿元。广东对越南、印度尼西亚以及菲律宾出口增速分别排名第三、第四、第五，较2023年分别增长23.71%、22.57%、17.69%。出口贸易下降较快的贸易伙伴情况如下：对新加坡、澳大利亚、新西兰、文莱以及马来西亚的出口额分别下降12.83%、12.56%、4.99%、2.78%、1.18%。

2. RCEP成员出口的商品类型

从出口商品结构来看，如表2-23所示，广东对RCEP成员的出口贸易排名前五的商品情况如下：广东对第16类（机电、音像设备及其零件、附件）出口额为5 679.64亿元，较2023年增长13.47%，占广东对RCEP成员出口额的44.66%。出口排名第二的商品为第15类（贱金属及其制品），出口额为1 328.51亿元，较2023年增长18.47%，占广东对RCEP成员出口额的10.45%。第20类（杂项制品）、第11类（纺织原料及纺织制品）以及第7类（塑料及其制品、橡胶及其制品）出口额分别为1 000.93亿元、747.51亿元、699.21亿元，较2023年分别下降7.69%、4.95%、1.08%。

表2-23　2024年广东对RCEP成员主要商品出口额、增速、占比情况

排名	商品构成（按HS分类）	金额（亿元）	同比增长（%）	占比（%）
1	第16类 机电、音像设备及其零件、附件	5 679.64	13.47	44.66
2	第15类 贱金属及其制品	1 328.51	18.47	10.45
3	第20类 杂项制品	1 000.93	−7.69	7.87
4	第11类 纺织原料及纺织制品	747.51	−4.95	5.88
5	第7类 塑料及其制品、橡胶及其制品	699.21	−1.08	5.50

资料来源：根据海关总署公布的出口数据整理。

3. RCEP成员出口的贸易方式

从贸易方式来看，如表2-24所示，广东对RCEP成员的出口贸易方式

排名前五的情况如下：一般贸易出口额为9 277.26亿元，排名第一，占广东对RCEP成员出口额的72.95%，较2023年增长7.28%。进料加工贸易出口额为2 004.81亿元，排名第二，占广东对RCEP成员出口额的15.76%，较2023年下降2.30%。保税监管场所进出境货物排名第三，出口额为555.38亿元，较2023年增长6.51%。海关特殊监管区域物流货物排名第四，出口额为525.61亿元，较2023年增长26.46%。来料加工贸易排名第五，出口额为179.07亿元，较2023年增长2.29%.

表2-24　2024年广东对RCEP成员主要贸易方式出口额、增速、占比情况

排名	贸易方式	金额（亿元）	同比增长（%）	占比（%）
1	一般贸易	9 277.26	7.28	72.95
2	进料加工贸易	2 004.81	−2.30	15.76
3	保税监管场所进出境货物	555.38	6.51	4.37
4	海关特殊监管区域物流货物	525.61	26.46	4.13
5	来料加工贸易	179.07	2.29	1.41

资料来源：根据海关总署公布的出口数据整理。

（三）进口情况

1. RCEP成员进口的规模情况

从进口规模来看，如表2-25所示，广东自RCEP成员的进口额占全省进口额的46.19%，达到12 484.92亿元。其中，自发达经济体进口额达到6 839.22亿元，占广东自RCEP成员进口额的54.78%，新兴市场和发展中经济体占45.22%，进口额为5 645.70亿元。2024年广东自RCEP成员进口贸易伙伴情况如下：东盟经济体为广东进口第一大贸易伙伴，进口额达6 154.32亿元，较2023年增长5.50%，占广东自RCEP成员进口额的49.29%。第二大贸易伙伴为韩国，进口额为2 891.26亿元，较2023年增长22.49%，占广东自RCEP成员进口额的23.16%。日本为第三大贸易伙伴，进口额为2 447.96亿元，较2023年增长6.83%，占广东自RCEP成员进口额的19.61%。澳大利亚为第四大贸易伙伴，进口额为883.50亿元，较2023年增长15.35%，占广东自RCEP成

员进口额的7.08%。第五大贸易伙伴为新西兰，进口额为107.89亿元，较2023年增长0.42%。

表 2-25　2024年广东自RCEP成员进口额、增速、占比情况

排名	RCEP成员	金额（亿元）	同比增长（%）	占比（%）
1	韩国	2 891.26	22.49	23.16
2	日本	2 447.96	6.83	19.61
3	越南	1 796.70	11.29	14.39
4	马来西亚	1 562.52	14.98	12.52
5	泰国	1 066.65	1.09	8.54
6	澳大利亚	883.50	15.35	7.08
7	印度尼西亚	595.52	−2.95	4.77
8	菲律宾	571.19	12.58	4.58
9	新加坡	498.07	1.06	3.99
10	新西兰	107.89	0.42	0.86
11	缅甸	24.85	−83.26	0.20
12	柬埔寨	24.53	40.90	0.20
13	文莱	10.54	−54.28	0.08
14	老挝	3.74	61.16	0.03

资料来源：根据海关总署公布的进口数据整理。

从趋势变化来看，进口贸易增长较快的贸易伙伴情况如下：广东自老挝进口增速为61.16%，进口额从2023年的2.32亿元增长到2024年的3.74亿元，在RCEP成员中增速排名第一。其次自柬埔寨的进口增速为40.90%，进口额从2023年的17.41亿元增长到2024年的24.53亿元。广东自韩国、澳大利亚以及马来西亚进口增速分别排名第三、第四、第五，较2023年分别增长22.49%、15.35%、14.98%。进口贸易下降较快的贸易伙伴情况如下：自缅甸、文莱、印度尼西亚进口额分别下降83.26%、54.28%、2.95%。

2. RCEP成员进口的商品类型

从进口商品结构来看，如表2-26所示，广东自RCEP成员的进口贸易排

名前五的商品情况如下：广东对第16类（机电、音像设备及其零件、附件）进口额为7 897.14亿元，较2023年增长17.69%，占广东与RCEP成员进口额的63.25%。进口排名第二的商品为第5类（矿产品），进口额为911.10亿元，较2023年下降0.74%，占广东自RCEP成员进口额的7.30%。第15类（贱金属及其制品）、第7类（塑料及其制品、胶及其制品）进口额分别为725.99亿元、540.90亿元，较2023年分别增长12.68%、4.48%。进口排名第五的商品为第6类（化学工业及其相关工业的产品），进口额为458.82亿元，较2023年下降4.72%。

表2-26　2024年广东自RCEP成员主要商品进口额、增速、占比情况

排名	商品构成（按HS分类）	金额（亿元）	同比增长（%）	占比（%）
1	第16类 机电、音像设备及其零件、附件	7 897.14	17.69	63.25
2	第5类 矿产品	911.10	−0.74	7.30
3	第15类 贱金属及其制品	725.99	12.68	5.81
4	第7类 塑料及其制品、橡胶及其制品	540.90	4.48	4.33
5	第6类 化学工业及其相关工业的产品	458.82	−4.72	3.67

资料来源：根据海关总署公布的进口数据整理。

3. RCEP成员进口的贸易方式

从贸易方式来看，如表2-27所示，广东自RCEP成员的进口贸易方式排名前五的情况如下：一般贸易进口额为6 184.43亿元，排名第一，占广东自RCEP成员进口额的49.54%，较2023年增长7.65%。进料加工贸易进口额为2 560.29亿元，占广东自RCEP成员进口额的20.51%，较2023年下降5.58%。海关特殊监管区域物流货物与保税监管场所进出境货物分别排名第三、第四，进口额分别为2 229.34亿元、1 355.09亿元，较2023年分别增长29.33%、31.59%。来料加工贸易排名第五，进口额为93.11亿元，较2023年下降0.94%。

表 2-27　2024 年广东自 RCEP 成员主要贸易方式进口额、增速、占比情况

排名	贸易方式	金额（亿元）	同比增长（%）	占比（%）
1	一般贸易	6 184.43	7.65	49.54
2	进料加工贸易	2 560.29	-5.58	20.51
3	海关特殊监管区域物流货物	2 229.34	29.33	17.86
4	保税监管场所进出境货物	1 355.09	31.59	10.85
5	来料加工贸易	93.11	-0.94	0.75

资料来源：根据海关总署公布的进口数据整理。

第二节　粤京沪苏浙鲁闽对外贸易伙伴的对比分析

一、进出口贸易总额对比

从粤京沪苏浙鲁闽进出口总额来看，如图 2-1 所示，2024 年广东进出口规模位居第一，达到 91 126.35 亿元，占全国进出口总额的 20.78%。江苏排名第二，进出口总额为 56 176.95 亿元，占全国进出口总额的 12.81%。排名第三的为浙江，进出口总额为 52 641.26 亿元，占全国进出口总额的 12.01%。上海与北京分别位居第四、第五，进出口总额分别为 42 680.87 亿元、36 083.52 亿元，分别占全国进出口总额的 9.73%、8.23%。山东与福建分别位居第六、第七，进出口总额分别为 33 806.18 亿元、19 898.50 亿元，占全国进出口总额的 7.71%、4.54%。

从粤京沪苏浙鲁闽与"一带一路"共建国家的进出口总额来看，广东进出口规模继续位居第一，进出口总额为 25 443.27 亿元，占广东进出口总额的 27.92%。浙江排名第二，进出口总额为 20 031.00 亿元，占浙江进出口总额的 38.05%。排名第三的为江苏，进出口总额为 17 192.96 亿元，占江苏进出口总额的 30.61%。北京位居第四，进出口总额为 14 185.11 亿元，占北京进出口总额的 39.31%。排名第五的为山东，进出口总额为 13 266.45 亿元，占山东进出口总额的 39.24%。上海位居第六，进出口总额为 10 675.96 亿元，占上海

进出口总额的25.01%。福建排名第七，进出口总额为7 355.17亿元，占福建进出口总额的36.96%。

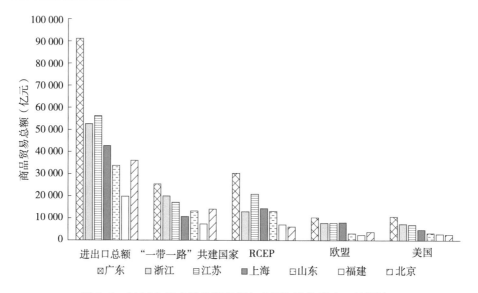

图2-1　2024年粤京沪苏浙鲁闽与主要经济体进出口总额情况

资料来源：根据海关总署公布的进出口数据整理。

从粤京沪苏浙鲁闽与RCEP成员的进出口总额来看，广东进出口规模继续位居第一，进出口总额为25 202.62亿元，占广东进出口总额的27.66%。江苏排名第二，进出口总额为20 922.03亿元，占江苏进出口总额的37.24%。排名第三的为上海，进出口总额为14 457.39亿元，占上海进出口总额的33.87%。排名第四的为山东，进出口总额为13 158.97亿元，占山东进出口总额的38.92%。浙江位居第五，进出口总额为13 005.48亿元，占浙江进出口总额的24.71%。福建排名第六，进出口总额为7 099.26亿元，占福建进出口总额的35.68%。北京位居第七，进出口总额为6 130.73亿元，占北京进出口总额的16.99%。

从粤京沪苏浙鲁闽与欧盟的进出口总额来看，广东进出口规模继续位居第一，进出口总额为10 373.03亿元，占广东进出口总额的11.38%。排名第二的为上海，进出口总额为8 040.38亿元，占上海进出口总额的18.84%。江苏排名第三，进出口总额为7 815.23亿元，占江苏进出口总额的13.92%。浙江位居第四，进出口总额为7 778.52亿元，占浙江进出口总额的14.78%。北京位居第五，进出口总额为3 778.97亿元，占北京进出口总额的10.47%。排名第六的为山东，进出口总额为3 080.38亿元，占山东进出口总额的9.11%。福建排名第七，进出口总额为2 402.99亿元，占福建进出口总额的12.08%。

从粤京沪苏浙鲁闽与美国的进出口总额来看，广东进出口规模继续位居第一，进出口总额为10 765.60亿元，占广东进出口总额的11.81%。浙江排名第二，进出口总额为7 414.95亿元，占浙江进出口总额的14.09%。江苏位居第三，进出口总额为7 055.36亿元，占江苏进出口总额的12.56%。排名第四的为上海，进出口总额为4 786.42亿元，占上海进出口总额的11.21%。排名第五的为山东，进出口总额为3 308.76亿元，占山东进出口总额的9.79%。福建位居第六，进出口总额为2 840.98亿元，占福建进出口总额的14.28%。北京排名第七，进出口总额为2 600.31亿元，占北京进出口总额的7.21%。

二、进出口商品结构对比

（一）粤京沪苏浙鲁闽与"一带一路"共建国家商品结构对比分析

粤京沪苏浙鲁闽与"一带一路"共建国家的进出口商品结构存在差异，各省市在不同商品类别上有着各自的优势和特点。

从各省市与"一带一路"共建国家的进出口优势商品来看，如表2-28所示，广东、浙江、江苏、上海的第一大贸易商品均为第16类（机电、音像设备及其零件、附件）商品，其中广东此类商品的进出口总额为13 300.70亿元，占广东与"一带一路"共建国家进出口总额的52.67%，江苏此类商品的进出口总额为7 968.36亿元，占江苏与"一带一路"共建国家进出口总额的46.35%。第5类（矿产品）为北京、山东、福建的第一大贸易商品，其中北京此类商品的进出口总额为10 295.06亿元，占北京与"一带一路"共建国家进出口总额的72.58%，山东、福建此类商品的进出口总额分别为

4 468.07亿元、1 649.83亿元，可见北京在此类商品中具有较大优势。

表2-28　2024年粤京沪苏浙鲁闽与"一带一路"共建国家贸易商品进出口总额、占比情况

排名	省市	商品构成（按HS分类）	金额（亿元）	占比（%）
1	广东省	第16类 机电、音像设备及其零件、附件	13 300.70	52.67
1	广东省	第15类 贱金属及其制品	2 202.99	8.72
1	广东省	第5类 矿产品	1 360.98	5.39
1	广东省	第20类 杂项制品	1 117.58	4.43
1	广东省	第7类 塑料及其制品、橡胶及其制品	1 084.88	4.30
2	浙江省	第16类 机电、音像设备及其零件、附件	4 603.44	22.98
2	浙江省	第5类 矿产品	2 858.73	14.27
2	浙江省	第15类 贱金属及其制品	2 703.17	13.49
2	浙江省	第11类 纺织原料及纺织制品	2 637.59	13.17
2	浙江省	第7类 塑料及其制品、橡胶及其制品	1 544.52	7.71
3	江苏省	第16类 机电、音像设备及其零件、附件	7 968.36	46.35
3	江苏省	第15类 贱金属及其制品	1 549.26	9.01
3	江苏省	第11类 纺织原料及纺织制品	1 438.44	8.37
3	江苏省	第5类 矿产品	1 366.60	7.95
3	江苏省	第6类 化学工业及其相关工业的产品	1 231.79	7.16
4	北京市	第5类 矿产品	10 295.06	72.58
4	北京市	第16类 机电、音像设备及其零件、附件	1 529.40	10.78
4	北京市	第15类 贱金属及其制品	589.01	4.15
4	北京市	第6类 化学工业及其相关工业的产品	566.56	3.99
4	北京市	第17类 车辆、航空器、船舶及运输设备	436.74	3.08
5	山东省	第5类 矿产品	4 468.07	33.68
5	山东省	第16类 机电、音像设备及其零件、附件	2 288.74	17.25
5	山东省	第7类 塑料及其制品、橡胶及其制品	1 330.69	10.03
5	山东省	第15类 贱金属及其制品	887.41	6.69
5	山东省	第6类 化学工业及其相关工业的产品	866.77	6.53
6	上海市	第16类 机电、音像设备及其零件、附件	4 093.72	38.35
6	上海市	第15类 贱金属及其制品	1 048.08	9.82
6	上海市	第6类 化学工业及其相关工业的产品	848.95	7.95

排名	省市	商品构成（按HS分类）	金额（亿元）	占比（%）
6	上海市	第5类 矿产品	847.00	7.93
6	上海市	第17类 车辆、航空器、船舶及运输设备	742.31	6.95
7	福建省	第5类 矿产品	1 649.83	22.43
7	福建省	第16类 机电、音像设备及其零件、附件	1 232.42	16.76
7	福建省	第15类 贱金属及其制品	825.67	11.23
7	福建省	第11类 纺织原料及纺织制品	773.33	10.51
7	福建省	第7类 塑料及其制品、橡胶及其制品	392.36	5.33

注：占比是指占各省市与"一带一路"共建国家进出口总额的比重。

资料来源：根据海关总署公布的进出口数据整理。

在与"一带一路"共建国家商品贸易中，从广东与京沪苏浙鲁闽的商品结构对比分析来看，广东优势商品第16类（机电、音像设备及其零件、附件）、第20类（杂项制品）的进出口总额均远高于其他六个省市，其中广东对第16类（机电、音像设备及其零件、附件）商品进出口总额为13 300.70亿元，而江苏、浙江、上海、山东、北京及福建对此类商品的进出口总额分别为7 968.36亿元、4 603.44亿元、4 093.72亿元、2 288.74亿元、1 529.40亿元、1 232.42亿元。广东第二大贸易商品为第15类（贱金属及其制品），此类商品进出口总额为2 202.99亿元，同样远高于北京、山东、上海及福建对此类商品的进出口总额，略高于江苏对此类商品的进出口总额，但低于浙江对此类商品的进出口总额2 703.17亿元。第5类（矿产品）为广东第三大贸易商品，此类商品与其他省市相比并不具有竞争优势，广东对此类商品的进出口总额为1 360.98亿元，而北京、山东、浙江及福建对此类商品进出口总额远高于广东，分别为10 295.06亿元、4 468.07亿元、2 858.73亿元、1 649.83亿元。广东第五大贸易商品为第7类（塑料及其制品、橡胶及其制品），同样低于浙江、山东对此商品的进出口总额。

（二）粤京沪苏浙鲁闽与RCEP成员商品结构对比分析

从各省市与RCEP成员的进出口优势商品来看，如表2-29所示，广东、江苏、上海、浙江的第一大贸易商品均为第16类（机电、音像设备及其零件、附件），其中广东此类商品的进出口总额为13 576.78亿元，占广东与RCEP成员进出口总额的54.18%，江苏此类商品的进出口总额为11 083.91亿元，占江苏与RCEP成员进出口总额的54.66%。第5类（矿产品）为山东、福建、北京的第一大贸易商品，其中北京此类商品的进出口总额为2 231.68亿元，占北京与RCEP成员进出口总额的38.16%，山东、福建此类商品的进出口总额分别为3 395.53亿元、1 418.95亿元。

表2-29　2024年粤京沪苏浙鲁闽与RCEP成员贸易商品进出口总额、占比情况

排名	省市	商品构成（按HS分类）	金额（亿元）	占比（%）
1	广东省	第16类 机电、音像设备及其零件、附件	13 576.78	54.18
1	广东省	第15类 贱金属及其制品	2 054.50	8.20
1	广东省	第7类 塑料及其制品、橡胶及其制品	1 240.11	4.95
1	广东省	第20类 杂项制品	1 051.46	4.20
1	广东省	第5类 矿产品	1 034.57	4.13
2	江苏省	第16类 机电、音像设备及其零件、附件	11 083.91	54.66
2	江苏省	第6类 化学工业及其相关工业的产品	1 555.63	7.67
2	江苏省	第15类 贱金属及其制品	1 405.02	6.93
2	江苏省	第11类 纺织原料及纺织制品	1 298.54	6.40
2	江苏省	第7类 塑料及其制品、橡胶及其制品	941.35	4.64
3	上海市	第16类 机电、音像设备及其零件、附件	5 656.64	40.73
3	上海市	第5类 矿产品	1 493.22	10.75
3	上海市	第6类 化学工业及其相关工业的产品	1 338.01	9.63
3	上海市	第15类 贱金属及其制品	1 034.34	7.45
3	上海市	第7类 塑料及其制品、橡胶及其制品	885.41	6.38
4	山东省	第5类 矿产品	3 395.53	26.10
4	山东省	第16类 机电、音像设备及其零件、附件	2 610.96	20.07
4	山东省	第11类 纺织原料及纺织制品	1 072.58	8.24

排名	省市	商品构成（按HS分类）	金额（亿元）	占比（%）
4	山东省	第7类 塑料及其制品、橡胶及其制品	906.30	6.97
4	山东省	第15类 贱金属及其制品	865.60	6.65
5	浙江省	第16类 机电、音像设备及其零件、附件	2 809.92	21.96
5	浙江省	第15类 贱金属及其制品	2 132.62	16.67
5	浙江省	第5类 矿产品	1 449.98	11.33
5	浙江省	第11类 纺织原料及纺织制品	1 361.40	10.64
5	浙江省	第6类 化学工业及其相关工业的产品	1 069.82	8.36
6	福建省	第5类 矿产品	1 418.95	20.25
6	福建省	第16类 机电、音像设备及其零件、附件	1 313.04	18.74
6	福建省	第15类 贱金属及其制品	738.12	10.53
6	福建省	第11类 纺织原料及纺织制品	537.76	7.67
6	福建省	第7类 塑料及其制品、橡胶及其制品	383.27	5.47
7	北京市	第5类 矿产品	2 231.68	38.16
7	北京市	第16类 机电、音像设备及其零件、附件	1 360.80	23.27
7	北京市	第17类 车辆、航空器、船舶及运输设备	625.19	10.69
7	北京市	第14类 珠宝、贵金属及制品、仿首饰、硬币	395.69	6.77
7	北京市	第18类 光学、医疗等仪器、钟表、乐器	263.70	4.51

注：占比指占各省市与RCEP成员进出口总额的比重。

资料来源：根据海关总署公布的进出口数据整理。

在与RCEP成员商品贸易中，从广东与京沪苏浙鲁闽的商品结构对比分析来看，广东第16类（机电、音像设备及其零件、附件）、第7类（塑料及其制品、橡胶及其制品）、第20类（杂项制品）商品进出口总额均远高于其他六个省市，其中广东对第16类（机电、音像设备及其零件、附件）商品进出口总额为13 576.78亿元，而江苏、上海、浙江此类商品的进出口总额分别为11 083.91亿元、5 656.64亿元、2 809.92亿元。广东第二大贸易商品为第15类（贱金属及其制品），此类商品的进出口总额为2 054.50亿元，同样远高于江苏、上海、福建、山东及北京对此类商品的进出口总额，但低于浙江此类商品的进出口总额2 132.62亿元。第5类（矿产品）为广东第五大贸易商品，此类商品与其他省市相比并不具有竞争优势，广东此类商品的进出口总额为1 034.57亿元，而山东、北京、上海、浙江及福建此类商品进出口总额远高于广东，其中山东、北京此类商品进出口总额分别为3 395.53亿元、2 231.68亿元。

（三）粤京沪苏浙鲁闽与欧盟商品结构对比分析

从各省市与欧盟的进出口优势商品来看，如表2-30所示，广东、上海、江苏、浙江、山东、北京以及福建的第一大贸易商品均为第16类（机电、音像设备及其零件、附件），其中广东此类商品的进出口总额为4 942.96亿元，占广东与欧盟进出口总额的47.90%，江苏此类商品的进出口总额为4 161.17亿元，占江苏与欧盟进出口总额的53.24%，远高于浙江、上海、福建、山东及北京此类商品的进出口总额。

表2-30　2024年粤京沪苏浙鲁闽与欧盟贸易商品进出口总额、占比情况

排名	省市	商品构成（按HS分类）	金额（亿元）	占比（%）
1	广东省	第16类 机电、音像设备及其零件、附件	4 942.96	47.90
1	广东省	第20类 杂项制品	824.76	7.99
1	广东省	第22类 特殊交易品及未分类商品	717.08	6.95
1	广东省	第15类 贱金属及其制品	549.17	5.32
1	广东省	第17类 车辆、航空器、船舶及运输设备	463.73	4.49
2	上海市	第16类 机电、音像设备及其零件、附件	2 540.84	31.60
2	上海市	第6类 化学工业及其相关工业的产品	1 326.40	16.50
2	上海市	第17类 车辆、航空器、船舶及运输设备	1 224.47	15.23
2	上海市	第18类 光学、医疗等仪器、钟表、乐器	606.56	7.54
2	上海市	第11类 纺织原料及纺织制品	447.17	5.56
3	江苏省	第16类 机电、音像设备及其零件、附件	4 161.17	53.24
3	江苏省	第6类 化学工业及其相关工业的产品	681 56	8.72
3	江苏省	第17类 车辆、航空器、船舶及运输设备	604.84	7.74
3	江苏省	第11类 纺织原料及纺织制品	553.03	7.08
3	江苏省	第15类 贱金属及其制品	470.80	6.02
4	浙江省	第16类 机电、音像设备及其零件、附件	2 329.85	29.95

排名	省市	商品构成（按HS分类）	金额（亿元）	占比（%）
4	浙江省	第11类 纺织原料及纺织制品	1 033.70	13.29
4	浙江省	第20类 杂项制品	844.28	10.85
4	浙江省	第15类 贱金属及其制品	814.62	10.47
4	浙江省	第6类 化学工业及其相关工业的产品	542.72	6.98
5	北京市	第16类 机电、音像设备及其零件、附件	1 077.32	28.51
5	北京市	第6类 化学工业及其相关工业的产品	1 060.82	28.07
5	北京市	第17类 车辆、航空器、船舶及运输设备	768.66	20.34
5	北京市	第18类 光学、医疗等仪器、钟表、乐器	311.74	8.25
5	北京市	第15类 贱金属及其制品	103.86	2.75
6	山东省	第16类 机电、音像设备及其零件、附件	822.92	26.72
6	山东省	第20类 杂项制品	325.41	10.56
6	山东省	第6类 化学工业及其相关工业的产品	282.03	9.16
6	山东省	第7类 塑料及其制品、橡胶及其制品	281.63	9.14
6	山东省	第11类 纺织原料及纺织制品	223.20	7.25
7	福建省	第16类 机电、音像设备及其零件、附件	1 036.62	43.14
7	福建省	第11类 纺织原料及纺织制品	221.38	9.21
7	福建省	第12类 鞋帽伞等、羽毛品、人造花、人发品	201.40	8.38
7	福建省	第20类 杂项制品	156.30	6.50
7	福建省	第17类 车辆、航空器、船舶及运输设备	103.11	4.29

注：占比指占各省市与欧盟国家进出口总额的比重。

资料来源：根据海关总署公布的进出口数据整理。

从广东与京沪苏浙鲁闽的商品结构对比分析来看，广东优势商品第16类（机电、音像设备及其零件、附件）、第22类（特殊交易品及未分类商品）的进出口总额均高于其他六个省市，其中江苏对第16类（机电、音像设备及其零件、附件）商品进出口总额略低于广东。广东第二大贸易商品第20类（杂项制品）的进出口总额同样高于上海、江苏、北京、山东以及福建对此类商品的进出口总额。第15类（贱金属及其制品）为广东第四大贸易商品，仅浙江对此商品的进出口总额（814.62亿元）高于广东。但广东对第17类（车辆、航空器、船舶及运输设备）商品的进出口总额仅为463.73亿元，低于上海、江苏、北京对此类商品的进出口总额，其中上海对此类商品的进出口总额达 1 224.47 亿元。

（四）粤京沪苏浙鲁闽与美国商品结构对比分析

从各省市与美国的进出口优势商品来看，如表 2-31 所示，广东、浙江、江苏、上海、山东以及福建的第一大贸易商品均为第 16 类（机电、音像设备及其零件、附件），其中广东此类商品的进出口总额为 4 157.36 亿元，占广东与美国进出口总额的 38.62%，浙江此类商品的进出口总额为 1 416.56 亿元，占浙江与美国进出口总额的 19.10%，江苏此类商品的进出口总额为 3 468.43 亿元，占江苏与美国进出口总额的 49.16%。第 2 类（植物产品）为北京的第一大贸易商品，进出口总额为 555.24 亿元，占北京与美国贸易总额的 21.35%。

表2-31　2024年粤京沪苏浙鲁闽与美国贸易商品进出口总额、占比情况

排名	省市	商品构成（按HS分类）	金额（亿元）	占比（%）
1	广东省	第16类 机电、音像设备及其零件、附件	4 157.36	38.62
1	广东省	第20类 杂项制品	1 504.11	13.97
1	广东省	第22类 特殊交易品及未分类商品	798.01	7.41
1	广东省	第15类 贱金属及其制品	647.09	6.01
1	广东省	第7类 塑料及其制品、橡胶及其制品	600.24	5.58
2	浙江省	第16类 机电、音像设备及其零件、附件	1 416.56	19.10
2	浙江省	第20类 杂项制品	1 170.62	15.79
2	浙江省	第11类 纺织原料及纺织制品	1 081.53	14.59
2	浙江省	第15类 贱金属及其制品	751.20	10.13
2	浙江省	第7类 塑料及其制品、橡胶及其制品	585.23	7.89
3	江苏省	第16类 机电、音像设备及其零件、附件	3 468.43	49.16
3	江苏省	第11类 纺织原料及纺织制品	756.76	10.73
3	江苏省	第6类 化学工业及其相关工业的产品	549.42	7.79
3	江苏省	第20类 杂项制品	456.89	6.48
3	江苏省	第7类 塑料及其制品、橡胶及其制品	353.31	5.01
4	上海市	第16类 机电、音像设备及其零件、附件	1 904.31	39.79

排名	省市	商品构成（按HS分类）	金额（亿元）	占比（%）
4	上海市	第6类 化学工业及其相关工业的产品	641.65	13.41
4	上海市	第18类 光学、医疗等仪器、钟表、乐器	498.56	10.42
4	上海市	第11类 纺织原料及纺织制品	286.67	5.99
4	上海市	第7类 塑料及其制品、橡胶及其制品	286.34	5.98
5	山东省	第16类 机电、音像设备及其零件、附件	614.26	18.56
5	山东省	第20类 杂项制品	509.62	15.40
5	山东省	第11类 纺织原料及纺织制品	310.79	9.39
5	山东省	第17类 车辆、航空器、船舶及运输设备	297.32	8.99
5	山东省	第5类 矿产品	291.36	8.81
6	福建省	第16类 机电、音像设备及其零件、附件	997.78	35.12
6	福建省	第20类 杂项制品	281.34	9.90
6	福建省	第12类 鞋帽伞等、羽毛品、人造花、人发品	251.40	8.85
6	福建省	第11类 纺织原料及纺织制品	187.92	6.61
6	福建省	第22类 特殊交易品及未分类商品	136.29	4.80
7	北京市	第2类 植物产品	555.24	21.35
7	北京市	第5类 矿产品	512.27	19.70
7	北京市	第17类 车辆、航空器、船舶及运输设备	433.40	16.67
7	北京市	第16类 机电、音像设备及其零件、附件	408.14	15.70
7	北京市	第6类 化学工业及其相关工业的产品	201.52	7.75

注：占比指占各省市与美国进出口总额的比重。

资料来源：根据海关总署公布的进出口数据整理。

从广东与京沪苏浙鲁闽的商品结构对比分析来看，广东优势商品第16类（机电、音像设备及其零件、附件）、第20类（杂项制品）、第7类（塑料及其制品、橡胶及其制品）、第22类（特殊交易品及未分类商品）的进出口总额均高于其他六个省市，其中江苏对第16类（机电、音像设备及其零件、附件）商品的进出口总额略低于广东，浙江对第7类（塑料及其制品、橡胶及其制品）商品的进出口总额为585.23亿元，同样略低于广东。第15类（贱金属及其制品）为广东第四大贸易商品，仅浙江对此商品的进出口总额为751.20亿元高于广东。

从商品结构的异同程度来看，浙江与广东的前五大贸易商品结构依旧高度相似，仍以第16类（机电、音像设备及其零件、附件）、第20类（杂项制品）、第15类（贱金属及其制品）、第7类（塑料及其制品、橡胶及其制品）的产品为主，广东与美国的第六大贸易商品为第11类（纺织原料及纺织制品），进出口总额为547.60亿元，低于浙江对此类商品的进出口总额1 081.53亿元。北京则与广东的前五大贸易商品结构有较大区别，北京以第2类（植物产品）、第5类（矿产品）、第17类（车辆、航空器、船舶及运输设备）商品贸易为主，而广东对以上三类商品的进出口总额分别为103.72亿元、113.90亿元、332.53亿元，仅占广东与美国进出口总额的5.11%。

三、进出口贸易方式对比

（一）粤京沪苏浙鲁闽与"一带一路"共建国家贸易方式对比分析

从广东与京沪苏浙鲁闽的贸易方式对比分析来看，如表2–32所示，广东与"一带一路"共建国家的第一大贸易方式为一般贸易，进出口总额达17 654.65亿元，占广东与"一带一路"共建国家进出口总额的69.39%，广东此贸易方式的进出口总额高于其他省市。其中，浙江的一般贸易进出口总额为15 841.48亿元，略低于广东，其他省市排名第一的贸易方式均为一般贸易，可见一般贸易在各省市的贸易方式中占据了重要的地位。广东第二大贸易方式为进料加工贸易，进出口总额达3 342.67亿元，江苏此贸易方式进出口总额为3 597.79亿元，略高于广东。海关特殊监管区域物流货物为广东第三大贸易方式，其中上海此贸易方式进出口总额略低于广东，达2 010.39亿元，占上海与"一带一路"共建国家进出口总额的18.83%。广东第四大贸易方式为保税监管场所进出境货物，进出口总额为1 638.54亿元，仅山东此贸易方式进出口总额高于广东，达2 894.06亿元，占山东与"一带一路"共建国家进出口总额的21.81%。

其中，北京的贸易方式结构与其他省市的贸易方式结构略有不同。北京以一般贸易为主。其次是来料加工贸易，此贸易方式进出口总额在各省市的来料加工贸易中排名第一，达1 082.26亿元。对外承包工程出口货物在各省市中也具有优势地位，北京此贸易方式的进出口总额为226.63亿元，广东、浙江、江苏、山东、上海以及福建此贸易方式的进出口总额分别为26.80亿元、33.64亿元、44.78亿元、29.38亿元、47.90亿元、4.41亿元。但海关特殊监管区域物流货物进出口总额仅为97.11亿元，与其他省市之间有着较大差距。

表2-32　2024年粤京沪苏浙鲁闽与"一带一路"共建国家贸易方式进出口总额、占比情况

排名	省市	贸易方式	金额（亿元）	占比（%）
1	广东省	一般贸易	17 654.65	69.39
1	广东省	进料加工贸易	3 342.67	13.14
1	广东省	海关特殊监管区域物流货物	2 303.16	9.05
1	广东省	保税监管场所进出境货物	1 638.54	6.44
1	广东省	来料加工贸易	244.82	0.96
2	浙江省	一般贸易	15 841.48	79.09
2	浙江省	其他	2 167.74	10.82
2	浙江省	进料加工贸易	859.47	4.29
2	浙江省	海关特殊监管区域物流货物	608.90	3.04
2	浙江省	保税监管场所进出境货物	425.46	2.12
3	江苏省	一般贸易	11 294.79	65.69
3	江苏省	进料加工贸易	3 597.79	20.93
3	江苏省	海关特殊监管区域物流货物	1 436.30	8.35
3	江苏省	保税监管场所进出境货物	423.79	2.46
3	江苏省	来料加工贸易	285.11	1.66
4	北京市	一般贸易	11 905.70	83.93
4	北京市	来料加工贸易	1 082.26	7.63
4	北京市	保税监管场所进出境货物	707.90	4.99
4	北京市	对外承包工程出口货物	226.63	1.60
4	北京市	海关特殊监管区域物流货物	97.11	0.68
5	山东省	一般贸易	8 333.76	62.82

排名	省市	贸易方式	金额（亿元）	占比（%）
5	山东省	保税监管场所进出境货物	2 894.06	21.81
5	山东省	进料加工贸易	1 103.05	8.31
5	山东省	海关特殊监管区域物流货物	492.23	3.71
5	山东省	其他	301.08	2.27
6	上海市	一般贸易	6 909.56	64.72
6	上海市	海关特殊监管区域物流货物	2 010.39	18.83
6	上海市	进料加工贸易	1 342.16	12.57
6	上海市	保税监管场所进出境货物	257.11	2.41
6	上海市	来料加工贸易	71.01	0.67
7	福建省	一般贸易	6 070.68	82.54
7	福建省	进料加工贸易	463.34	6.30
7	福建省	保税监管场所进出境货物	342.82	4.66
7	福建省	其他	258.95	3.52
7	福建省	海关特殊监管区域物流货物	195.48	2.66

注：占比指占各省市与"一带一路"共建国家进出口总额的比重。

资料来源：根据海关总署公布的进出口数据整理。

（二）粤京沪苏浙鲁闽与RCEP成员贸易方式对比分析

从广东与京沪苏浙鲁闽的贸易方式对比分析来看，如表2-33所示，广东与RCEP成员的第一大贸易方式为一般贸易，进出口总额达15 461.69亿元，占广东与RCEP成员进出口总额的61.35%，广东此贸易方式的进出口总额远高于其他省市。北京、福建一般贸易进出口总额分别为5 189.56亿元、5 766.06亿元，分别占北京、福建与RCEP成员进出口总额的88.74%、82.29%。江苏、上海、山东以及浙江一般贸易的占比也都超过50%，可见一般贸易在各省市的贸易方式中占据了重要的地位。广东第二大贸易方式为进料加工贸易，贸易额达4 565.11亿元，仅江苏此贸易方式进出口总额高于广东，达6 433.84亿元。海关特殊监管区域物流货物为广东第三大贸易方式，进出口总额达2 754.95亿元，其中上海此贸易方式进出口总额高于广东，达 2 897.47 亿元，占上海与 RCEP 成员进出口总额的 20.86%。广东第四大贸易方式为保税监管场所进出境货物，进出口总额为 1 910.48 亿元，仅山东此贸易方式进出口总额高于广东，达 2 354.04 亿元，占山东与 RCEP 成员进出口总额的 18.09%。

表 2-33　2024 年粤京沪苏浙鲁闽与 RCEP 成员贸易方式进出口总额、占比情况

排名	省市	贸易方式	金额（亿元）	占比（%）
1	广东省	一般贸易	15 461.69	61.35
1	广东省	进料加工贸易	4 565.11	18.11
1	广东省	海关特殊监管区域物流货物	2 754.95	10.93
1	广东省	保税监管场所进出境货物	1 910.48	7.58
1	广东省	来料加工贸易	272.18	1.08
2	江苏省	一般贸易	10 387.77	51.23
2	江苏省	进料加工贸易	6 433.84	31.73
2	江苏省	海关特殊监管区域物流货物	2 108.89	10.40
2	江苏省	来料加工贸易	874.09	4.31
2	江苏省	保税监管场所进出境货物	293.94	1.45
3	上海市	一般贸易	8 414.73	60.59
3	上海市	海关特殊监管区域物流货物	2 897.47	20.86
3	上海市	进料加工贸易	2 048.13	14.75
3	上海市	保税监管场所进出境货物	359.23	2.59
3	上海市	来料加工贸易	93.91	0.68
4	山东省	一般贸易	7 764.20	59.67
4	山东省	保税监管场所进出境货物	2 354.04	18.09
4	山东省	进料加工贸易	1 240.68	9.54
4	山东省	海关特殊监管区域物流货物	666.14	5.12
4	山东省	其他	538.94	4.14
5	浙江省	一般贸易	9 914.84	77.48
5	浙江省	进料加工贸易	1 093.72	8.55
5	浙江省	其他	827.45	6.47
5	浙江省	海关特殊监管区域物流货物	551.63	4.31
5	浙江省	保税监管场所进出境货物	288.45	2.25

排名	省市	贸易方式	金额（亿元）	占比（%）
6	福建省	一般贸易	5 766.06	82.29
6	福建省	进料加工贸易	605.12	8.64
6	福建省	其他	252.80	3.61
6	福建省	保税监管场所进出境货物	199.70	2.85
6	福建省	海关特殊监管区域物流货物	149.68	2.14
7	北京市	一般贸易	5 189.56	88.74
7	北京市	保税监管场所进出境货物	361.22	6.18
7	北京市	进料加工贸易	99.36	1.70
7	北京市	对外承包工程出口货物	76.29	1.30
7	北京市	海关特殊监管区域物流货物	56.46	0.97

注：占比指占各省市与RCEP成员进出口总额的比重。

资料来源：根据海关总署公布的进出口数据整理。

（三）粤京沪苏浙鲁闽与欧盟贸易方式对比分析

从广东与京沪苏浙鲁闽的贸易方式对比分析来看，如表2-34所示，广东与欧盟的第一大贸易方式为一般贸易，进出口总额达6 896.64亿元，占广东与欧盟进出口总额66.49%，广东此贸易方式的进出口总额均高于其他省市。其中浙江、山东一般贸易进出口总额分别为6 639.46亿元、2 187.72亿元，分别占浙江、山东与欧盟进出口总额的85.36%、71.02%。江苏、上海、浙江以及福建一般贸易的占比也都超过60%，可见一般贸易在各省市的贸易方式中占据了重要的地位。广东第二大贸易方式为进料加工贸易，进出口总额达1 838.21亿元，仅江苏此贸易方式的进出口总额高于广东，达1 910.38亿元，占江苏与欧盟进出口总额的24.44%。海关特殊监管区域物流货物为广东第三大贸易方式，进出口总额为672.55亿元，其中上海、北京此贸易方式进出口均高于广东，分别达1 949.28亿元、827.40亿元，占上海、北京与欧盟进出口总额的24.24%、21.90%。广东第四大贸易方式为保税监管场所进出境货物，进出口总额为625.43亿元。来料加工贸易为广东第五大贸易方式，进出口总额为218.43亿元。

表2-34　2024年粤京沪苏浙鲁闽与欧盟贸易方式进出口总额、占比情况

排名	省市	贸易方式	金额（亿元）	占比（%）
1	广东省	一般贸易	6 896.64	66.49
1	广东省	进料加工贸易	1 838.21	17.72
1	广东省	海关特殊监管区域物流货物	672.55	6.48
1	广东省	保税监管场所进出境货物	625.43	6.03
1	广东省	来料加工贸易	218.43	2.11
2	上海市	一般贸易	4 978.68	61.92
2	上海市	海关特殊监管区域物流货物	1 949.28	24.24
2	上海市	进料加工贸易	836.61	10.41
2	上海市	保税监管场所进出境货物	178.09	2.21
2	上海市	其他	47.79	0.59
3	江苏省	一般贸易	5 078.46	64.98
3	江苏省	进料加工贸易	1 910.38	24.44
3	江苏省	海关特殊监管区域物流货物	526.65	6.74
3	江苏省	来料加工贸易	181.03	2.32
3	江苏省	其他	55.80	0.71
4	浙江省	一般贸易	6 639.46	85.36
4	浙江省	其他	452.55	5.82
4	浙江省	进料加工贸易	387.53	4.98
4	浙江省	海关特殊监管区域物流货物	147.66	1.90
4	浙江省	保税监管场所进出境货物	118.19	1.52
5	北京市	一般贸易	2 640.53	69.88
5	北京市	海关特殊监管区域物流货物	827.40	21.90
5	北京市	保税监管场所进出境货物	193.26	5.11
5	北京市	进料加工贸易	68.97	1.83
5	北京市	其他	29.14	0.77
6	山东省	一般贸易	2 187.72	71.02
6	山东省	进料加工贸易	667.40	21.67
6	山东省	保税监管场所进出境货物	59.88	1.94
6	山东省	海关特殊监管区域物流货物	59.01	1.92
6	山东省	其他	57.06	1.85

排名	省市	贸易方式	金额（亿元）	占比（%）
7	福建省	一般贸易	1 685.58	70.15
7	福建省	海关特殊监管区域物流货物	323.19	13.45
7	福建省	进料加工贸易	268.07	11.16
7	福建省	保税监管场所进出境货物	81.45	3.39
7	福建省	其他	35.58	1.48

注：占比指占各省市与欧盟国家进出口总额的比重。

资料来源：根据海关总署公布的进出口数据整理。

（四）粤京沪苏浙鲁闽与美国贸易方式对比分析

从广东与京沪苏浙鲁闽的贸易方式对比分析来看，如表2-35所示，广东与美国的第一大贸易方式为一般贸易，进出口总额达7 307.48亿元，占广东与美国进出口总额的67.88%，广东此贸易方式的进出口总额均高于其他省市。其中，浙江一般贸易进出口总额为6 043.14亿元，占浙江与美国进出口总额的81.50%。江苏、上海、山东、北京以及福建一般贸易的占比也都超过50%，可见一般贸易在各省市的贸易方式中占据了重要的地位。广东第二大贸易方式为进料加工贸易，进出口总额达2 010.14亿元，仅江苏此贸易方式进出口总额高于广东，达2 327.55亿元，占江苏与美国进出口总额的32.99%。保税监管场所进出境货物为广东第三大贸易方式，进出口总额为524.31亿元，广东此贸易方式的进出口总额均高于其他省市。广东第四大贸易方式为海关特殊监管区域物流货物，进出口总额为499.39亿元，其中上海此贸易方式进出口总额高于广东，达1 122.05亿元，占上海与美国进出口总额的23.44%。

表2-35　2024年粤京沪苏浙鲁闽与美国贸易方式进出口总额、占比情况

排名	省市	贸易方式	金额（亿元）	占比（%）
1	广东省	一般贸易	7 307.48	67.88
1	广东省	进料加工贸易	2 010.14	18.67

排名	省市	贸易方式	金额（亿元）	占比（%）
1	广东省	保税监管场所进出境货物	524.31	4.87
1	广东省	海关特殊监管区域物流货物	499.39	4.64
1	广东省	来料加工贸易	212.81	1.98
2	浙江省	一般贸易	6 043.14	81.50
2	浙江省	其他	688.13	9.28
2	浙江省	进料加工贸易	399.30	5.39
2	浙江省	来料加工贸易	127.29	1.72
2	浙江省	海关特殊监管区域物流货物	107.99	1.46
3	江苏省	一般贸易	4 136.02	58.62
3	江苏省	进料加工贸易	2 327.55	32.99
3	江苏省	海关特殊监管区域物流货物	338.10	4.79
3	江苏省	来料加工贸易	132.97	1.88
3	江苏省	保税监管场所进出境货物	62.72	0.89
4	上海市	一般贸易	2 584.27	53.99
4	上海市	海关特殊监管区域物流货物	1 122.05	23.44
4	上海市	进料加工贸易	835.82	17.46
4	上海市	保税监管场所进出境货物	113.96	2.38
4	上海市	其他	70.65	1.48
5	山东省	一般贸易	2 418.67	73.10
5	山东省	进料加工贸易	635.90	19.22
5	山东省	其他	87.44	2.64
5	山东省	保税监管场所进出境货物	87.20	2.64
5	山东省	海关特殊监管区域物流货物	48.04	1.45
6	福建省	一般贸易	2 183.39	76.85
6	福建省	进料加工贸易	281.90	9.92
6	福建省	保税监管场所进出境货物	180.90	6.37
6	福建省	海关特殊监管区域物流货物	136.75	4.81
6	福建省	其他	44.06	1.55
7	北京市	一般贸易	2 089.71	80.36
7	北京市	保税监管场所进出境货物	197.42	7.59

排名	省市	贸易方式	金额（亿元）	占比（%）
7	北京市	海关特殊监管区域物流货物	148.11	5.70
7	北京市	进料加工贸易	79.11	3.04
7	北京市	来料加工贸易	59.70	2.30

注：占比指占各省市与美国进出口总额的比重。

资料来源：根据海关总署公布的进出口数据整理。

第三节　广东对外贸易伙伴的发展总结

通过对2024年广东对外贸易伙伴进出口商品数据进行分析发现：

第一，区域增长分化显著，东亚和东南亚新兴经济体增速普遍亮眼。从全球区域来看，广东与亚洲、欧洲、北美洲以及拉丁美洲的进出口总额较2023年均有所增长，其中亚洲与拉丁美洲的进出口总额较2023年分别增长10.57%、17.53%。但与大洋洲、非洲地区的进出口总额较2023年均有所下降。从贸易伙伴来看，广东与主要发达经济体的贸易呈现良好态势，广东与中国香港进出口总额排名第一，增速稳健，表明中国香港仍是核心贸易枢纽；中国台湾与韩国的进出口总额较2023年增长均超过15%，远超全球平均水平；美国与德国两大发达经济体的进出口总额增速几乎持平，显示欧美市场需求在通胀压力下仍保持温和复苏；东盟整体表现突出，越南、马来西亚以及泰国均跻身广东主要贸易伙伴前十，其中越南作为供应链转移的主要受益者，增速领跑前十，进出口总额已逼近第四位的日本，印证了东盟作为产业链多元化核心承接地的角色。从与兄弟省市贸易规模对比来看，广东与"一带一路"共建国家、RCEP成员、欧盟、东盟以及美国的进出口总额均高于其他六个省市，继续稳居外贸第一大省，规模创新高。

第二，从外贸动能转换方向来看，2024年，广东与俄罗斯、澳大利亚、新西兰等国的贸易增速趋缓，而与阿联酋、巴西、波兰的贸易往来实现快速增长，特别是与巴西的进出口继2023年增长19.28%后，2024年继续增长19.24%。从出口潜力来看，巴西、越南、印度尼西亚、阿联酋、波兰等国逐步成为广东外贸增长的新引擎；从进口潜力来看，2024年广东自中国香港、哥斯达黎加的进口增速均超过100%，自阿联酋、阿曼等国的进口增长亦位居前列，表明全球价值链区域分布或正在发生重构。从出口商品结构来看，广东机电产品的主导地位进一步巩固。第16类（机电、音像设备及其零件、附件）对主要贸易伙伴、"一带一路"共建国家及RCEP成员的出口额同比均实现增长，凸显广东作为全球电子制造中心的地位。同时，高附加值品类增长势头强劲，第22类（特殊交易品及未分类商品）、第17类（车辆、航空器、船舶及运输设备）等增速明显，尤其是第17类商品在广东对上述贸易伙伴中的出口分别增长21.83%、17.84%、4.44%，显示广东在技术密集型、高附加值制造领域的竞争优势持续增强。尽管该类产品占广东出口总额的比重尚不足5%，但与粤港澳大湾区新能源汽车产业集群形成联动，反映出跨境电商、数字贸易等新业态的规模效应加快释放。

第三，在与"一带一路"共建国家、RCEP成员、欧盟及美国的贸易中，江苏超越浙江成为广东最有力的竞争对手。在广东与江苏主要的贸易商品类型中，虽然浙江对第16类（机电、音像设备及其零件、附件）、第20类（杂项制品）、第15类（贱金属及其制品）的进出口总额远低于广东，但对第11类（纺织原料及纺织制品）、第6类（化学工业及其相关工业的产品）的进出口优势高于广东，对第5类（矿产品）的进出口总额也与广东持平。其中，在与"一带一路"共建国家的贸易中，江苏对第11类（纺织原料及纺织制品）进出口总额较广东高429.70亿元，对第6类（化学工业及其相关工业的产品）进出口总额较广东高339.97亿元。在与RCEP成员的商品贸易中，第6类（化学工业及其相关工业的产品）的进出口总额高于广东645.74亿元，第11类（纺织原料及纺织制品）的进出口总额高于广东438.44亿元。

第四，广东在贸易方式上呈现显著分化特征，其中在一般贸易上仍旧具有明显优势，但在其他贸易方式上优势较小。在与"一带一路"共建国家、RCEP 成员进出口贸易中，广东在进料加工贸易、保税监管场所进出境货物、海关特殊监管区域物流货物等贸易方式上具有相对优势，其中进料加工贸易进出口总额仅低于江苏，保税监管场所进出境货物进出口总额仅低于山东，而海关特殊监管区域物流货物进出口总额仅在与 RCEP 成员贸易中低于上海。此外，江苏在与 RCEP 成员贸易中，进料加工贸易与来料加工贸易相比其他省市具有明显优势，如江苏进料加工贸易进出口总额达 6 433.84 亿元，而广东此贸易方式的进出口总额为 4 565.11 亿元。在与欧盟、美国的进出口贸易中，广东在保税监管场所进出境货物与来料加工贸易上具有明显优势，均高于其他省市此贸易方式的进出口总额。在进料加工贸易上依旧具有相对优势，其进出口总额仅略低于江苏，且显著高于其他省市。但在海关特殊监管区域物流货物上优势减小，具体表现为与欧盟、美国此贸易方式下的进出口总额分别为 672.55 亿元、499.39 亿元，远低于上海此贸易方式下分别与欧盟、美国的进出口总额 1 949.28 亿元、1 122.05 亿元。

第三章

广东对外贸易方式研究报告

第一节　广东对外贸易方式的发展概况

一、广东对外贸易方式综述

（一）出口贸易方式结构分析

2024年，广东省外贸数据呈现全面增长态势。海关总署统计数据显示，2024年广东省进出口总额突破9万亿大关，达到91 126.35亿元，较2023年增长9.74%。其中，出口板块延续稳健增长势头，58 915.62亿元的出口规模较2023年提升8.33%；进口领域则展现更强增长动能，32 210.73亿元的进口额同比大幅攀升12.41%。

从贸易方式维度来看，2024年广东省出口贸易中，占比最高的四大贸易方式分别是一般贸易、进料加工贸易、海关特殊监管区域物流货物和保税监管场所进出境货物。如表3-1所示，一般贸易居于首位，出口贸易总额达38 049.21亿元，贡献全省出口贸易总量的64.58%，较2023年增长12.17%；其次是进料加工贸易，出口贸易总额达11 879.90亿元，占比为20.16%，同比微增0.29%；海关特殊监管区域物流货物和保税监管场所进出境货物出口贸易总额分别为4 454.02亿元和2 894.12亿元，占比分别为7.56%和4.91%，同比分别增长8.43%和16.74%。另外，由于基数较小，在所有贸易方式当中相较于2023年增幅最大的是其他捐赠物资和国家间、国际组织无偿援助和赠送的物资，增幅分别为896.89%和98.90%。

表3-1　2024年与2023年广东省出口贸易方式对比分析

贸易方式	2024年		2023年		同比增长（%）
	金额（亿元）	占比（%）	金额（亿元）	占比（%）	
保税监管场所进出境货物	2 894.12	4.91	2 479.12	4.56	16.74
边境小额贸易	0.01	0.00	0.00	0.00	—

贸易方式	2024年		2023年		同比增长（%）
	金额（亿元）	占比（%）	金额（亿元）	占比（%）	
出料加工贸易	0.61	0.00	6.44	0.01	−90.46
对外承包工程出口货物	27.60	0.05	27.66	0.05	−0.23
国家间、国际组织无偿援助和赠送的物资	2.27	0.00	1.14	0.00	98.90
海关特殊监管区域物流货物	4 454.02	7.56	4 107.84	7.55	8.43
寄售、代销贸易	0.00	0.00	0.00	0.00	——
进料加工贸易	11 879.90	20.16	11 845.02	21.78	0.29
来料加工贸易	959.59	1.63	1 012.92	1.86	−5.26
其他	630.57	1.07	976.04	1.79	−35.39
其他捐赠物资	0.40	0.00	0.04	0.00	896.89
一般贸易	38 049.21	64.58	33 921.09	62.37	12.17
易货贸易	0.00	0.00	0.00	0.00	——
租赁贸易	17.31	0.03	9.24	0.02	87.32
总计	58 915.62	100.00	54 386.53	100.00	8.33

数据来源：根据海关统计数据在线查询平台数据整理。

（二）进口贸易方式结构分析

2024年广东省进口贸易总额最高的四种贸易方式分别为一般贸易、海关特殊监管区域物流货物、进料加工贸易以及保税监管场所进出境货物。其中，一般贸易居于首位，进口贸易总额高达14 972.99亿元，占比达46.48%，其次是海关特殊监管区域物流货物，进口贸易总额为5 925.22亿元，占比为18.40%，进料加工贸易和保税监管场所进出境货物进口贸易总额分别为5 801.11亿元和4 563.27亿元，占比分别为18.01%和14.17%，如表3-2所示。在主要贸易方式当中，保税监管场所进出境货物相较于2023年增长33.83%，一般贸易相较于2023年贸易总额出现了7.80%的增幅，进料加工贸易同比增长0.08%，而来料加工贸易相较于2023年出现4.97%的降幅。

表3-2　2024年与2023年广东省进口贸易方式对比分析

贸易方式	2024年		2023年		同比增长（%）
	金额（亿元）	占比（%）	金额（亿元）	占比（%）	
保税监管场所进出境货物	4 563.27	14.17	3 409.67	11.90	33.83
边境小额贸易	0.00	0.00	0	0.00	—
出料加工贸易	1.35	0.00	13.4	0.05	-89.94
国家间、国际组织无偿援助和赠送的物资	0.04	0.00	0.04	0.00	4.42
海关特殊监管区域进口设备	9.46	0.03	9.6	0.03	-1.46
海关特殊监管区域物流货物	5 925.22	18.40	4 618.7	16.12	28.29
寄售、代销贸易	13.82	0.04	10.1	0.04	36.81
加工贸易进口设备	3.65	0.01	5.41	0.02	-32.53
进料加工贸易	5 801.11	18.01	5 796.41	20.23	0.08
来料加工贸易	716.12	2.22	753.61	2.63	-4.97
免税品	24.72	0.08	19.31	0.07	28.00
其他	135.82	0.42	113.92	0.40	19.22
其他捐赠物资	0.05	0.00	0.01	0.00	424.38
外商投资企业作为投资进口的设备、物品	29.56	0.09	10.06	0.04	193.80
一般贸易	14 972.99	46.48	13 889.56	48.47	7.80
租赁贸易	13.55	0.04	4.4	0.02	207.89
总计	32 210.73	100.00	28 654.21	100.00	12.41

数据来源：根据海关统计数据在线查询平台数据库整理。

（三）进出口贸易方式结构分析

2024年广东省进出口占比最高的四种贸易方式分别为一般贸易、进料加工贸易、海关特殊监管区域物流货物和保税监管场所进出境货物。其中，一般贸易居于首位，贸易总额高达53 022.21亿元，占比达58.19%，其次是进料加工贸易，贸易总额达17 681.01亿元，占比为19.40%，其次是海关特殊监管区域物流货物和保税监管场所进出境货物，贸易总额分别

为 10 379.24 亿元和 7 457.40 亿元，占比分别为 11.39% 和 8.18%，如表 3-3
所示。与 2023 年相比，广东省进出口一般贸易总额同比上升了 10.90%，进
料加工贸易与 2023 年相比基本持平，来料加工贸易与 2023 年相比下降了
5.14%，而保税监管场所进出境货物相较于 2023 年呈现上升趋势，增幅达
26.64%。

表 3-3　2024 年与 2023 年广东省进出口贸易方式对比分析

贸易方式	2024 年		2023 年		同比增长（%）
	金额（亿元）	占比（%）	金额（亿元）	占比（%）	
保税监管场所进出境货物	7 457.40	8.18	5 888.79	7.09	26.64
边境小额贸易	0.01	0.00	0	0.00	——
出料加工贸易	1.96	0.00	19.84	0.02	−90.11
对外承包工程出口货物	27.60	0.03	27.66	0.03	−0.23
国家间、国际组织无偿援助和赠送的物资	2.31	0.00	1.18	0.00	95.70
海关特殊监管区域进口设备	9.46	0.01	9.6	0.01	−1.46
海关特殊监管区域物流货物	10 379.24	11.39	8 726.53	10.51	18.94
寄售、代销贸易	13.82	0.02	10.1	0.01	36.84
加工贸易进口设备	3.65	0.00	5.41	0.01	−32.53
进料加工贸易	17 681.01	19.40	17 641.43	21.24	0.22
来料加工贸易	1 675.71	1.84	1 766.53	2.13	−5.14
免税品	24.72	0.03	19.31	0.02	28.00
其他	766.39	0.84	1 089.96	1.31	−29.69
其他捐赠物资	0.45	0.00	0.04	0.00	1 027.98
外商投资企业作为投资进口的设备、物品	29.56	0.03	10.06	0.01	193.80
一般贸易	53 022.21	58.19	47 810.65	57.57	10.90
易货贸易	0.00	0.00	0	0.00	
租赁贸易	30.86	0.03	13.64	0.02	126.22
总计	91 126.35	100.00	83 040.74	100.00	9.74

数据来源：根据海关统计数据在线查询平台数据整理。

二、广东对外贸易方式的商品情况分析

（一）进出口贸易方式的商品情况分析

1.一般贸易

在进出口方面，一般贸易中主要商品类别如表3-4所示。其中，排名第一的是第16类（机电、音像设备及其零件、附件），贸易总额达23 722.45亿元，与2023年相比增长14.65%，排名第二的是第15类（贱金属及其制品），贸易总额达4 075.13亿元，相较于2023年增长了7.39%，排名第三的是第20类（杂项制品），贸易总额达3 472.61亿元，同比下降4.51%。在所列排名前十的主要商品类别中，第22类（特殊交易品及未分类商品）的同比增长幅度最大，达23.41%，第11类（纺织原料及纺织制品）的同比下降幅度最大，达到了20.08%。另外，进出口一般贸易排名前十的主要商品中，共有4种主要商品类别与2023年相比呈上升趋势，而其余6种主要商品类别均呈下降趋势。

表3-4　2024年与2023年广东省进出口一般贸易主要商品排名

排名	主要商品类别	金额（亿元）		同比增长（%）
		2024年	2023年	
1	第16类 机电、音像设备及其零件、附件	23 722.45	20 690.47	14.65
2	第15类 贱金属及其制品	4 075.13	3 794.67	7.39
3	第20类 杂项制品	3 472.61	3 636.66	−4.51
4	第22类 特殊交易品及未分类商品	2 804.55	2 272.60	23.41
5	第7类 塑料及其制品；橡胶及其制品	2 101.68	2 166.60	−3.00
6	第17类 车辆、航空器、船舶及运输设备	1 755.59	1 518.77	15.59
7	第5类 矿产品	1 740.89	1 834.08	−5.08
8	第11类 纺织原料及纺织制品	1 662.50	2 080.23	−20.08
9	第18类 光学、医疗等仪器；钟表；乐器	1 418.17	1 433.53	−1.07
10	第6类 化学工业及其相关工业的产品	1 400.85	1 716.20	−18.37

数据来源：根据海关统计数据在线查询平台数据整理。

2. 加工贸易（来料加工贸易、进料加工贸易）

进出口加工贸易所对应的主要商品类别如表3-5所示，排名前三的分别是第16类、第14类和第18类，贸易总额分别达13 277.32亿元、1 808.23亿元、550.36亿元，与2023年相比分别同比下降1.38%、4.75%和10.23%。排名前十的主要商品类别相比2023年都呈现不同程度的下降，其中，第6类（化学工业及其相关工业的产品）的降幅最大，降幅达51.73%，第11类（纺织原料及纺织制品）以及第10类（纤维素浆；废纸；纸、纸板及其制品）均下降超40%。

表3-5　2024年与2023年广东省进出口加工贸易主要商品排名

排名	主要商品类别	金额（亿元）		同比增长（%）
		2024年	2023年	
1	第16类 机电、音像设备及其零件、附件	13 277.32	13 463.18	−1.38
2	第14类 珠宝、贵金属及制品；仿首饰；硬币	1 808.23	1 898.39	−4.75
3	第18类 光学、医疗等仪器；钟表；乐器	550.36	613.11	−10.23
4	第7类 塑料及其制品；橡胶及其制品	535.79	642.53	−16.61
5	第20类 杂项制品	509.35	636.78	−20.01
6	第15类 贱金属及其制品	396.31	531.56	−25.44
7	第17类 车辆、航空器、船舶及运输设备	360.44	405.49	−11.11
8	第11类 纺织原料及纺织制品	182.60	320.37	−43.00
9	第6类 化学工业及其相关工业的产品	128.71	266.64	−51.73
10	第10类 纤维素浆；废纸；纸、纸板及其制品	82.35	156.45	−47.36

数据来源：根据海关统计数据在线查询平台数据整理。

3. 保税监管场所和海关特殊监管区域贸易

保税监管场所和海关特殊监管区域贸易所对应的主要商品类别如表3-6所示，排名前三的分别是第16类、第5类和第14类，贸易总额分别达13 093.54亿元、899.14亿元、692.97亿元，与2023年相比第16类同比增长23.33%，第5类同比下降11.25%。其中，第14类（珠宝、贵金属及制品、仿首饰、硬币）的增幅最大，达291%；第20类（杂项制品）的降幅最大，降幅达

44.86%。另外，保税监管场所和海关特殊监管区域贸易排名前十的主要商品类别中共有3种主要商品类别呈上升趋势，7种主要商品类别呈下降趋势。

表3-6　2024年与2023年广东省进出口保税及海关监管贸易主要商品排名

排名	主要商品类别	金额（亿元）		同比增长（%）
		2024年	2023年	
1	第16类 机电、音像设备及其零件、附件	13 093.54	10 616.92	23.33
2	第5类 矿产品	899.14	1 013.12	−11.25
3	第14类 珠宝、贵金属及制品；仿首饰；硬币	692.97	177.23	291.00
4	第6类 化学工业及其相关工业的产品	266.36	414.38	−35.72
5	第18类 光学、医疗等仪器；钟表；乐器	260.24	333.46	−21.96
6	第7类 塑料及其制品；橡胶及其制品	211.45	284.85	−25.77
7	第20类 杂项制品	187.61	340.25	−44.86
8	第17类 车辆、航空器、船舶及运输设备	135.61	188.12	−27.91
9	第13类 矿物材料制品；陶瓷品；玻璃及制品	126.73	113.41	11.74
10	第4类 食品；饮料、酒及醋；烟草及制品	106.25	177.36	−40.09

数据来源：根据海关统计数据在线查询平台数据整理。

（二）出口贸易方式的商品情况分析

1. 一般贸易

在出口方面，一般贸易中主要商品类别如表3-7所示。其中，排名第一的是第16类（机电、音像设备及其零件、附件），出口额达16 126.62亿元，与2023年相比增长12.97%，排名第二的是第20类（杂项制品），出口额达3 470.70亿元，相较于2023年同比下降了2.35%，排名第三的是第15类（贱金属及其制品），出口总额达3 241.62亿元，同比增长11.68%。在排名前十的主要商品类别中，第22类（特殊交易品及未分类商品）的同比增长幅度最大，达24.38%，第11类（纺织原料及纺织制品）的同比下降幅度最大，达到了14.52%；共有5种主要商品类别与2023年相比呈下降趋势，而其余5种主要商品类别均呈上升趋势。

表3-7　2024年与2023年广东省出口一般贸易主要商品排名

排名	主要商品类别	金额（亿元）		同比增长（%）
		2024年	2023年	
1	第16类 机电、音像设备及其零件、附件	16 126.62	14 274.99	12.97
2	第20类 杂项制品	3 470.70	3 554.36	−2.35
3	第15类 贱金属及其制品	3 241.62	2 902.70	11.68
4	第22类 特殊交易品及未分类商品	2 824.82	2 271.14	24.38
5	第11类 纺织原料及纺织制品	1 679.42	1 964.69	−14.52
6	第17类 车辆、航空器、船舶及运输设备	1 657.12	1 334.20	24.20
7	第7类 塑料及其制品；橡胶及其制品	1 523.86	1 538.00	−0.92
8	第18类 光学、医疗等仪器；钟表；乐器	930.21	911.65	2.04
9	第6类 化学工业及其相关工业的产品	810.39	943.47	−14.11
10	第4类 食品；饮料、酒及醋；烟草及制品	745.84	841.48	−11.37

数据来源：根据海关统计数据在线查询平台数据整理。

2.加工贸易（来料加工贸易、进料加工贸易）

出口加工贸易所对应的主要商品类别如表3-8所示，排名前三的分别是第16类、第14类和第20类，出口额分别达9 052.65亿元、913.45亿元、519.10亿元，与2023年相比分别同比下降0.74%、4.49%和14.62%。加工贸易出口前十大商品类别中，第6类（化学工业及其相关工业的产品）的降幅最大，达41.71%。

表3-8　2024年与2023年广东省出口加工贸易主要商品排名

排名	主要商品类别	金额（亿元）		同比增长（%）
		2024年	2023年	
1	第16类 机电、音像设备及其零件、附件	9 052.65	9 120.11	−0.74
2	第14类 珠宝、贵金属及制品；仿首饰；硬币	913.45	956.39	−4.49
3	第20类 杂项制品	519.10	607.99	−14.62
4	第17类 车辆、航空器、船舶及运输设备	377.78	387.22	−2.44
5	第18类 光学、医疗等仪器；钟表；乐器	354.46	399.45	−11.26
6	第7类 塑料及其制品；橡胶及其制品	245.29	329.10	−25.47

排名	主要商品类别	金额（亿元）		同比增长（%）
		2024年	2023年	
7	第11类 纺织原料及纺织制品	171.34	236.53	−27.56
8	第15类 贱金属及其制品	162.34	258.31	−37.15
9	第12类 鞋帽伞等；羽毛品；人造花；人发品	83.00	124.27	−33.21
10	第6类 化学工业及其相关工业的产品	82.22	141.07	−41.71

数据来源：根据海关统计数据在线查询平台数据整理。

3.保税监管场所和海关特殊监管区域贸易

保税监管场所和海关特殊监管区域贸易所对应的主要商品类别如表3-9所示，排名前三的分别是第16类、第20类和第18类，出口额分别达5 001.11亿元、216.00亿元、199.99亿元，与2023年相比第16类增长9.31%，第20类和第18类分别下降32.56%和20.62%。其中，第14类（珠宝、贵金属及制品；仿首饰；硬币）的同比增长幅度最大，达419.88%；第15类（贱金属及其制品）的降幅最大，达53.87%。另外，保税监管场所和海关特殊监管区域贸易排名前十的主要商品类别中共有2种主要商品类别呈上升趋势，8种主要商品类别呈下降趋势。

表3-9 2024年与2023年广东省出口保税及海关监管贸易主要商品排名

排名	主要商品类别	金额（亿元）		同比增长（%）
		2024年	2023年	
1	第16类 机电、音像设备及其零件、附件	5 001.11	4 575.24	9.31
2	第20类 杂项制品	216.00	320.29	−32.56
3	第18类 光学、医疗等仪器；钟表；乐器	199.99	251.96	−20.62
4	第5类 矿产品	187.41	229.86	−18.47
5	第14类 珠宝、贵金属及制品；仿首饰；硬币	131.16	25.23	419.88
6	第7类 塑料及其制品；橡胶及其制品	130.13	171.65	−24.19
7	第11类 纺织原料及纺织制品	125.80	236.21	−46.74
8	第15类 贱金属及其制品	85.34	184.99	−53.87

排名	主要商品类别	金额（亿元）		同比增长
		2024年	2023年	（%）
9	第12类 鞋帽伞等；羽毛品；人造花；人发品	81.57	140.14	−41.80
10	第13类 矿物材料制品；陶瓷品；玻璃及制品	55.05	78.59	−29.95

数据来源：根据海关统计数据在线查询平台数据整理。

三、广东对外贸易方式的贸易伙伴情况分析

（一）进出口贸易方式的贸易伙伴情况分析

1.按国家（地区）比较

（1）一般贸易

从主要贸易方式来看，在一般贸易中，2024年广东省进出口的主要国家或地区贸易总额最大的是美国，达7 307.48亿元，其次是中国香港和中国台湾，分别为3 152.22亿元和2 882.01亿元。广东省进出口贸易排名前十的国家或地区的贸易总额相较于2023年都呈上升趋势，其中越南和中国香港的增幅较大，分别为31.58%和17.27%，如表3–10所示。

表3–10　2024年广东省进出口一般贸易主要国家或地区排名（前十）

排名	国家或地区	金额（亿元）	同比增长（%）
1	美国	7 307.48	11.79
2	中国香港	3 152.22	17.27
3	中国台湾	2 882.01	16.56
4	日本	2 389.55	4.53
5	马来西亚	2 106.61	5.58
6	越南	2 071.16	31.58
7	韩国	1 866.61	13.06
8	泰国	1 634.50	6.88
9	印度	1 533.68	4.76
10	德国	1 493.37	15.17

数据来源：根据海关统计数据在线查询平台数据整理。

（2）加工贸易（来料加工贸易、进料加工贸易）

在加工贸易中，2024年广东省进出口的主要国家或地区贸易总额居于第一位的是中国香港，达4 967.26亿元，其次是美国和中国台湾，分别为2 222.95亿元和1 589.55亿元，如表3-11所示。相较于2023年，排名前十的国家或地区有六个呈下降趋势，其中荷兰和越南降幅较大，分别为9.75%和6.77%。其次，同比涨幅最大的是墨西哥，达8.50%。

表3-11　2024年广东省进出口加工贸易主要国家或地区排名（前十）

排名	国家或地区	金额（亿元）	同比增长（%）
1	中国香港	4 967.26	2.99
2	美国	2 222.95	-3.90
3	中国台湾	1 589.55	4.74
4	日本	1 406.19	3.24
5	越南	1 066.03	-6.77
6	韩国	895.74	-2.22
7	德国	547.30	-5.00
8	墨西哥	436.97	8.50
9	荷兰	380.74	-9.75
10	马来西亚	345.37	-2.52

数据来源：根据海关统计数据在线查询平台数据整理。

（3）保税监管场所和海关特殊监管区域贸易

如表3-12所示，2024年广东省与主要国家或地区的保税监管场所和海关特殊监管区域贸易规模均出现较大规模上升，其中进出口保税和海关监管贸易总额最大的是中国香港，达3 231.56亿元，与2023年相比上升14.99%，其次是中国台湾和韩国，贸易总额分别为3 058.70亿元和1 317.77亿元。韩国相较于2023年增幅较大，达38.43%。

表3-12　2024年广东省进出口保税和海关监管贸易主要国家或地区排名（前十）

排名	国家或地区	金额（亿元）	同比增长（%）
1	中国香港	3 231.56	14.99
2	中国台湾	3 058.70	28.27
3	韩国	1 317.77	38.43
4	美国	1 024.89	14.94
5	越南	845.03	30.60
6	马来西亚	626.18	18.71
7	日本	554.68	7.07
8	印度	347.89	36.47
9	澳大利亚	339.42	43.90
10	泰国	335.14	7.85

数据来源：根据海关统计数据在线查询平台数据整理。

2.按主要经济体比较

（1）一般贸易

在一般贸易中，2024年广东省进出口贸易主要经济体排名第一的是"一带一路"共建国家，贸易总额达21 962.63亿元，占比为33.85%，与2023年相比增长了13.22%，其次是RCEP和东盟，贸易总额分别为15 461.69亿元和9 615.68亿元。其中，涨幅最大的是拉丁美洲国家，达19.62%，降幅最大的是欧盟，为5.56%，如表3-13所示。

表3-13　2024年广东省进出口一般贸易主要经济体对比分析

排名	主要经济体	金额（亿元）	占比（%）	同比增长（%）
1	"一带一路"共建国家	21 962.63	33.85	13.22
2	RCEP	15 461.69	61.35	7.41
3	东盟	9 615.68	66.30	10.19
4	欧盟	6 896.65	66.49	−5.56
5	拉丁美洲国家	4 026.79	74.71	19.62
6	非洲国家	2 177.90	78.59	2.80

数据来源：根据海关统计数据在线查询平台数据整理。

（2）加工贸易（来料加工贸易、进料加工贸易）

在加工贸易中，2024年广东省进出口贸易主要经济体排名第一的是"一带一路"共建国家，贸易总额为9 671.94亿元，占比为14.91%，与2023年相比增长0.55%，其次是RCEP和东盟，贸易总额分别为4 837.27亿元和2 318.15亿元。其中，降幅最大的是欧盟，为12.62%，增幅最大的是拉丁美洲国家，为9.58%，如表3-14所示。

表3-14　2024年广东省进出口加工贸易主要经济体对比分析

排名	主要经济体	金额（亿元）	占比（%）	同比增长（%）
1	"一带一路"共建国家	9 671.94	14.91	0.55
2	RCEP	4 837.27	19.19	−3.88
3	东盟	2 318.15	15.98	−8.59
4	欧盟	2 056.67	19.83	−12.62
5	拉丁美洲国家	803.83	14.91	9.58
6	非洲国家	382.90	13.82	−8.88

数据来源：根据海关统计数据在线查询平台数据整理。

（3）保税监管场所和海关特殊监管区域贸易

在保税监管场所和海关特殊监管区域贸易中，2024年广东省进出口贸易主要经济体排名第一的是"一带一路"共建国家，贸易总额为9 544.80亿元，占比为14.71%，与2023年相比增长19.23%，其次是RCEP和东盟，贸易总额分别为4 668.63亿元和2 430.38亿元。其中，增幅最大的是RCEP，为26.38%，降幅最大的为拉丁美洲国家，达30.96%，如表3-15所示。

表3-15　2024年广东省进出口保税和海关监管贸易主要经济体对比分析

排名	主要经济体	金额（亿元）	占比（%）	同比增长（%）
1	"一带一路"共建国家	9 544.80	14.71	19.23
2	RCEP	4 668.63	18.52	26.38
3	东盟	2 430.38	16.76	23.83
4	欧盟	1 300.28	12.54	−8.12

排名	主要经济体	金额（亿元）	占比（%）	同比增长（%）
5	拉丁美洲国家	502.44	9.32	−30.96
6	非洲国家	180.02	6.50	21.69

数据来源：根据海关统计数据在线查询平台数据整理。

（二）出口贸易方式的贸易伙伴情况分析

1.按国家（地区）比较

（1）一般贸易

从主要贸易方式来看，在一般贸易中，2024年广东省出口的主要国家或地区贸易总额最大的是美国，达6 546.26亿元，其次是中国香港和越南，出口额分别为3 059.15亿元和1 579.97亿元。除马来西亚外外，广东省出口贸易排名前十的国家或地区的贸易总额相较于2023年都呈上升趋势，其中越南、德国和墨西哥的增幅较大，分别为29.19%、24.30%和22.35%，如表3–16所示。

表3–16　2024年广东省出口一般贸易主要国家或地区排名（前十）

排名	国家或地区	金额（亿元）	同比增长（%）
1	美国	6 546.26	12.65
2	中国香港	3 059.15	18.24
3	越南	1 579.97	29.19
4	印度	1 435.34	5.19
5	马来西亚	1 317.31	−1.03
6	德国	1 123.38	24.30
7	日本	1 101.58	9.36
8	墨西哥	1 047.30	22.35
9	英国	978.96	0.38
10	俄罗斯	968.58	5.18

数据来源：根据海关统计数据在线查询平台数据整理。

（2）加工贸易（来料加工贸易、进料加工贸易）

在加工贸易中，2024年广东省出口的主要国家或地区贸易总额居于第一位的是中国香港，达4 737.09亿元，其次是美国和日本。其中，排名前十的国家或地区相较于2023年大部分呈下降趋势，荷兰和德国降幅较大，降幅分别达10.01%和8.82%。同比涨幅最大的是中国台湾，达17.55%，如表3-17所示。

表3-17　2024年广东省出口加工贸易主要国家或地区排名（前十）

排名	国家或地区	金额（亿元）	同比增长（%）
1	中国香港	4 737.09	-0.23
2	美国	1 984.72	-4.11
3	日本	668.03	-8.00
4	越南	412.85	15.26
5	墨西哥	391.43	9.46
6	荷兰	370.64	-10.01
7	德国	359.87	-8.82
8	中国台湾	336.84	17.55
9	印度	253.63	-0.47
10	英国	240.35	-7.25

数据来源：根据海关统计数据在线查询平台数据整理。

（3）保税监管场所和海关特殊监管区域贸易

如表3-18所示，在保税监管场所和海关特殊监管区域贸易中，2024年广东省出口的主要国家或地区贸易总额最大的是中国香港，达3 068.52亿元，其次是美国和印度。其中，印度和荷兰相较于2023年增幅较大，分别为40.52%和21.35%；日本降幅最大，达4.83%。

表3-18　2024年广东省出口保税及海关监管贸易主要国家或地区排名（前十）

排名	国家或地区	金额（亿元）	同比增长（%）
1	中国香港	3 068.52	10.66
2	美国	773.68	14.88
3	印度	316.21	40.52
4	中国台湾	252.37	−3.58
5	荷兰	251.06	21.35
6	越南	194.72	14.58
7	韩国	176.61	12.49
8	日本	160.85	−4.83
9	英国	146.66	7.11
10	德国	141.94	−2.79

数据来源：根据海关统计数据在线查询平台数据整理。

2.按主要经济体比较

（1）一般贸易

从出口来看，2024年广东省主要贸易方式所对应的主要经济体有"一带一路"共建国家、RCEP、东盟、欧盟、拉丁美洲国家和非洲国家，如表3-19所示。在一般贸易中，"一带一路"共建国家的贸易总额最大，达16 017.46亿元，占比达58.45%，与2023年相比增长15.12%，其次是RCEP和东盟，贸易总额分别为9 277.26亿元和6 558.40亿元。另外，RCEP的贸易总额呈明显的上升趋势，相较于2023年增长56.83%，其次是拉丁美洲国家，增幅达24.67%。

表3-19　2024年广东省出口一般贸易主要经济体分析

排名	主要经济体	金额（亿元）	占比（%）	同比增长（%）
1	"一带一路"共建国家	16 017.46	58.45	15.12
2	RCEP	9 277.26	72.95	56.83
3	东盟	6 558.40	78.56	10.86

排名	主要经济体	金额（亿元）	占比（%）	同比增长（%）
4	欧盟	5 772.20	69.27	−3.54
5	拉丁美洲国家	3 044.82	75.48	24.67
6	非洲国家	1 934.83	86.36	2.32

数据来源：根据海关统计数据在线查询平台数据整理。

（2）加工贸易（来料加工贸易、进料加工贸易）

在加工贸易中，"一带一路"共建国家的贸易总额最大，达6 818.78亿元，占比达24.88%，与2023年相比增长3.09%，其次是RCEP和欧盟，出口额分别为2 183.88亿元和1 605.58亿元，如表3-20所示。另外，加工贸易中广东省与主要经济体的贸易总额大部分呈上升趋势，其中，拉丁美洲国家增幅较大，达13.99%。RCEP相较于2023年呈下降趋势，降幅达1.93%。

表3-20　2024年广东省出口加工贸易主要经济体分析

排名	主要经济体	金额（亿元）	占比（%）	同比增长（%）
1	"一带一路"共建国家	6 818.78	24.88	3.09
2	RCEP	2 183.88	17.17	−1.93
3	欧盟	1 605.58	19.27	4.72
4	东盟	1 083.70	12.98	5.70
5	拉丁美洲国家	688.56	17.07	13.99
6	非洲国家	181.88	8.12	5.83

数据来源：根据海关统计数据在线查询平台数据整理。

（3）保税监管场所和海关特殊监管区域贸易

在保税监管场所和海关特殊监管区域贸易中，"一带一路"共建国家的贸易总额最大，达4 340.61亿元，占比达15.84%，与2023年相比增长10.64%，其次是RCEP和欧盟，出口额分别为1 080.99亿元和878.49亿元。另外，东盟的贸易总额呈明显的上升趋势，相较于2023年增长25.88%，其次是非洲国家，增幅达18.57%，如表3-21所示。

表3-21　2024年广东省出口保税及海关监管贸易主要经济体分析

排名	主要经济体	金额（亿元）	占比（%）	同比增长（%）
1	"一带一路"共建国家	4 340.61	15.84	10.64
2	RCEP	1 080.99	8.50	15.36
3	欧盟	878.49	10.54	8.58
4	东盟	588.04	7.04	25.88
5	拉丁美洲国家	258.65	6.41	10.45
6	非洲国家	93.75	4.18	18.57

数据来源：根据海关统计数据在线查询平台数据整理。

第二节　主要省市对外贸易方式的对比分析

一、主要省市对外贸易方式对比综述

（一）主要省市进出口商品贸易方式对比

从进出口贸易结构分析，广东省在六省市（广东省、江苏省、山东省、浙江省、上海市和北京市）主要贸易方式中持续保持领先地位。在一般贸易领域，广东省一般贸易进出口总额为53 022.21亿元，占比为58.27%，与2023年相比增长了11.16%，稳居第一位；其次是浙江省，贸易总额达40 833.52亿元，占比为77.81%，相较于2023年上升了6.02%，展现出较强的增长动能；而一般贸易中处于六省市末位的是山东省，贸易总额为21 900.23亿元，占比为64.94%，与2023年相比上升了2.95%，如表3-22所示。

加工贸易（来料加工贸易和进料加工贸易）领域呈现差异化发展态势。广东省虽以19 356.72亿元规模保持首位，占比为21.27%，但同比微降0.26%，反映出产业转型升级的阶段性特征；其次是江苏省，贸易总额为18 101.29亿元，占比为32.27%，相较于2023年上升了9.16%；处于六省市末位的是北京市，贸易总额为1 764.41亿元，占比为4.96%，与2023年相比上升了12.40%。

在保税监管场所及海关特殊监管区域贸易方面，广东省以17 846.10亿元（占比19.61%）的规模继续领跑，22.03%的同比增速彰显其特殊监管区域的政策优势；其次是上海市，贸易总额为11 171.14亿元，占比为26.26%，与2023年相比增长1.95%；第三位是江苏省，贸易总额是5 746.20亿元，占比为10.24%，与2023年相比上升7.20%。

在其他贸易方式中，广东省的贸易总额为766.39亿元，占比为0.84%，与2023年同比下降5.62%，居于第三位，排名第一的省市是浙江省，贸易总额是5 384.36亿元，占比为10.26%，相较于2023年提升13.57%，其次是山东省，贸易总额是925.60亿元，占比为2.74%，与2023年相比上升了11.11%。

表3-22　2024年主要省市进出口主要贸易方式分析

省市	对比情况	一般贸易	加工贸易（来料加工贸易、进料加工贸易）	保税监管场所和海关特殊监管区域贸易	其他贸易
广东省	规模（亿元）	53 022.21	19 356.72	17 846.10	766.39
	占比（%）	58.27	21.27	19.61	0.84
	同比增长（%）	11.16	−0.26	22.03	−5.62
江苏省	规模（亿元）	31 926.21	18 101.29	5 746.20	315.34
	占比（%）	56.92	32.27	10.24	0.56
	同比增长（%）	6.19	9.16	7.20	−16.75
山东省	规模（亿元）	21 900.23	5 188.34	5 711.19	925.60
	占比（%）	64.94	15.38	16.93	2.74
	同比增长（%）	2.95	0.87	7.22	11.11
浙江省	规模（亿元）	40 833.52	3 361.67	2 901.60	5 384.36
	占比（%）	77.81	6.41	5.53	10.26
	同比增长（%）	6.02	13.65	8.07	13.57

续　表

省市	对比情况	一般贸易	加工贸易（来料加工贸易、进料加工贸易）	保税监管场所和海关特殊监管区域贸易	其他贸易
上海市	规模（亿元）	25 236.03	5 912.52	11 171.14	224.44
	占比（%）	59.32	13.90	26.26	0.53
	同比增长（%）	0.84	1.34	1.95	21.81
北京市	规模（亿元）	30 151.16	1 764.41	3 547.71	102.86
	占比（%）	84.77	4.96	9.97	0.29
	同比增长（%）	−4.02	12.40	21.07	17.42

数据来源：根据海关统计数据在线查询平台数据整理。

（二）主要省市出口商品贸易方式对比

从出口贸易结构分析，广东省在三大核心贸易方式中持续彰显领跑优势。在一般贸易领域，出口贸易总额达38 049.21亿元，占比64.58%，相较于2023年同比增长至12.54%，呈明显的上升趋势；加工贸易出口总额为12 839.49亿元，占比21.79%，与2023相比下降了0.14%；在保税监管场所和海关特殊监管区域贸易中，广东省出口贸易总额达7 348.15亿元，占比12.47%，相较于2023年增长11.56%，广东省其他贸易出口总额达630.57亿元，占比1.07%，与2023年相比下降了19.60%。

出口一般贸易居于第二位的为浙江省，出口贸易总额达30 398.27亿元，占比达77.83%，相较于2023年增长9.09%；然后是江苏省，出口贸易总额为21 533.92亿元。在加工贸易中，出口贸易总额居于第二位的是江苏省，达11 811.87亿元，占比达32.33%，与2023年相比上升了7.39%；然后是上海市，出口贸易总额为4 006.04亿元，与2023年相比上升了2.11%。

在出口保税监管场所和海关特殊监管区域贸易中，出口贸易总额居于第二位的是上海市，达3 787.06亿元，占比20.84%，相较于2023年下降了1.78%；然后是江苏省，出口贸易总额达2 859.07亿元，占比为7.83%，与2023年相比上升了8.22%；居于最末位的是北京市，出口贸易规模为435.69亿元。

出口其他贸易中居于第一位的是浙江省，出口贸易总额达5 355.77亿元，占比达13.71%，与2023年相比增长了13.45%；其次是山东省，出口贸易总额达904.06亿元，占比4.34%，相较于2023年上升了10.89%；其他贸易排名最末的是北京市，出口贸易总额为29.05亿元，与2023年相比上升了11.35%，如表3-23所示。

表3-23　2024年主要省市出口主要贸易方式分析

省市	对比情况	一般贸易	加工贸易（来料加工贸易、进料加工贸易）	保税监管场所和海关特别监管区域贸易	其他贸易
广东省	规模（亿元）	38 049.21	12 839.49	7 348.15	630.57
	占比（%）	64.58	21.79	12.47	1.07
	同比增长（%）	12.54	−0.14	11.56	−19.60
江苏省	规模（亿元）	21 533.92	11 811.87	2 859.07	253.62
	占比（%）	58.95	32.33	7.83	0.69
	同比增长（%）	9.47	7.39	8.22	−23.03
山东省	规模（亿元）	15 053.35	3 767.39	1 009.73	904.06
	占比（%）	72.33	18.10	4.85	4.34
	同比增长（%）	6.95	0.80	36.70	10.89
浙江省	规模（亿元）	30 398.27	2 154.74	1 007.84	5 355.77
	占比（%）	77.83	5.52	2.58	13.71
	同比增长（%）	9.09	3.12	11.28	13.45
上海市	规模（亿元）	10 145.39	4 006.04	3 787.06	126.70
	占比（%）	55.82	22.04	20.84	0.70
	同比增长（%）	7.70	2.11	−1.78	17.73
北京市	规模（亿元）	4 908.59	272.46	435.69	29.05
	占比（%）	80.93	4.49	7.18	0.48
	同比增长（%）	0.46	10.30	11.54	11.35

数据来源：根据海关统计数据在线查询平台数据整理。

二、主要省市对外贸易方式的商品情况对比分析

（一）主要省市进出口贸易方式的商品情况对比分析

1.一般贸易

在粤苏鲁浙沪五省市中，一般贸易居于首位的均为第16类（机电、音像设备及其零件、附件）商品。其中，广东省贸易总额为23 722.45亿元，占比47.78%，与2023年相比上升了14.66%，在六省市中居于第一位；江苏省以贸易总额10 331.96亿元位居次席，占比达35.64%，相较于2023年增长了5.29%。广东省排名第二、第三的主要商品分别为第15类（贱金属及其制品）和第20类（杂项制品），贸易总额分别为4 075.13亿元和3 472.61亿元。总体来看，广东省排名前十的主要商品相较于2023年大多数呈现不同程度的上升趋势，排名第三的第20类（杂项制品）和排名第七的第5类（矿产品）商品分别呈现2.30%与5.08%的降幅，如表3-24所示。

江苏省出口结构呈现"一主两翼"特征，第6类（化学工业及其相关工业的产品）和第11类（纺织原料及纺织制品）分别以3 039.91亿元和2 902.30亿元形成重要支撑，其中第11类商品（纺织原料及纺织制品）11.41%的增幅尤为亮眼。

山东省则呈现资源型特征，该省出口一般贸易排名第二、第三的主要商品分别为第5类和第6类，即矿产品和化学工业及其相关工业的产品，两者的贸易规模分别为3 474.65亿元和1 534.32亿元，其次，两种主要商品相较于2023年呈现不同的变动趋势，其中，第5类（矿产品）呈现下降趋势，降幅为7.64%，然而第6类（化学工业及其相关工业的产品）则呈现一定的上升趋势，增幅达7.92%。

浙江省排名第二、第三的主要商品为第11类、第15类，分别为纺织原料及纺织制品和贱金属及其制品，从贸易总额上看，浙江省这两种主要商品明显高于江苏与山东两省，贸易规模分别为4 863.54亿元和4 305.43亿元。

上海市在出口一般贸易中居于第二位、第三位的主要商品与山东省相同，

分别为第5类和第6类，这两类主要商品的贸易总额分别为2 598.08亿元和2 398.96亿元，占比分别为11.39%和10.52%，与2023年相比，第5类（矿产品）出现了1.33%的增长，第6类（化学工业及其相关工业的产品）则呈现下降趋势，降幅为4.79%。

北京市排名第一的主要商品与前几个省市有所不同，为第5类（矿产品），贸易总额达14 953.40亿元，占比达52.22%，相较于2023年同比下降了11.97%。第二和第三的分别是第16类（机电、音像设备及其零件、附件）和第17类（车辆、航空器、船舶及运输设备），其中，前者的贸易总额为4 027.73亿元，占比为14.06%，与2023年相比上涨了10.33%，后者的贸易总额为2 040.05亿元，占比为7.12%，相较于2023年下降了3.91%。

表3-24　2024年主要省市进出口一般贸易对应主要商品分析

省市	对比情况	第16类	第15类	第20类	第22类	第7类	第17类	第5类	第11类	第18类	第6类
广东省	规模（亿元）	23 722.45	4 075.13	3 472.61	2 804.55	2 101.68	1 755.59	1 740.89	1 662.5	1 418.17	1 400.85
	占比（%）	47.78	8.21	6.99	5.65	4.23	3.54	3.51	3.35	2.86	2.82
	同比增长（%）	14.66	21.94	−2.30	27.07	6.97	28.18	−5.08	2.28	9.08	2.87
	排名	1	2	3	4	5	6	7	8	9	10
江苏省	规模（亿元）	10 331.96	2 884.93	993.69	145.85	1 700.63	1 486.53	2 222.27	2 902.30	990.16	3 039.91
	占比（%）	35.64	9.95	3.43	0.50	5.87	5.13	7.67	10.01	3.42	10.49
	同比增长（%）	5.29	4.24	−6.99	42.33	6.39	28.24	6.86	11.41	9.32	0.61
	排名	1	4	8	10	6	7	5	3	9	2
山东省	规模（亿元）	3 789.03	1 366.84	1 058.24	292.83	1 380.16	1 094.09	3 474.65	1 347.30	206.86	1 534.32
	占比（%）	20.27	7.31	5.66	1.57	7.38	5.85	18.59	7.21	1.11	8.21
	同比增长（%）	0.91	5.64	−7.48	18.83	7.25	5.14	−7.64	0.70	−19.99	7.92
	排名	1	5	8	9	4	7	2	6	10	3

续 表

省市	对比情况	第16类	第15类	第20类	第22类	第7类	第17类	第5类	第11类	第18类	第6类
浙江省	规模（亿元）	9 694.26	4 305.43	2 872.20	948.82	2 424.11	1 873.42	4 295.35	4 863.54	707.44	2 325.30
	占比（%）	26.09	11.59	7.73	2.55	6.53	5.04	11.56	13.09	1.90	6.26
	同比增长（%）	4.20	−1.57	6.97	71.69	8.24	27.31	−2.71	6.53	0.03	2.04
	排名	1	3	5	9	6	8	4	2	10	7
上海市	规模（亿元）	6 535.79	1 591.25	377.7	89.84	1 488.38	1 773.9	2 598.08	1 277.04	1 311.77	2 398.96
	占比（%）	28.65	6.97	1.66	0.39	6.52	7.78	11.39	5.60	5.75	10.52
	同比增长（%）	7.04	5.43	0.23	−64.85	9.18	−11.24	1.33	7.55	0.25	−4.79
	排名	1	5	9	10	6	4	2	8	7	3
北京市	规模（亿元）	4 027.73	675.46	33.28	4.09	86.82	2 040.05	14 953.40	169.22	689.45	738.70
	占比（%）	14.06	2.36	0.12	0.01	0.30	7.12	52.22	0.59	2.41	2.58
	同比增长（%）	10.33	10.48	58.78	4.60	−1.73	−3.91	−11.97	60.84	−3.27	−6.19
	排名	2	6	9	10	8	3	1	7	5	4

数据来源：根据海关统计数据在线查询平台数据整理。

2.加工贸易

从加工贸易方面来看，六省市中居于首位的均为第16类（机电、音像设备及其零件、附件）商品，其中，江苏省排名第一，贸易规模达13 568.97亿元，占比达79.44%，相较于2023年上升了8.13%，其次是广东省，贸易规模为13 277.32亿元，占比达73.39%，与2023年相比下降了0.16%，上海市、山东省、浙江省、北京市依次排名，贸易规模由高到低分别为4 195.06亿元、1 447.07亿元、1 003.23亿元和81.10亿元，与2023年相比，上海市和北京市进出口加工贸易规模都呈现不同程度的下降趋势，如表3-25所示。

表3-25　2024年主要省市进出口加工贸易对应主要商品分析

省市	对比情况	第16类	第14类	第18类	第7类	第20类	第15类	第17类	第11类	第6类	第10类
广东省	规模（亿元）	13 277.32	1 808.23	550.36	535.79	509.35	396.31	360.44	182.60	128.71	82.35
	占比（%）	73.39	10.00	3.04	2.96	2.82	2.19	1.99	1.01	0.71	0.46
	同比增长（%）	−0.16	−2.99	−0.86	−2.27	−7.09	5.10	6.59	3.96	−2.60	6.57
	排名	1	2	3	4	5	6	7	8	9	10
江苏省	规模（亿元）	13 568.97	7.46	423.64	411.07	135.30	225.51	1 647.53	72.68	369.54	128.73
	占比（%）	79.44	0.04	2.48	2.41	0.79	1.32	9.65	0.43	2.16	0.75
	同比增长（%）	8.13	26.44	−2.24	3.80	−52.24	2.90	51.67	11.23	−14.88	34.19
	排名	1	10	3	4	7	6	2	9	5	8
山东省	规模（亿元）	1 447.07	251.24	13.91	802.30	513.29	174.14	506.69	41.60	63.90	53.39
	占比（%）	33.85	5.88	0.33	18.77	12.01	4.07	11.85	0.97	1.49	1.25
	同比增长（%）	0.99	19.97	−43.22	9.29	−36.65	11.73	46.28	−31.19	0.79	−1.95
	排名	1	5	10	2	3	6	4	9	7	8
浙江省	规模（亿元）	1 003.23	17.46	33.60	214.01	79.64	330.81	450.89	85.43	89.89	48.12
	占比（%）	38.72	0.67	1.30	8.26	3.07	12.77	17.40	3.30	3.47	1.86
	同比增长（%）	12.88	23.83	−20.40	1.09	14.85	26.32	8.21	10.86	−23.56	12.88
	排名	1	10	9	4	7	3	2	6	5	8
上海市	规模（亿元）	4 195.06	8.94	116.12	80.12	19.68	62.01	788.26	5.11	90.49	8.70
	占比（%）	78.11	0.17	2.16	1.49	0.37	1.15	14.68	0.10	1.68	0.16
	同比增长（%）	−2.43	26.09	−15.19	2.94	−12.06	13.24	28.52	−17.05	−17.29	−8.55
	排名	1	8	3	5	7	6	2	10	4	9

省市	对比情况	第16类	第14类	第18类	第7类	第20类	第15类	第17类	第11类	第6类	第10类
北京市	规模 （亿元）	81.10	1.17	58.55	0.68	0.06	2.98	56.88	0.60	36.34	4.73
	占比（%）	4.90	0.07	3.54	0.04	0.00	0.18	3.44	0.04	2.20	0.29
	同比增长 （%）	−6.63	−42.08	5.04	−33.33	50.00	−42.69	23.63	−41.75	23.12	44.16
	排名	1	7	2	8	10	6	3	9	4	5

数据来源：根据海关统计数据在线查询平台数据整理。

3.保税监管场所和海关特殊监管区域贸易

从保税监管场所和海关特殊监管区域贸易方面来看，广东省、江苏省和上海市的主要贸易商品居于首位的均为第16类（机电、音像设备及其零件、附件）商品，广东省贸易总额在三省市中居于首位，贸易规模达13 093.54亿元，占比为80.22%，其次是上海市，贸易规模达4 741.31亿元，占比为46.45%，江苏省的该类贸易规模为4 324.33亿元，占比为82.85%。除浙江省外，其余省市在第16类商品的贸易规模都呈现明显的上升趋势，增幅最大的是广东省，达25.54%。另外，北京市处于第一位的主要贸易商品类别为第6类（化学工业及其相关工业的产品），贸易规模为1 085.36亿元；山东省和浙江省处于第一位的主要贸易商品类别为第5类（矿产品），贸易规模分为达3 674.63亿元和1 001.95亿元，占比分别为70.13%和44.65%，如表3−26所示。

表3−26　2024年主要省市进出口保税和海关监管贸易对应主要商品对分析

省市	对比情况	第16类	第5类	第14类	第6类	第18类	第7类	第20类	第17类	第13类	第4类
广东省	规模 （亿元）	13 093.54	899.14	692.97	266.36	260.24	211.45	187.61	135.61	126.73	106.25
	占比（%）	80.22	5.51	4.25	1.63	1.59	1.30	1.15	0.83	0.78	0.65
	同比增长 （%）	25.54	−8.16	291.01	−6.01	6.35	8.10	−0.72	−0.63	11.75	−9.40
	排名	1	2	3	4	5	6	7	8	9	10

续　表

省市	对比情况	第16类	第5类	第14类	第6类	第18类	第7类	第20类	第17类	第13类	第4类
江苏省	规模（亿元）	4 324.33	258.89	0.80	176.51	58.32	22.36	16.43	28.46	0.66	15.30
	占比（%）	82.85	4.96	0.02	3.38	1.12	0.43	0.31	0.55	0.01	0.29
	同比增长（%）	7.14	38.09	−80.48	−26.39	16.85	−11.20	36.01	47.16	−69.44	−2.36
	排名	1	2	9	3	4	6	7	5	10	8
山东省	规模（亿元）	1 087.98	3 674.63	2.02	48.81	18.08	115.31	3.30	60.01	5.49	9.420
	占比（%）	20.76	70.13	0.04	0.93	0.35	2.20	0.06	1.15	0.10	0.18
	同比增长（%）	24.20	7.64	−44.27	−20.88	−18.03	−28.89	−94.12	−10.50	53.47	−34.31
	排名	2	1	10	5	6	3	9	4	8	7
浙江省	规模（亿元）	346.42	1 001.95	2.17	98.62	18.84	21.16	6.07	3.78	23.03	27.66
	占比（%）	15.44	44.65	0.10	4.39	0.84	0.94	0.27	0.17	1.03	1.23
	同比增长（%）	−11.58	14.56	24.49	−5.41	40.07	5.59	−16.04	−19.51	15.69	55.39
	排名	2	1	10	3	7	6	8	9	5	4
上海市	规模（亿元）	4 741.31	227.82	1 216.01	1 388.26	852.47	232.67	41.48	724.98	3.39	121.94
	占比（%）	46.45	2.23	11.91	13.60	8.35	2.28	0.41	7.10	0.03	1.19
	同比增长（%）	2.80	51.68	8.55	1.67	−2.79	18.73	26.70	−21.65	−17.92	−28.70
	排名	1	7	3	2	4	6	9	5	10	8
北京市	规模（亿元）	304.79	981.08	694.89	1 085.36	176.27	6.39	2.60	9.07	2.65	9.55
	占比（%）	9.31	29.95	21.22	33.14	5.38	0.20	0.08	0.28	0.08	0.29
	同比增长（%）	4.61	24.11	43.96	1.15	0.70	35.10	53.85	17.49	−25.19	27.84
	排名	4	2	3	1	5	8	10	7	9	6

数据来源：根据海关统计数据在线查询平台数据整理。

（二）主要省市出口贸易方式的商品情况对比分析

1. 一般贸易

在粤苏鲁浙沪京六省市当中，一般贸易中居于首位的均为第16类（机电、音像设备及其零件、附件）商品，如表3-27所示。其中，广东省出口贸易总额为16 126.62亿元，占比为45.00%，与2023年相比上升了12.97%，在六省市中居于第一位；其次为浙江省，出口贸易总额达8 856.07亿元，占比达31.52%，相较于2023年增长了6.68%。广东省排名第二、第三的主要商品分别为第20类（杂项制品）和第15类（贱金属及其制品），出口贸易总额分别为3 470.70亿元和3 241.62亿元。在广东省排名前十的主要商品中，第22类（特殊交易品及未分类商品）的上升幅度最大，升幅为24.38%。

相较于广东省，江苏省排名第二、第三的主要商品分别为第11类（纺织原料及纺织制品）和第15类（贱金属及其制品），两者的出口贸易总额分别为2 859.68亿元和2 272.12亿元，并且这两类主要商品相较于2023年呈现不同程度的下降，降幅分别为2.62%和5.48%。

山东省出口一般贸易中排名第二的主要商品类别与江苏省相同，即第11类（纺织原料及纺织制品），排名第三的主要商品为第6类（化学工业及其相关工业的商品），出口贸易规模分别为1 395.08亿元和1 328.71亿元，这两类主要商品相较于2023年均呈现较大的降幅，分别为18.01%和15.26%；另外，浙江省排名第二、第三的主要商品仍为第11类、第20类商品，从出口贸易总额上看，浙江省这两类主要商品明显高于江苏与山东两省，出口贸易规模分别为4 976.00亿元和2 925.29亿元，这两类主要商品中，前者较2023年呈现小幅的下降，降幅为3.39%，后者呈现小幅的上升，升幅为8.95%。

上海市在出口一般贸易中居于第二位、第三位的分别为第17类（车辆、航空器、船舶及运输设备）和第6类（化学工业及其相关工业的产品），两者的出口贸易总额分别为1 100.72亿元和890.33亿元，占比分别为12.64%和10.23%，与2023年相比，第17类商品下降8.99%，第6类商品也呈现下降趋势，降幅为15.98%。

北京市排名第二和第三的分别是第17类（车辆、航空器、船舶及运输设备）和第15类（贱金属及其制品），其中，前者的出口贸易总额为338.45亿元，占比为8.29%，与2023年相比上涨了11.54%，后者的出口贸易总额为218.35亿元，占比为5.35%，相较于2023年下降了20.88%。

表3-27　2024年主要省市出口一般贸易对应主要商品分析

省市	对比情况	第16类	第20类	第15类	第22类	第11类	第17类	第7类	第18类	第6类	第4类
广东省	规模（亿元）	16 126.62	3 470.70	3 241.62	2 824.82	1 679.42	1 657.12	1 523.86	930.21	810.39	745.84
	占比（%）	45.00	9.68	9.05	7.88	4.69	4.62	4.25	2.60	2.26	2.08
	同比增长（%）	12.97	-2.35	11.68	24.38	-26.05	24.20	-22.44	2.04	-14.11	-11.37
	排名	1	2	3	4	5	6	7	8	9	10
江苏省	规模（亿元）	7 626.86	1 041.49	2 272.12	147.80	2 859.68	1 403.97	1 158.91	540.67	1 759.38	31.18
	占比（%）	38.79	5.30	11.56	0.75	14.55	7.14	5.89	2.75	8.95	0.16
	同比增长（%）	6.95	-2.52	-5.48	44.24	-2.62	21.29	2.10	1.15	-9.58	-70.89
	排名	1	7	3	9	2	5	6	8	4	10
山东省	规模（亿元）	3 010.22	1 100.46	1 324.45	297.58	1 395.08	1 110.43	1 126.33	131.01	1 328.71	455.77
	占比（%）	23.33	8.53	10.26	2.31	10.81	8.61	8.73	1.02	10.30	3.53
	同比增长（%）	6.55	-3.79	-11.00	20.76	-18.01	6.71	-6.57	-23.42	-15.26	-16.61
	排名	1	7	4	9	2	6	5	10	3	8
浙江省	规模（亿元）	8 856.07	2 925.29	2 568.04	953.09	4 976.00	1 823.46	1 849.17	624.66	1 377.95	81.12
	占比（%）	31.52	10.41	9.14	3.39	17.71	6.49	6.58	2.22	4.90	0.29
	同比增长（%）	6.68	8.95	-12.61	72.46	-3.39	23.45	7.18	-3.63	-17.55	-46.64
	排名	1	3	4	8	2	6	5	9	7	10

续　表

省市	对比情况	第16类	第20类	第15类	第22类	第11类	第17类	第7类	第18类	第6类	第4类
上海市	规模（亿元）	3 419.33	336.33	847.62	99.92	816.88	1 100.72	550.05	305.82	890.33	29.75
	占比（%）	39.28	3.86	9.74	1.15	9.38	12.64	6.32	3.51	10.23	0.34
	同比增长（%）	8.89	−10.75	−12.07	−63.71	−18.01	−8.99	9.11	−3.10	−15.98	−63.67
	排名	1	7	4	9	5	2	6	8	3	10
北京市	规模（亿元）	1 794.11	28.82	218.35	6.33	24.36	338.45	22.75	117.42	86.15	8.21
	占比（%）	43.93	0.71	5.35	0.15	0.60	8.29	0.56	2.88	2.11	0.20
	同比增长（%）	14.64	−35.73	−20.88	61.77	−73.80	11.54	−66.02	−22.11	−65.94	−70.63
	排名	1	6	3	10	7	2	8	4	5	9

数据来源：根据海关统计数据在线查询平台数据整理。

2.加工贸易

从加工贸易方面来看，六省市中居于首位的均为第16类（机电、音像设备及其零件、附件）商品，其中，广东省排名第一，出口贸易规模达9 052.65亿元，占比达74.67%，相较于2023年下降了0.74%，其次是江苏省，出口贸易规模为8 475.38亿元，占比达75.42%，与2023年相比上升了3.34%，上海市、山东省、浙江省、北京市依次排名，出口贸易规模由高到低分别为2 623.78亿元、937.49亿元、676.98和42.01亿元，与2023年相比，该四省市出口加工贸易规模都呈现不同程度的下降趋势，如表3-28所示。

表3-28　2024年主要省市出口加工贸易对应主要商品分析

省市	对比情况	第16类	第14类	第20类	第17类	第18类	第7类	第11类	第15类	第12类	第6类
广东省	规模（亿元）	9 052.65	913.45	519.10	377.78	354.46	245.29	171.34	162.34	83.00	82.22
	占比（%）	74.67	7.53	4.28	3.12	2.92	2.02	1.41	1.34	0.68	0.68
	同比增长（%）	−0.74	−4.49	−14.62	−2.44	−11.26	−25.47	−27.56	−37.15	−33.21	−41.71

续　表

省市	对比情况	第16类	第14类	第20类	第17类	第18类	第7类	第11类	第15类	第12类	第6类
广东省	排名	1	2	3	4	5	6	7	8	9	10
江苏省	规模（亿元）	8 475.38	0.30	142.83	1 657.61	228.35	277.69	71.55	99.10	16.54	134.92
	占比（%）	75.42	0.00	1.27	14.75	2.03	2.47	0.64	0.88	0.15	1.20
	同比增长（%）	3.34	−98.24	−55.92	52.60	−17.30	−18.42	−51.97	−40.02	−12.26	−41.03
	排名	1	10	5	2	4	3	8	7	9	6
山东省	规模（亿元）	937.49	148.12	526.69	505.09	12.61	700.55	50.30	88.45	19.79	23.27
	占比（%）	28.87	4.56	16.22	15.55	0.39	21.57	1.55	2.72	0.61	0.72
	同比增长（%）	−1.12	17.01	−37.07	45.82	−60.43	−8.71	−56.06	−2.46	−52.35	−58.74
	排名	1	5	3	4	10	2	7	6	9	8
浙江省	规模（亿元）	676.98	13.99	88.94	349.23	22.37	180.33	88.54	143.16	9.19	42.54
	占比（%）	40.36	0.83	5.30	20.82	1.33	10.75	5.28	8.54	0.55	2.54
	同比增长（%）	−3.59	7.43	−13.81	−16.19	−50.61	−27.76	−39.57	13.81	−57.84	−65.83
	排名	1	9	5	2	8	3	6	4	10	7
上海市	规模（亿元）	2 623.78	2.63	24.58	797.24	89.56	52.72	8.12	28.58	1.18	61.09
	占比（%）	71.01	0.07	0.67	21.58	2.42	1.43	0.22	0.77	0.03	1.65
	同比增长（%）	−5.85	−48.35	−47.69	29.99	−32.53	−40.10	−68.01	−57.33	−30.08	−49.36
	排名	1	9	7	2	3	5	8	6	10	4
北京市	规模（亿元）	42.01	0.59	0.15	50.10	37.82	1.14	5.18	2.39	0.11	38.74
	占比（%）	15.68	0.22	0.06	18.70	14.12	0.43	1.93	0.89	0.04	14.46
	同比增长（%）	−36.27	−70.86	651.48	74.64	−32.14	−23.41	70.84	−76.60	2.08	52.29
	排名	1	8	9	2	5	3	6	7	10	4

数据来源：根据海关统计数据在线查询平台数据整理。

3.保税监管场所和海关特殊监管区域贸易

从保税监管场所和海关特殊监管区域贸易方面来看，广东省、江苏省、山东省和上海市的主要贸易商品中居于首位的均为第16类（机电、音像设备及其零件、附件）商品，广东省出口贸易总额在四省市中居于首位，贸易规模达5 001.11亿元，占比为78.56%，其次是江苏省，出口贸易规模达2 528.62亿元，占比为95.69%，而山东省和上海市的该类出口贸易规模为498.16亿元和2 148.50亿元，占比分别为60.50%与63.04%，就第16类商品的出口贸易规模来看，相较于2023年，山东省呈现大幅增长，增幅达83.43%。另外，浙江省与北京市处于第一位的主要贸易商品类型为第5类（矿产品），出口贸易规模分别达475.11亿元和211.05亿元，占比分别为71.62%和59.70%，相较于2023年而言，两省市的贸易规模呈现不同的升降趋势，北京市呈现37.41%的升幅，浙江省呈现8.32%的降幅，如表3-29所示。

表3-29　2024年主要省市出口保税和海关监管贸易对应主要商品分析

省市	对比情况	第16类	第20类	第18类	第5类	第14类	第7类	第11类	第15类	第12类	第13类
广东省	规模（亿元）	5 001.11	216.00	199.99	187.41	131.16	130.13	125.80	85.34	81.57	55.05
	占比（%）	78.56	3.39	3.14	2.94	2.06	2.04	1.98	1.34	1.28	0.86
	同比增长（%）	9.31	−32.56	−20.62	−18.47	419.88	−24.19	−46.74	−53.87	−41.80	−29.95
	排名	1	2	3	4	5	6	7	8	9	10
江苏省	规模（亿元）	2 528.62	2.63	8.59	14.48	0.23	14.10	6.73	18.38	0.69	4.02
	占比（%）	95.69	0.10	0.33	0.55	0.01	0.53	0.25	0.70	0.03	0.15
	同比增长（%）	4.24	−78.26	−65.64	23.23	−70.46	39.92	−53.51	−29.70	55.93	22.51
	排名	1	8	5	3	10	4	6	2	9	7
山东省	规模（亿元）	498.16	10.15	4.06	189.46	1.64	18.81	2.57	33.33	3.95	3.50
	占比（%）	60.50	1.23	0.49	23.01	0.20	2.28	0.31	4.05	0.48	0.43
	同比增长（%）	83.43	−86.10	125.39	26.25	−48.15	−67.89	−89.75	48.02	12.01	82.36
	排名	1	5	6	2	10	4	9	3	7	8

省市	对比情况	第16类	第20类	第18类	第5类	第14类	第7类	第11类	第15类	第12类	第13类
浙江省	规模（亿元）	114.40	19.35	2.47	475.11	0.92	24.56	23.46	25.58	10.53	2.93
	占比（%）	17.24	2.92	0.37	71.62	0.14	3.70	3.54	3.86	1.59	0.44
	同比增长（%）	−35.40	12.33	−69.59	−8.32	32.32	22.57	−64.28	−24.28	−1.10	72.94
	排名	2	6	9	1	10	4	5	3	7	8
上海市	规模（亿元）	2 148.50	46.35	45.92	132.85	275.73	32.27	22.14	138.21	2.33	1.99
	占比（%）	63.04	1.36	1.35	3.90	8.09	0.95	0.65	4.06	0.07	0.06
	同比增长（%）	−5.69	−30.92	−42.84	19.43	29.99	−34.54	−63.11	21.36	−82.82	−49.20
	排名	1	5	6	4	2	7	8	3	9	10
北京市	规模（亿元）	58.29	0.69	9.95	211.05	81.32	3.10	0.75	5.09	0.10	0.29
	占比（%）	16.49	0.20	2.81	59.70	23.00	0.88	0.21	1.44	0.03	0.08
	同比增长（%）	−33.85	0.55	−13.04	37.41	13.92	13.67	9.62	20.58	217.11	8.56
	排名	3	8	4	1	2	6	7	5	10	9

数据来源：根据海关统计数据在线查询平台数据整理。

三、主要省市对外贸易方式的贸易伙伴情况对比分析

（一）主要省市进出口贸易方式的贸易伙伴情况对比分析

1.按国家（地区）比较

（1）一般贸易

从进出口来看，广东省一般贸易排名前十的国家或地区贸易规模由高到低依次为美国、中国香港、中国台湾、日本、马来西亚、越南、韩国、泰国、印度和德国。其中，居于首位的是美国，贸易总额为7 307.48亿元，与2023年相比提升了11.79%，其次是中国香港和中国台湾，贸易总额分别为

3 152.22亿元和2 882.01亿元。从整体上看，广东省进出口一般贸易在排名前十的国家或地区均呈上升趋势，增幅最大的国家是越南，增幅达31.58%。除广东省之外的其余五省市居于首位的贸易伙伴仍为美国，江苏省排名第二、第三的贸易伙伴是日本和韩国，山东省处于第二、第三位的贸易伙伴是韩国和马来西亚，浙江省排名第二、第三的贸易伙伴是印度和德国，上海市和北京市的第二、第三的贸易伙伴均为日本和德国，如表3-30所示。

表3-30　2024年主要省市进出口一般贸易对应主要贸易伙伴分析

省市	对比情况	美国	中国香港	中国台湾	日本	马来西亚	越南	韩国	泰国	印度	德国
广东省	规模（亿元）	7 307.48	3 152.22	2 882.01	2 389.55	2 106.61	2 071.16	1 866.61	1 634.50	1 533.68	1 493.37
	同比增长（%）	11.79	17.27	16.56	4.53	5.58	31.58	13.06	6.88	4.76	15.17
	排名	1	2	3	4	5	6	7	8	9	10
江苏省	规模（亿元）	4 136.02	457.55	1 220.28	2 147.97	795.24	1 291.33	1 728.06	854.33	1 084.23	1 575.65
	同比增长（%）	7.32	22.39	14.26	-4.27	14.21	9.39	-4.72	5.75	2.40	3.74
	排名	1	10	6	2	9	5	3	8	7	4
山东省	规模（亿元）	2 418.67	191.71	289.51	1 079.77	1 134.95	655.31	1 542.35	591.91	536.34	465.88
	同比增长（%）	5.02	7.85	-1.86	-4.04	-2.38	12.13	0.05	16.43	-5.85	-1.07
	排名	1	10	9	4	3	5	2	6	7	8
浙江省	规模（亿元）	6 043.14	377.72	627.18	1 297.38	878.36	1 164.89	1 228.18	943.22	1 320.93	1 306.30
	同比增长（%）	9.97	16.19	-13.48	-3.49	17.33	9.67	6.57	11.04	2.36	10.91
	排名	1	10	9	4	8	6	5	7	2	3
上海市	规模（亿元）	2 584.27	536.80	907.75	2 160.48	637.29	656.56	973.92	586.38	513.42	1 523.10
	同比增长（%）	0.42	13.37	18.85	-0.25	4.69	23.00	5.84	0.70	19.31	-10.64
	排名	1	9	5	2	7	6	4	8	10	3

续　表

省市	对比情况	美国	中国香港	中国台湾	日本	马来西亚	越南	韩国	泰国	印度	德国
北京市	规模（亿元）	2 089.71	956.74	372.86	1 297.61	236.38	341.91	483.46	180.89	141.64	1 146.18
	同比增长（%）	−1.01	8.48	−4.25	5.95	−11.78	11.39	17.01	−2.20	−29.57	−18.65
	排名	1	4	6	2	8	7	5	9	10	3

数据来源：根据海关统计数据在线查询平台数据整理。

（2）加工贸易

从进出口来看，广东省加工贸易排名前十的国家或地区贸易规模由高到低依次为中国香港、美国、中国台湾、日本、越南、韩国、德国、墨西哥、荷兰和马来西亚。其中，居于首位的是中国香港，贸易总额达4 967.26亿元，与2023年相比上升了2.99%，其次是美国和中国台湾，贸易总额分别为2 222.95亿元和1 589.55亿元，如表3-31所示。从整体上看，广东省进出口加工贸易规模呈现下降趋势，下降幅度最大的是荷兰，降幅为9.75%。另外，江苏省进出口加工贸易排名前三的国家或地区依次为韩国、美国和中国台湾，山东省排名前三的国家是美国、韩国和日本，浙江省排名前三的国家是美国、日本和越南，上海市排名前三的国家或地区依次为美国、日本和中国台湾，而北京市处于前三的国家依次为美国、韩国和日本。

表3-31　2024年主要省市进出口加工贸易对应主要贸易伙伴分析

省市	对比情况	中国香港	美国	中国台湾	日本	越南	韩国	德国	墨西哥	荷兰	马来西亚
广东省	规模（亿元）	4 967.26	2 222.95	1 589.55	1 406.19	1 066.03	895.74	547.30	436.97	380.74	345.37
	同比增长（%）	2.99	−3.90	4.74	3.24	−6.77	−2.22	−5.00	8.50	−9.75	−2.52
	排名	1	2	3	4	5	6	7	8	9	10

161

续　表

省市	对比情况	中国香港	美国	中国台湾	日本	越南	韩国	德国	墨西哥	荷兰	马来西亚
江苏省	规模（亿元）	811.97	2 460.52	2 199.28	1 372.35	770.25	3 079.02	467.73	245.39	489.26	530.58
	同比增长（%）	23.55	1.16	15.17	2.25	8.50	19.33	−0.49	13.86	−20.51	15.07
	排名	5	2	3	4	6	1	9	10	8	7
山东省	规模（亿元）	196.44	666.55	103.35	378.41	45.83	482.78	51.67	111.27	128.95	74.10
	同比增长（%）	−34.85	−8.14	−34.69	−14.07	−54.04	−15.73	−49.89	−31.64	−42.93	−35.97
	排名	4	1	7	3	10	2	9	6	5	8
浙江省	规模（亿元）	97.41	526.59	173.70	352.34	249.16	181.79	69.17	81.58	62.82	33.35
	同比增长（%）	40.44	27.62	42.63	14.54	29.04	42.22	−11.83	13.47	−14.18	−1.09
	排名	6	1	5	2	3	4	8	7	9	10
上海市	规模（亿元）	365.54	886.65	569.05	696.36	169.13	376.42	194.07	122.80	162.82	206.06
	同比增长（%）	25.50	−11.83	−3.99	−17.83	41.73	−10.45	−2.56	43.56	−17.75	1.70
	排名	5	1	3	2	8	4	7	10	9	6
北京市	规模（亿元）	24.18	138.81	4.01	35.90	9.06	48.05	22.45	2.09	13.10	8.30
	同比增长（%）	39.21	−0.40	−69.56	−19.80	−43.60	53.17	67.39	−76.46	7.33	−9.71
	排名	4	1	9	3	7	2	5	10	6	8

数据来源：根据海关统计数据在线查询平台数据整理。

（3）保税监管场所和海关特殊监管区域贸易

从保税监管场所和海关特殊监管区域贸易方面来看，广东省贸易总额排名前十的国家或地区贸易规模由高到低依次为中国香港、中国台湾、韩国、美国、越南、马来西亚、日本、印度、澳大利亚和泰国。其中，居于首位的是中国香港，贸易规模达3 231.56亿元，与2023年相比上升了14.99%，其次是中国台湾和韩国，贸易规模分别为3 058.70亿元和1 317.77亿元，从整体上看，广东省在该贸易方式下涨幅最大的国家为澳大利亚，增幅达43.89%，如表3-32所示。另外，江苏省贸易规模排名前三的国家或地区依次为韩国、越南和中国香港，山东省排名前三的国家或地区分别为马来西亚、韩国和中国香港，浙江省排名前三的国家依次为美国、日本和马来西亚，上海市排名前三的国家或地区依次为美国、中国台湾和中国香港，而北京市排名前三的国家或地区则为美国、澳大利亚和中国香港。

表3-32 2024年主要省市进出口保税和海关监管贸易对应主要贸易伙伴分析

省市	对比情况	中国香港	中国台湾	韩国	美国	越南	马来西亚	日本	印度	澳大利亚	泰国
广东省	规模（亿元）	3 231.56	3 058.70	1 317.77	1 024.89	845.03	626.18	554.68	347.89	339.42	335.14
	同比增长（%）	14.99	28.27	38.43	14.94	30.60	18.71	7.07	36.47	43.89	7.85
	排名	1	2	3	4	5	6	7	8	9	10
江苏省	规模（亿元）	548.42	418.45	889.56	410.03	645.33	190.50	303.05	196.81	103.30	87.55
	同比增长（%）	0.55	5.26	35.92	-20.78	24.12	68.51	-2.58	2.70	28.80	-10.38
	排名	3	4	1	5	2	8	6	7	9	10
山东省	规模（亿元）	345.15	99.59	501.79	136.09	41.57	1 915.13	186.52	27.00	129.87	46.81
	同比增长（%）	97.16	-29.70	119.77	-24.05	-23.08	-0.49	-34.28	5.21	6.57	-22.56
	排名	3	7	2	5	9	1	4	10	6	8
浙江省	规模（亿元）	138.63	66.16	131.69	156.82	112.56	142.92	145.41	31.06	73.58	56.22
	同比增长（%）	-12.57	8.96	-16.03	11.92	33.80	21.33	22.99	-17.13	2.69	4.92
	排名	4	8	5	1	6	3	2	10	7	9

省市	对比情况	中国香港	中国台湾	韩国	美国	越南	马来西亚	日本	印度	澳大利亚	泰国
上海市	规模（亿元）	981.61	1 083.50	791.81	1 238.06	497.31	271.94	835.16	125.27	229.14	153.53
	同比增长（%）	12.38	7.83	18.00	7.76	5.61	6.82	−3.87	−8.34	−7.47	−3.01
	排名	3	2	5	1	6	7	4	10	8	9
北京市	规模（亿元）	128.76	18.05	38.44	345.56	12.68	38.39	63.82	2.59	139.63	40.94
	同比增长（%）	6.22	−6.37	−6.41	15.48	20.90	91.59	−11.93	16.61	12.09	34.44
	排名	3	8	6	1	9	7	4	10	2	5

数据来源：根据海关统计数据在线查询平台数据整理。

2.按主要经济体比较

（1）一般贸易

从进出口来看，广东省一般贸易的主要经济体贸易规模由高到低依次为"一带一路"共建国家、RCEP、东盟、欧盟、拉丁美洲国家和非洲国家，如表3-33所示。其中，居于首位的是"一带一路"共建国家，贸易总额为21 962.63亿元，占比为33.85%，与2023年相比上升了13.22%；居于第二位的是RCEP，贸易总额为15 461.69亿元，与2023年相比上升了7.41%；随后为东盟和欧盟，贸易总额分别为9 615.68亿元和6 896.65亿元。从整体上看，广东省一般贸易进出口规模呈不同程度的升降趋势，上涨幅度最大的是拉丁美洲国家，增幅达19.62%，降幅最大的主要经济体是欧盟，降幅达5.56%。另外，江苏、山东、浙江和北京四省市居于首位的主要经济体均为"一带一路"共建国家，贸易规模分别为11 865.16亿元、9 032.12亿元、16 493.87亿元和14 747.24亿元，上海市排名第一的主要经济体是RCEP，贸易总额是8 414.73亿元，占比为60.59%，与2023年相比下降了0.34%。

表3-33　2024年主要省市进出口一般贸易对应主要经济体分析

省市	对比情况	"一带一路"共建国家	RCEP	东盟	欧盟	拉丁美洲国家	非洲国家
广东省	规模（亿元）	21 962.63	15 461.69	9 615.68	6 896.65	4 026.79	2 177.90
	占比（%）	33.85	61.35	66.30	66.49	74.71	78.59
	同比增长（%）	13.22	7.41	10.19	-5.56	19.62	2.80
	排名	1	2	3	4	5	6
江苏省	规模（亿元）	11 865.16	10 387.76	5 215.14	5 078.44	2 712.81	1 332.86
	占比（%）	56.70	51.23	57.60	64.98	70.41	68.17
	同比增长（%）	11.89	2.80	10.34	-6.76	0.76	8.84
	排名	1	2	3	4	5	6
山东省	规模（亿元）	9 032.12	7 764.19	3 968.46	2 187.72	2 374.55	1 693.52
	占比（%）	60.46	59.67	57.59	71.02	68.14	78.46
	同比增长（%）	2.20	3.59	8.93	-8.11	1.64	-2.96
	排名	1	2	3	5	4	6
浙江省	规模（亿元）	16 493.87	9 914.85	5 691.13	6 639.46	3 986.82	2 517.80
	占比（%）	74.77	77.48	76.30	85.36	70.67	60.02
	同比增长（%）	3.67	4.10	6.39	-4.69	9.20	-0.17
	排名	1	2	4	3	5	6
上海市	规模（亿元）	7 750.06	8 414.73	3 471.73	4 978.70	2 000.21	871.12
	占比（%）	56.03	60.59	59.57	61.92	72.80	72.92
	同比增长（%）	9.79	-0.34	5.17	-15.86	-9.56	2.22
	排名	2	1	4	3	5	6
北京市	规模（亿元）	14 747.24	5 189.57	1 986.98	2 640.53	3 079.68	2 591.38
	占比（%）	84.00	88.73	86.66	69.87	91.31	85.47
	同比增长（%）	-1.32	-9.07	-12.47	-13.79	-2.77	-6.89
	排名	1	2	6	4	3	5

数据来源：根据海关统计数据在线查询平台数据整理。

（2）加工贸易（来料加工贸易、进料加工贸易）

从加工贸易方面来看，广东省加工贸易的主要经济体规模由高到低依次为"一带一路"共建国家、RCEP、东盟、欧盟、拉丁美洲国家和非洲国家。其中，排名第一的是"一带一路"共建国家，贸易总额达9 671.94亿元，占比为14.91%，相较于2023年同比上升了0.55%；居于第二位的是RCEP，贸易总额为4 837.27亿元，与2023年相比下降了3.88%；其次是东盟和欧盟，贸易总额分别为2 318.15亿元和2 056.67亿元，占比分别为15.98%和19.83%。从整体上看，广东省加工贸易的贸易规模呈下降趋势（"一带一路"共建国家和拉丁美洲国家除外），降幅最大的是非洲国家，达到了42.68%。山东省和北京市排名第一的主要经济体均为"一带一路"共建国家，贸易规分别为1 685.19亿元和1 299.89亿元，而浙江省和上海市的主要经济体贸易规模排名第一的是RCEP，贸易总额分别达到了1 173.05亿元和2 142.03亿元，占比分别为9.17%和15.42%，如表3-34所示。

表3-34　2024年主要省市进出口加工贸易对应主要经济体分析

省市	对比情况	"一带一路"共建国家	RCEP	东盟	欧盟	拉丁美洲国家	非洲国家
广东省	规模（亿元）	9 671.94	4 837.27	2 318.15	2 056.67	803.83	382.90
	占比（%）	14.91	19.19	15.98	19.83	14.91	13.82
	同比增长（%）	0.55	-3.88	-8.59	-12.62	9.58	-42.68
	排名	1	2	3	4	5	6
江苏省	规模（亿元）	6 297.21	7 307.88	2 609.32	2 091.36	745.42	525.17
	占比（%）	30.09	36.04	28.82	26.76	19.35	26.86
	同比增长（%）	17.34	11.98	12.89	-19.21	25.64	4.77
	排名	2	1	3	4	5	6
山东省	规模（亿元）	1 685.19	1 666.64	520.78	715.36	452.48	232.00
	占比（%）	11.28	12.81	7.56	23.22	12.98	10.75
	同比增长（%）	3.89	3.49	2.54	-20.51	2.89	-12.26
	排名	1	2	4	3	5	6
浙江省	规模（亿元）	1 139.06	1 173.05	563.45	413.62	375.66	129.12
	占比（%）	5.16	9.17	7.55	5.32	6.66	3.08
	同比增长（%）	24.49	24.83	36.29	-24.45	1.61	-49.84
	排名	2	1	3	4	5	6

续　表

省市	对比情况	"一带一路"共建国家	RCEP	东盟	欧盟	拉丁美洲国家	非洲国家
上海市	规模（亿元）	1 953.18	2 142.03	964.15	872.90	237.39	150.37
	占比（%）	14.12	15.42	16.54	10.86	8.64	12.59
	同比增长（%）	12.17	-4.62	15.86	-5.40	6.78	-76.23
	排名	2	1	3	4	5	6
北京市	规模（亿元）	1 299.89	137.98	44.63	57.09	111.23	167.64
	占比（%）	7.40	2.36	1.95	1.51	3.30	5.53
	同比增长（%）	15.79	6.71	-51.98	-17.66	-25.71	-59.99
	排名	1	3	6	5	4	2

数据来源：根据海关统计数据在线查询平台数据整理。

（3）保税监管场所和海关特殊监管区域贸易

从保税监管场所和海关特殊监管区域贸易方面来看，广东省进出口贸易的主要经济体由高到低依次为"一带一路"共建国家、RCEP、东盟、欧盟、拉丁美洲国家和非洲国家。其中，居于首位的是"一带一路"共建国家，贸易总额达9 544.80亿元，占比为14.71%，相较于2023年同比上升了19.23%；居于第二位的是RCEP，贸易总额为4 668.63亿元，与2023年相比上升了26.38%；随后是东盟和欧盟，贸易总额分别为2 430.38亿元和1 300.28亿元，如表3-35所示。从整体上看，广东省贸易规模呈现上升趋势（欧盟除外），其中增幅最大的是RCEP，增幅达26.38%，降幅最大的为欧盟，降幅达8.12%。其余省市与广东省居于首位的主要经济体相同，均为"一带一路"共建国家，与江苏省、山东省、浙江省、上海市和北京市的贸易规模分别为2 592.75亿元、3 894.29亿元、1 515.14亿元、3 997.66亿元和1 079.78亿元，相较于2023年均呈现一定程度的增幅，增幅最大的为北京市，达到了40.81%。另外，江苏省、山东省和浙江省排名前三的主要经济体依次均是"一带一路"共建国家、RCEP和东盟，而上海市排名前三的依次是"一带一路"共建国家、RCEP和欧盟，北京市排名前三的依次为"一带一路"共建国家、欧盟和RCEP。

表3-35　2024年主要省市进出口保税和海关监管贸易对应主要经济体分析

省市	对比情况	"一带一路"共建国家	RCEP	东盟	欧盟	拉丁美洲国家	非洲国家
广东省	规模（亿元）	9 544.80	4 668.63	2 430.38	1 300.28	502.44	180.02
	占比（%）	14.71	18.52	16.76	12.54	9.32	6.50
	同比增长（%）	19.23	26.38	23.83	−8.12	12.78	21.69
	排名	1	2	3	4	5	6
江苏省	规模（亿元）	2 592.75	2 458.30	1 154.83	583.70	362.23	71.79
	占比（%）	12.39	12.12	12.75	7.47	9.40	3.67
	同比增长（%）	10.34	18.68	13.82	−10.37	−6.30	22.20
	排名	1	2	3	4	5	6
山东省	规模（亿元）	3 894.29	3 024.33	2 204.09	119.51	585.37	152.92
	占比（%）	26.07	23.24	31.99	3.88	16.80	7.08
	同比增长（%）	4.76	7.34	−5.21	−7.00	22.58	−20.18
	排名	1	2	3	6	4	5
浙江省	规模（亿元）	1 515.14	842.68	487.81	265.96	365.28	371.12
	占比（%）	6.87	6.59	6.54	3.42	6.47	8.85
	同比增长（%）	10.51	10.64	18.49	−12.08	−3.70	−22.58
	排名	1	2	3	6	5	4
上海市	规模（亿元）	3 997.66	3 263.28	1 363.44	2 128.92	498.56	146.18
	占比（%）	28.90	23.50	23.39	26.48	18.14	12.24
	同比增长（%）	15.57	4.08	5.24	−16.99	−9.26	56.46
	排名	1	2	4	3	5	6
北京市	规模（亿元）	1 079.78	418.34	175.58	1 020.73	160.92	156.46
	占比（%）	6.15	7.15	7.66	27.01	4.77	5.16
	同比增长（%）	40.81	17.18	49.20	−11.09	−8.92	−6.64
	排名	1	3	4	2	5	6

数据来源：根据海关统计数据在线查询平台数据整理。

（二）主要省市出口贸易方式的贸易伙伴情况对比分析

1.按国家（地区）比较

（1）一般贸易

从出口方面来看，粤苏鲁浙沪京六省市主要贸易方式所对应的国家不同，其规模也有较大的差别，如表3-36所示。首先，在一般贸易中，广东省出口排名前十的国家或地区贸易规模由高到低依次为美国、中国香港、越南、印度、马来西亚、德国、日本、墨西哥、英国和俄罗斯。其中，美国居于首位，出口贸易总额为6 546.26亿元，与2023年相比上升了12.65%；其次是中国香港和越南，出口贸易总额分别为3 059.15亿元和1 579.97亿元。另外，广东省对排名前十的国家或地区出口贸易规模相较于2023年基本呈现上升的趋势，其中增幅最大的是越南，增幅达29.19%，其次是德国和墨西哥，增幅分别为24.30%和22.35%。除北京市外，其余五省市2024年一般贸易居于第一位的国家或地区均为美国，其中，浙江省的出口贸易总额排名第二，达到5 201.94亿元，相较于2023年上升了10.05%，而江苏省、山东省和上海市分别为3 305.52亿元、1 930.50亿元和1 493.64亿元。北京市出口一般贸易排名第一的地区是中国香港，出口贸易总额达608.73亿元，与2023年相比上升了12.19%，其次，北京市排名第二、第三的分别是美国和俄罗斯，出口贸易总额分别达301.99亿元和259.10亿元，与其余五省市有明显的差别。值得注意的是，日本在该主要贸易方式下与六省市的贸易规模排名均靠前，特别是江苏省、山东省以及上海市都居于第二位。

表3-36 2024年主要省市出口一般贸易对应主要贸易伙伴分析

省市	对比情况	美国	中国香港	越南	印度	马来西亚	德国	日本	墨西哥	英国	俄罗斯
广东省	规模（亿元）	6 546.26	3 059.15	1 579.97	1 435.34	1 317.31	1 123.38	1 101.58	1 047.30	978.96	968.58
	同比增长（%）	12.65	18.24	29.19	5.19	−1.04	24.30	9.36	22.35	0.38	5.18
	排名	1	2	3	4	5	6	7	8	9	10

续　表

省市	对比情况	美国	中国香港	越南	印度	马来西亚	德国	日本	墨西哥	英国	俄罗斯
江苏省	规模（亿元）	3 305.52	454.44	1 004.63	1 000.23	484.28	795.45	1 098.90	661.78	462.55	552.04
	同比增长（%）	13.25	22.58	12.92	3.27	16.95	5.85	−4.08	21.41	6.93	4.45
	排名	1	10	3	4	8	5	2	6	9	7
山东省	规模（亿元）	1 930.50	187.32	519.88	424.09	664.51	336.19	882.34	376.03	335.68	571.14
	同比增长（%）	8.87	6.94	6.83	−8.80	17.22	2.17	0.89	3.86	0.55	0.39
	排名	1	10	5	6	3	8	2	7	9	4
浙江省	规模（亿元）	5 201.94	351.27	998.65	1 149.23	616.70	1 063.82	737.54	930.65	864.06	1 259.93
	同比增长（%）	10.05	18.79	12.14	1.51	36.70	14.98	1.86	11.96	11.04	3.07
	排名	1	10	5	3	9	4	8	6	7	2
上海市	规模（亿元）	1 493.64	498.05	335.37	378.38	200.10	460.75	713.47	302.69	306.75	361.66
	同比增长（%）	3.61	18.11	38.32	23.99	20.01	−6.17	−6.58	4.69	0.60	20.20
	排名	1	3	7	5	10	4	2	9	8	6
北京市	规模（亿元）	301.99	608.73	139.35	93.30	96.32	84.72	251.79	103.45	47.69	259.10
	同比增长（%）	13.49	12.19	32.79	−27.49	−22.99	21.16	3.55	−32.42	2.14	14.33
	排名	2	1	5	8	7	9	4	6	10	3

数据来源：根据海关统计数据在线查询平台数据整理。

（2）加工贸易（来料加工贸易、进料加工贸易）

在加工贸易中，广东省出口贸易总额排名前十的国家或地区由高到低依次为中国香港、美国、日本、越南、墨西哥、荷兰、德国、中国台湾、印度和英国。其中，中国香港居于首位，出口贸易总额达4 737.09亿元，与2023年相比下降了0.23%，其次是美国和日本，出口贸易总额分别为1 984.72亿元和668.03亿元，从整体变动情况来看，广东省排名前十的国家或地区大多数出现了不同程度的下降，而其中降幅最大的是荷兰和德国，降幅分别为10.01%和8.82%，如表3-37所示。另外，除广东省之外，其余五省市在出口加工贸易中排名第一的国家或地区均为美国，出口贸易总额最大的是江苏省，出口贸易总额达2 268.36亿元，相较于2023年同比上涨了0.54%，其次是上海市和山东省，出口贸易规模分别为732.57亿元和571.80亿元，与2023年相比分别下降了15.52%和8.94%。可见，虽然两省市当中美国的排名靠前，但是都呈现明显的下降趋势。

表3-37　2024年主要省市出口加工贸易对应主要贸易伙伴分析

省市	对比情况	中国香港	美国	日本	越南	墨西哥	荷兰	德国	中国台湾	印度	英国
广东省	规模（亿元）	4 737.09	1 984.72	668.03	412.85	391.43	370.64	359.87	336.84	253.63	240.35
	同比增长（%）	-0.23	-4.11	-8.00	15.26	9.46	-10.01	-8.82	17.55	-0.47	-7.25
	排名	1	2	3	4	5	6	7	8	9	10
江苏省	规模（亿元）	803.06	2 268.36	838.55	495.15	222.24	471.22	345.15	373.67	314.09	246.65
	同比增长（%）	25.80	0.54	0.71	25.92	16.14	-21.38	-1.73	3.86	28.45	-12.74
	排名	3	1	2	4	10	5	7	6	8	9
山东省	规模（亿元）	308.52	571.80	322.15	63.20	161.17	190.17	71.94	25.12	65.38	115.67
	同比增长（%）	6.46	-8.94	-5.85	25.68	13.98	-34.69	-11.24	-13.72	1.54	1.00
	排名	3	1	2	9	5	4	7	10	8	6
浙江省	规模（亿元）	96.55	377.49	244.59	40.55	51.47	59.30	53.54	76.82	54.02	64.92
	同比增长（%）	43.07	1.13	13.70	-13.14	5.96	-17.02	-14.17	49.30	-3.06	-21.48
	排名	3	1	2	10	9	6	8	4	7	5

续　表

省市	对比情况	中国香港	美国	日本	越南	墨西哥	荷兰	德国	中国台湾	印度	英国
上海市	规模（亿元）	363.55	732.57	286.76	98.67	114.45	152.78	124.10	163.84	118.29	100.47
	同比增长（%）	25.55	−15.52	−28.74	52.61	46.12	−18.71	−3.93	2.49	21.02	−3.13
	排名	2	1	3	10	8	5	6	4	7	9
北京市	规模（亿元）	24.16	48.21	16.50	8.68	1.34	12.47	6.38	1.46	6.49	2.17
	同比增长（%）	39.12	9.71	−15.16	−45.21	−60.17	7.73	−11.40	−53.44	−25.03	−0.47
	排名	2	1	4	5	10	4	7	9	6	8

数据来源：根据海关统计数据在线查询平台数据整理。

（3）保税监管场所和海关特殊监管区域贸易

在保税监管场所和海关特殊监管区域贸易中，广东省出口排名前十的国家或地区由高到低依次为中国香港、美国、印度、中国台湾、荷兰、越南、韩国、日本、英国和德国。其中，中国香港居于首位，出口贸易规模为3 068.52亿元，与2023年相比增长了10.66%，其次是美国和印度，出口贸易规模分别为773.68亿元和316.21亿元，从整体变动情况来看，广东省主要出口国家或地区中，印度的上涨幅度最大，达40.52%，下降幅度最大的是日本，降幅达4.83%，如表3-38所示。

表3-38　2024年主要省市出口保税和海关监管贸易对应主要贸易伙伴分析

省市	对比情况	中国香港	美国	印度	中国台湾	荷兰	越南	韩国	日本	英国	德国
广东省	规模（亿元）	3 068.52	773.68	316.21	252.37	251.06	194.72	176.61	160.85	146.66	141.94
	同比增长（%）	10.66	14.88	40.52	−3.58	21.35	14.58	12.49	−4.83	7.11	−2.79
	排名	1	2	3	4	5	6	7	8	9	10

续　表

省市	对比情况	中国香港	美国	印度	中国台湾	荷兰	越南	韩国	日本	英国	德国
江苏省	规模（亿元）	546.91	288.17	182.57	111.35	161.11	163.35	346.04	82.16	62.00	73.58
	同比增长（%）	0.51	−25.33	8.67	53.71	10.17	24.67	67.63	2.24	12.53	12.88
	排名	1	3	4	7	6	5	2	8	10	9
山东省	规模（亿元）	343.86	36.77	6.73	16.40	3.55	19.54	72.43	147.28	3.09	3.88
	同比增长（%）	97.58	−38.73	−35.13	109.95	−85.41	2.58	105.23	−6.22	−67.27	71.99
	排名	1	4	7	6	9	5	3	2	10	8
浙江省	规模（亿元）	138.51	51.77	20.33	15.87	11.45	21.60	21.07	37.40	12.42	17.34
	同比增长（%）	−12.45	11.24	4.74	261.99	113.65	113.79	−16.20	121.46	0.78	10.15
	排名	1	2	6	8	10	4	5	3	9	7
上海市	规模（亿元）	843.80	486.69	75.81	290.94	96.50	84.11	305.07	226.12	92.67	114.91
	同比增长（%）	7.16	17.61	−5.89	−25.68	6.93	14.84	31.85	−11.62	−43.94	−7.74
	排名	1	2	10	4	7	9	3	5	8	6
北京市	规模（亿元）	110.50	50.74	0.81	2.89	2.52	3.23	9.22	8.57	2.75	9.45
	同比增长（%）	13.00	8.54	−20.88	−30.20	1.50	17.26	−20.50	3.40	−25.37	−25.54
	排名	1	2	10	7	9	6	4	5	8	3

数据来源：根据海关统计数据在线查询平台数据整理。

2.按主要经济体比较

（1）一般贸易

从出口方面来看，广东省一般贸易的主要经济体贸易规模由高到低依次为"一带一路"共建国家、RCEP、东盟、欧盟、拉丁美洲国家和非洲国家。其中，"一带一路"共建国家居于首位，出口贸易总额达16 017.46亿元，占比为58.45%，与2023年相比上升了15.12%，其次是RCEP，出口贸易总额为9 277.26亿元，排名最末的是非洲国家，出口贸易规模仅为1 934.83亿元，与2023年相比，广东省主要出口经济体出口规模呈现上升趋势，其中变动幅度最大是RCEP，增幅为56.83%，如表3-39所示。包括广东省在内的六省市一般贸易出口排名第一的主要经济体均是"一带一路"共建国家，与江苏省、山东省、浙江省、上海市和北京市的出口贸易规模分别为8 054.77亿元、6 019.79亿元、11 490.87亿元、3 701.38亿元和2 450.49亿元。六省市一般贸易的主要经济体排名第二的均是RCEP，除浙江省和上海市外，其余省市排名第三的经济体均为东盟。

表3-39　2024年主要省市出口一般贸易对应主要经济体分析

省市	对比情况	"一带一路"共建国家	RCEP	东盟	欧盟	拉丁美洲国家	非洲国家
广东省	规模（亿元）	16 017.46	9 277.26	6 558.40	5 772.20	3 044.82	1 934.83
	占比（%）	58.45	72.95	78.56	69.27	75.48	86.36
	同比增长（%）	15.12	56.83	11.60	15.26	24.69	2.35
	排名	1	2	3	4	5	6
江苏省	规模（亿元）	8 054.77	6 187.44	3 644.12	3 521.93	1 902.75	963.73
	占比（%）	61.26	55.58	62.65	61.56	69.98	62.77
	同比增长（%）	12.30	5.64	13.32	-8.15	18.36	9.32
	排名	1	2	3	4	5	6
山东省	规模（亿元）	6 019.79	5 313.53	2 882.07	1 749.79	1 213.46	1 181.40
	占比（%）	74.63	72.85	81.97	71.97	70.13	79.47
	同比增长（%）	9.04	8.88	17.68	-9.01	6.56	2.09
	排名	1	2	3	4	5	6

续　表

省市	对比情况	"一带一路"共建国家	RCEP	东盟	欧盟	拉丁美洲国家	非洲国家
浙江省	规模(亿元)	11 490.87	6 273.15	4 033.48	5 759.41	3 083.38	1 978.64
	占比(%)	74.24	78.75	86.07	79.54	72.08	58.79
	同比增长(%)	8.83	9.74	12.33	−4.37	11.37	3.03
	排名	1	2	4	3	5	6
上海市	规模(亿元)	3 701.38	1 476.15	1 476.15	1 069.56	239.15	295.39
	占比(%)	19.14	13.44	27.10	13.78	6.29	23.01
	同比增长(%)	17.19	−46.22	20.39	−48.05	−64.96	−8.59
	排名	1	2	4	3	5	6
北京市	规模(亿元)	2 450.49	1 568.21	1 018.53	513.13	340.27	271.86
	占比(%)	78.00	85.01	83.97	82.65	84.02	63.24
	同比增长(%)	14.24	−7.36	−13.01	−10.25	−0.68	16.33
	排名	1	2	3	4	5	6

数据来源：根据海关统计数据在线查询平台数据整理。

（2）加工贸易（来料加工贸易、进料加工贸易）

从加工贸易方面来看，广东省的主要经济体出口贸易总额由由高到低依次为"一带一路"共建国家、RCEP、欧盟、东盟、拉丁美洲国家和非洲国家。其中，"一带一路"共建国家居于首位，出口贸易总额达6 818.78亿元，占比为24.88%，与2023年相比上升了3.09%，其次是RCEP和欧盟，出口贸易规模分别为2 183.88亿元和1 605.58亿元，从整体上看，广东省出口加工贸易相较于2023年基本呈现不同程度的上升，上升幅度最大的经济体是拉丁美洲国家，升幅为14.02%。另外，山东省和上海市在加工贸易中排名第一的是主要经济体均为"一带一路"共建国家，而江苏省、浙江省和北京市排名第一的均是RCEP，出口贸易规模分别为3 986.99亿元、648.80亿元和97.71亿元。在六省市中，排名第三的经济体均为欧盟，其中出口贸易总额

最大的是江苏省，贸易总额达到 1 748.73 亿元，占比为 30.57%，如表 3-40
所示。

表 3-40　2024 年主要省市出口加工贸易对应主要经济体分析

省市	对比情况	"一带一路"共建国家	RCEP	欧盟	东盟	拉丁美洲国家	非洲国家
广东省	规模（亿元）	6 818.78	2 183.88	1 605.58	1 083.70	688.56	181.88
	占比（%）	24.88	17.17	19.27	12.98	17.07	8.12
	同比增长（%）	3.09	−1.93	0.36	5.70	14.02	11.06
	排名	1	2	3	4	5	6
江苏省	规模（亿元）	3 681.30	3 986.99	1 748.73	1 731.51	646.59	515.53
	占比（%）	28.00	35.82	30.57	29.77	23.78	33.58
	同比增长（%）	24.07	11.41	−21.70	25.27	27.58	53.51
	排名	2	1	3	4	5	6
山东省	规模（亿元）	1 165.57	1 078.10	606.16	302.17	332.75	192.27
	占比（%）	14.45	14.78	24.93	8.59	19.23	12.93
	同比增长（%）	8.41	9.68	−23.63	20.20	10.46	28.08
	排名	1	2	3	5	4	6
浙江省	规模（亿元）	602.93	648.80	349.32	213.68	163.41	80.96
	占比（%）	3.90	8.14	5.22	4.21	3.82	2.41
	同比增长（%）	9.06	12.95	−27.19	7.72	10.70	−21.51
	排名	2	1	3	4	5	6
上海市	规模（亿元）	1 302.80	690.07	413.68	690.07	69.44	135.61
	占比（%）	19.14	13.44	13.78	27.10	6.29	23.01
	同比增长（%）	21.51	−45.47	−43.59	20.01	19.02	−35.89
	排名	1	2	3	5	4	6
北京市	规模（亿元）	78.45	97.71	64.19	42.25	13.44	2.14
	占比（%）	2.50	5.30	10.34	3.48	3.32	0.50
	同比增长（%）	9.50	11.82	18.36	−2.73	−41.74	13.99
	排名	2	1	3	4	5	6

数据来源：根据海关统计数据在线查询平台数据整理。

（3）保税监管场所和海关特殊监管区域贸易

从保税监管场所和海关特殊监管区域贸易方面来看，广东省的主要经济体出口贸易总额由高到低依次为"一带一路"共建国家、RCEP、欧盟、东盟、拉丁美洲国家和非洲国家。其中，居于首位的是"一带一路"共建国家，出口贸易总额达4 340.61亿元，占比达15.84%，其次是RCEP和欧盟，出口贸易总额分别为1 080.99亿元和878.49亿元，如表3-41所示。在六省市中，江苏省、浙江省和上海市排名前三的主要经济体与广东省相同，均为"一带一路"共建国家、RCEP、欧盟。另外，山东省和北京市排名前三的主要经济体均是"一带一路"共建国家、RCEP、东盟。

表3-41　2024年主要省市出口保税和海关监管贸易对应主要经济体分析

省市	对比情况	"一带一路"共建国家	RCEP	欧盟	东盟	拉丁美洲国家	非洲国家
广东省	规模（亿元）	4 340.61	1 080.99	878.49	588.04	258.65	93.75
	占比（%）	15.84	8.50	10.54	7.04	6.41	4.18
	同比增长（%）	10.64	15.36	8.58	25.89	10.45	18.57
	排名	1	2	3	4	5	6
江苏省	规模（亿元）	1 255.94	861.71	408.51	375.87	138.14	30.93
	占比（%）	9.55	7.74	7.14	6.46	5.08	2.01
	同比增长（%）	8.09	29.22	−10.78	17.92	6.45	−44.44
	排名	1	2	3	4	5	6
山东省	规模（亿元）	554.51	358.28	21.42	136.32	111.99	32.95
	占比（%）	6.87	4.91	0.88	3.88	6.47	2.22
	同比增长（%）	54.72	27.00	43.88	−40.82	−59.51	−77.13
	排名	1	2	6	3	4	5
浙江省	规模（亿元）	488.76	197.49	134.25	120.27	117.74	129.00
	占比（%）	3.16	2.48	2.01	2.37	2.75	3.83
	同比增长（%）	5.97	14.31	10.10	3.71	13.13	−91.88
	排名	1	2	3	5	6	4

省市	对比情况	"一带一路"共建国家	RCEP	欧盟	东盟	拉丁美洲国家	非洲国家
上海市	规模（亿元）	1 691.10	361.05	356.73	361.05	23.31	35.39
	占比（%）	24.85	7.03	11.88	14.18	2.11	6.01
	同比增长（%）	0.91	−61.85	−58.40	−1.05	−70.86	−80.37
	排名	1	2	3	4	5	6
北京市	规模（亿元）	243.39	92.53	31.05	72.42	33.46	38.99
	占比（%）	7.75	5.02	5.00	5.97	8.26	9.07
	同比增长（%）	29.86	36.34	−9.33	61.00	−36.16	−59.96
	排名	1	2	6	3	5	4

数据来源：根据海关统计数据在线查询平台数据整理。

第三节　广东对外贸易方式发展总结

2024年，广东省对外贸易呈现全面增长态势，一般贸易、加工贸易和保税监管场所及海关特殊监管区域贸易均表现强劲。第16类（机电、音像设备及其零件、附件）在各类贸易方式中占据主导地位。美国、中国香港和中国台湾为广东省的主要贸易伙伴。广东省在各主要省市中表现突出，尤其是在一般贸易和加工贸易中占据领先地位。具体而言，本章对广东2024年进出口的贸易方式分析后主要得出如下结论：

第一，广东省外贸规模呈现全面增长态势。2024年，广东省外贸数据呈现全面增长态势，进出口总额突破9万亿大关，达到91 126.35亿元，较2023年增长9.74%。其中，出口规模为58 915.62亿元，同比增长8.33%；进口规模为32 210.73亿元，同比增长12.41%。

第二，出口贸易中的一般贸易增长迅速，主导地位增强。广东省出口贸易中，一般贸易居首位，出口贸易总额达38 049.21亿元，占比为64.58%，同比增长12.17%。其次为进料加工贸易，出口贸易总额为11 879.90亿元，占比为20.16%，微增0.29%。海关特殊监管区域物流货物和保税监管场所进出境货物分别增长8.43%和16.74%。其他捐赠物资和国家间、国际组织无偿援助和赠送的物资增幅显著，分别为896.89%和98.90%。

第三，进口贸易中，海关特殊监管区域物流以及保税监管场所进出境货物贸易增长迅猛。进口贸易中，一般贸易居首位，进口贸易总额为14 972.99亿元，占比为46.48%，同比增长7.80%。海关特殊监管区域物流货物和进料加工贸易占比分别为18.40%和18.01%，保税监管场所进出境货物占比为14.17%，同比增长33.83%。来料加工贸易出现4.97%的降幅。

第四，一般贸易中的机电产品贸易增速较快。2024年广东省机电、音像设备及其零件、附件为最大商品类别，贸易总额为23 722.45亿元，同比增长14.65%。贱金属及其制品和杂项制品分别位列第二、第三。加工贸易中，机电、音像设备及其零件、附件仍居首位，但整体呈现下降趋势。保税监管场所和海关特殊监管区域贸易中，机电、音像设备及其零件、附件同样占据主导地位，但珠宝、贵金属及制品等商品增幅显著。一般贸易出口中，机电、音像设备及其零件、附件居首位，出口贸易总额为16 126.62亿元，同比增长12.97%。杂项制品和贱金属及其制品位列第二、第三。加工贸易出口中，机电、音像设备及其零件、附件仍占主导，但整体呈现下降趋势。保税监管场所和海关特殊监管区域贸易出口中，机电、音像设备及其零件、附件居首位，但珠宝、贵金属及制品等商品增幅显著。

第五，一般贸易方式中，美国、中国香港和中国台湾为广东省的主要贸易伙伴。2024年广东省与美国、中国香港、中国台湾的贸易总额分别为7 307.48亿元、3 152.22亿元和2 882.01亿元。加工贸易中，中国香港、美国和中国台湾为主要贸易伙伴。保税监管场所和海关特殊监管区域贸易中，中国香港、中国台湾和韩国为主要贸易伙伴。其中，一般贸易方式的出口贸易中，美国、中国香港和越南为广东省的主要贸易伙伴，出口贸易总额分别为6 546.26亿元、3 059.15亿元和1 579.97亿元。加工贸易出口中，中国香港、美国和日本为主要贸易伙伴。保税监管场所和海关特殊监管区域贸易出口中，中国香港、美国和印度为主要贸易伙伴。

第六，广东省在一般贸易、加工贸易和保税监管场所及海关特殊监管区域贸易中均居首位。从主要省市进出口商品贸易方式对比来看，江苏省在加工贸易中表现强劲，进出口加工贸易总额为 18 101.29 亿元。山东省在保税监管场所及海关特殊监管区域贸易中增长显著。浙江省在一般贸易中增长较快，贸易总额达 40 833.52 亿元。上海市在保税监管场所及海关特殊监管区域贸易中表现稳定。北京市在加工贸易中增长显著。从出口商品贸易方式对比来看，广东省在一般贸易、加工贸易和保税监管场所及海关特殊监管区域贸易中均居首位。江苏省在加工贸易中表现强劲，出口加工贸易总额为 11 811.87 亿元。山东省在保税监管场所及海关特殊监管区域贸易中增长显著。浙江省在一般贸易中增长较快，出口贸易总额达 30 398.27 亿元。上海市在保税监管场所及海关特殊监管区域贸易中表现稳定。北京市在加工贸易中增长显著。

第七，机电设备是主要省市的对外贸易商品。2024年，无论是进出口贸易总额还是出口贸易，主要省市的主导商品均为机电产品。一般贸易中，机电、音像设备及其零件、附件为各省市主要商品类别。加工贸易中，机电、音像设备及其零件、附件仍占主导地位。保税监管场所和海关特殊监管区域贸易中，机电、音像设备及其零件、附件同样占据主导地位。

第四章

广东服务贸易发展研究报告

2023年，服务贸易继续呈现中高速发展态势。从全球来看，2023年全球商业服务贸易额达7.54万亿美元，与2022年相比增长9%，其中国际旅游业复苏和数字交付服务需求激增起到了重要的推动作用[①]。从中国来看，2023年中国服务贸易进出口总额达9 331.2亿美元，与2022年相比增长4.9%，其中旅行服务、电信计算机和信息服务、其他商业服务等的快速发展起到了重要的推进作用。从广东来看，2023年广东服务贸易进出口额达1 586.9亿美元，与2022年相比增长0.1%，其中旅行服务和其他商业服务的高速增长助力广东服务贸易实现正增长。下面，我们来分析一下2023年广东服务贸易的发展情况、存在问题和原因所在，并给出促进服务贸易发展的相关对策建议[②]。

第一节　广东服务贸易发展情况

一、规模略有增长

如表4-1所示，2023年广东服务进出口额为1 586.9亿美元，与2022年的1 585.4亿美元相比仅增长了0.1%。从全国占比来看，2023年广东服务贸易进出口额占全国服务贸易进出口总额的17.01%，与2022年广东服务进出口额占全国服务进出口总额的17.8%相比下降了0.79%。广东服务贸易进出口下降主要是货物贸易受贸易摩擦、需求萎缩、通货膨胀和债务风险等因素影响，导致与货物贸易紧密相关的服务下降，2023年广东国际运输服务与2022年相比下降21.5%（2022年广东运输服务进出口额为602.86亿美元）。

---

① 本章全球服务贸易额和全球货物贸易额均来自世界贸易组织官网。

② 本章服务贸易数据均来自《中国商务年鉴2024》和《中国商务年鉴2023》。

表4-1 2022—2023年广东服务贸易进出口情况

	2022年	2023年
服务贸易进出口额（亿美元）	1 585.4	1 586.9
服务贸易额占全国服务贸易额比重（%）	17.8	17.01

二、结构持续优化

2023年，广东传统服务（旅行、运输和建筑服务）进出口额为672.1亿美元（与2022年相比下降了10.25%），占广东服务进出口总额的42.35%，与2022年相比下降了1.23%（见表4-2）。知识密集型服务进出口额为893.3亿美元，占广东服务进出口总额的56.29%，与2022年相比提升了4.54%；其中增长最快的领域是其他商业服务，与2022年相比增长了23.2%。

表4-2 2022—2023年广东服务贸易结构变化情况

	2022年	2023年
传统服务进出口占比（%）	43.58	42.35
知识密集型服务进出口占比（%）	51.75	56.29

三、质量不断提高

如表4-3所示，2023年，广东知识密集型服务贸易进出口额为893.3亿美元，占广东服务进出口总额的56.29%，与2022年知识密集型服务进出口额占51.75%相比高出了4.54%。知识服务出口额为464.1亿美元，与2022年相比增长了6.4%；其中增长最快的是个人、文化和娱乐服务，与2022年相比增长了49.6%。知识密集型服务进口额为429.2亿美元，与2022年相比增长了11.7%；其中增长最快的是其他商业服务，与2022年相比增长了23.2%。广东服务贸易的知识含量和附加值进一步提高。

表4-3　2022—2023年广东知识密集型服务进出口情况

	2022年	2023年
知识密集型服务进出口额（亿美元）	820.49	893.3
知识密集型服务进出口额占服务进出口额比重(%)	51.75	56.29

四、区域加快集聚

如表4-4所示，2023年服务贸易进一步向核心城市集聚。以深圳为例，2023年，深圳市服务进出口额为1 300.7亿美元，与2022年的951.0亿美元相比增长36.78%，深圳服务进出口额占广东服务进出口额的比重从2022年的59.98%提高到2023年的81.95%。深圳市服务贸易持续高速发展的原因包括拥有全球有重要影响力的华为、腾讯、中兴、大疆和比亚迪等领军型企业与一些中小型数字服务创新型企业等。

表4-4　2022—2023年深圳和广州服务贸易相关数据情况

	2022年	2023年
深圳占全省比重（%）	59.98	81.95
广州占全省比重（%）	32.83	—
深圳以外城市占比（%）	40.02	18.05

五、数字服务贸易和服务外包持续快速发展

2023年，广东数字服务贸易进出口额为893.4亿美元，比2022年增长8.9%，占全省服务进出口总额的56.3%，占全国数字服务进出口额的23.15%。其中，数字服务出口额为464.1亿美元，与2022年相比增长6.4%；数字服务进口额为429.2亿美元，增长11.7%。

2023年，广东服务外包执行额为356.78亿美元，与2022年相比增长10.66%。其中，离岸服务外包执行额为175.75亿美元，与2022年相比下降2.86%，占全国离岸服务外包执行额的11.61%。2023年，广东承接中国香港、欧美、RCEP国家服务外包执行额分别为72.51亿美元、43.09亿美元和34.20亿

美元，其中承接美国和欧盟服务外包执行额分别增长44.07%与43.52%。作为广东省级服务外包示范城市的广州、深圳、珠海、佛山、东莞和中山六市，共承接离岸服务外包合同额257.14亿美元，占广东省离岸服务外包合同额的97.13%。

第二节　广东服务贸易存在的问题

一、规模有待扩大

（一）服务贸易额占对外贸易总额比重远低于国际平均水平

如表4-5所示，2023年广东服务贸易额占广东对外贸易总额的比重为11.87%，与2022年广东服务贸易额占广东对外贸易总额的12.82%相比，下降了0.95%，与2023年全球服务贸易额占全球对外贸易总额的24.04%相比，相差12.17%。广东服务贸易发展任重道远。

表4-5　2022—2023年广东服务贸易额占比情况

	2022年	2023年
广东服务贸易额占广东对外贸易总额比重（%）	12.82	11.87
中国服务贸易额占中国对外贸易总额比重（%）	12.55	13.61
世界服务贸易额占世界贸易总额比重（%）	21.88	24.04

（二）服务贸易额低于上海

2023年，广东服务贸易额为1 586.9亿美元，广东作为GDP、对外贸易和服务业等全国第一大省的规模地位，服务贸易额与上海2023年服务贸易额2 089.6亿美元相比，低502.7亿美元，发展服务贸易的任务艰巨。

2023年，广东数字服务贸易额为893.4亿美元，比上海2023年数字服务贸易额1 043.7亿美元低150.3亿美元；2023年，广东数字服务出口额为464.1

亿美元，比上海2023年数字服务出口额628.3亿美元低164.2亿美元。

2023年，广东离岸服务外包执行额为175.75亿美元，比江苏2023年离岸服务外包执行额412.2亿美元低236.45亿美元[①]。

二、结构有待改善

（一）传统服务贸易发展还不充分

2023年，广东运输服务贸易额为482.3亿美元，与上海同期运输服务贸易额509.3亿美元相差27亿美元。2023年，广东货物贸易额为上海同期货物贸易额的1.97倍，这反映出广东的运输服务能力远不能满足广东货物贸易对运输服务的需求。

（二）知识密集型服务贸易发展有待加强

2023年，广东知识密集型服务进出口额为893.4亿美元，与上海同期知识密集型服务进出口额1 043.7亿美元相差150.3亿美元。2023年，广东服务业增加值为7.57万亿元、现代服务业（知识密集型服务业）增加值为4.92万亿元，这两个方面的数据都远高于上海同期服务业增加值3.55万亿元。这也表明广东知识密集型服务业的实力不够雄厚，服务产品的国际竞争能力不够强等[②]。

三、质量有待提升

高质量服务贸易主要是指高附加值的知识密集型服务贸易。如表4-6所示，2023年，广东知识密集型服务出口额为464.1亿美元，比上海同期知识密集型服务出口额628.3亿美元低164.2亿美元；从知识密集型服务出口额占知识密集型服务进出口额来看，广东也比上海低8.25%。

---

① 数据来源：《中国服务贸易发展报告2023》。

② 数据来源：广东省统计局官网stats.gd.gov.cn，上海统计局官网tjj.sh.gov.cn，本章涉及的广东和上海服务业数据均来自广东省统计局与上海市统计局官网。

表4-6 2023年广东和上海知识密集型服务出口情况

	广东	上海
知识密集型服务进出口额（亿美元）	893.4	1 043.7
知识密集型服务出口额（亿美元）	464.1	628.3
知识密集型服务出口额占知识密集型服务进出口额比重（%）	51.95	60.20

注：服务贸易中的知识密集型服务主要包括金融服务、保险和养老金服务、电信计算机和信息服务、知识产权服务、其他商业服务、文化和娱乐服务六大类。

四、区域有待协调

2023年，深圳作为广东"双核"城市之一，服务贸易发展一枝独秀，占全省服务贸易总额的81.95%；2023年，广州作为广东"双核"城市之一，服务贸易发展降幅较大（2023年广州服务贸易数据没有公布，2022年广州服务贸易额占全省服务贸易额的比重为32.83%）；全省其他地级市的服务贸易发展也较为缓慢，广东服务贸易区域不平衡加剧。

第三节 广东服务贸易发展的制约因素

一、服务贸易与货物贸易融合发展程度不够深入

（一）货物贸易链条短导致产品服务增值幅度小

广东对外贸易肇始于加工贸易，贸易方式的"两头在外"致使贸易链条较短，贸易产品交易和运输等过程中所发生的金融、保险、物流及信息等服务均由境外或国外企业承接；很多外贸企业习惯了FOB交货方式，并形成了路径依赖甚至锁定，使得广东货物进出口的服务增加值较低。

（二）服务供给不足限制货物贸易链条延长

自1980年广东开始招商引资，开展加工贸易以来，广东对外贸易持续

高速发展，货物贸易已深度融入全球价值链，但与货物贸易紧密相连的保险、运输、港口、售后等服务因后发先天不足和制度安排等问题导致国际市场进入程度不高，难以为货物贸易发展提供有效服务支撑。

二、服务贸易发展的产业基础实力不足

（一）服务业"大而不强"

如表4-7所示，2023年广东服务业增加值为75 695.21亿元，与上海2023年服务业增加值35 509.60亿元相比，高出2倍有余；广东服务贸易出口额为5 565.27亿元，比上海服务贸易出口额6 628.41亿元低1 063.14亿元，说明广东服务业的整体实力弱于上海。

表4-7　2023年广东和上海服务业与服务贸易发展情况

	广东	上海
服务业增加值（亿元）	75 695.21	35 509.60
服务贸易出口额（亿元）	5 565.27	6 628.41

（二）制造业服务化能力不强

广东制造业以加工制造起家，现有很多企业（如东莞的部分制造企业）仍将注意力集中在产品的生产和销售上，忽视了研发设计、物流仓储、品牌营销、售后服务等生产性服务业在产品价值增值中的作用，导致生产性服务业发展不够充分，国际竞争能力不强等。以技术服务出口为例，2023年广东技术服务出口额为38.3亿美元，不到上海2023年技术服务出口额81.6亿美元的一半；再以金融保险服务出口为例，2022年广东金融服务出口额为9.82亿美元，比上海2022年金融保险服务出口额16.64亿美元低（广东、上海没有发布2023年相关数据）。

三、服务贸易市场的主体竞争力不强

（一）跨国公司类型服务企业不多

跨国公司是国际贸易的市场主体。目前，广东虽有华为、腾讯、中兴、比亚迪和南航等大型制造与服务龙头企业，但服务贸易市场主体为民营中小型企业，与北京和上海相比龙头企业少。北京是央企总部集聚地，上海是外资区域总部集聚地，在总部企业带动服务贸易发展方面，广东明显逊于北京和上海。

（二）企业国际服务网络还没有形成

广东服务业企业的国际服务网络与制造业企业国际生产网络相比，远没有形成。受限于服务业发展起步较晚、受制于美国等西方发达国家的打压等各种原因，广东服务业企业的全球化布局步伐缓慢、国际化能力也不足，从而导致企业国际化服务网络没有形成，制约了广东国际服务贸易的有效开展。

四、服务贸易发展的中高端人才不足

（一）中高端人才缺乏制约了企业国际服务能力

服务产品在产品形态、产消关系和质量控制等方面与货物产品有很大差异，服务产品的生产、营销和消费对企业人员综合素质的要求更高；加之广东服务贸易发展远远滞后于货物贸易的发展，目前能熟练运用外语，通晓国际惯例和法规，掌握国际前沿管理、技术和商务知识的中高端人才的缺乏，已成为制约服务企业开展国际业务战略布局、有效拓展国外市场、促进业务持续发展的关键因素。

（二）中高端人才缺乏制约了企业提供高附加值服务产品

随着数字技术和人工智能等新兴技术的持续发展，国际数字服务和智能服务（如AGI大模型服务）需求爆发式增长，这就需要大量的中高端管理、技术和商务人才来提供有效服务。目前，与浙江等兄弟省市相比，广东能够直接提供智能服务的中高端人才还不多，导致提供高附加值服务产品的能力还不足。

五、服务贸易发展的营商环境有待完善

（一）服务贸易规则、规制、标准和政策等存在差异

服务贸易与货物贸易相比，各国或各地区的规则、规制、标准和政策差异较大，衔接境内外、国内外服务贸易的规则、规制、标准和政策也需要各方面的努力。目前，这方面的工作虽在有序推进，但仍然存在很多问题。以粤港澳大湾区为例，港澳投资者申请服务市场准入手续烦琐，专业人才服务资质有些还未能互认，服务业标准还未能有效对接，服务业监管的体制和机制还有待形成等。

（二）各类服务主体平等进入市场和公平竞争环境有待完善

粤港澳大湾区的珠三角城市是我国开放程度最高、法制化营商环境最好的地区之一，但企业主体，特别是服务业企业主体平等进入市场和公平竞争的环境仍存在一些问题。

第四节 广东服务贸易发展面临的机遇与挑战

一、广东服务贸易发展面临的机遇

（一）全球服务贸易持续快速发展

据测算，1980—2020年，全球服务贸易年均增速达6.5%，均高于货物

贸易和世界经济年均增速；1979—2022年，服务贸易占全球的比重从17%增至22.3%。据世界贸易组织预测，到2040年服务贸易在全球贸易中的占比将超过30.0%；另外，世界贸易组织数据显示，2023年全球货物贸易总额下降5%，但服务贸易额达到7.54万亿美元，增速高达9%。全球服务贸易持续高速发展，为世界各国服务贸易的发展提供了广阔空间[①]。

（二）数字技术和人工智能赋能数字服务贸易加速发展

随着5G、大数据、云计算、区块链和人工智能等新一代信息技术的发展和应用，服务贸易数字化交付能力和水平大幅提升。世界贸易组织数据显示，2005—2022年，全球可数字化交付的服务出口增长2.4倍，占全球服务出口的比重从45.0%增加至57.1%。同时，数字贸易新业态、新模式和新场景持续涌现，跨境在线办公、医疗、教育、会展、体育和娱乐等服务活动爆发式增长，2023年全球可数字化交付服务出口额达4.25亿美元，与2022年相比增长9.0%，占全球服务出口总额的54%。更为重要的是，信息通信技术（ICT）服务在服务贸易中的地位持续上升，2023年计算机服务增长11.0%，一些发达经济体和新兴经济体增速分别达到20%和30%，产业、企业、政府和个人的数字化转型对软件等数字产品和数字工具服务、数字图书等数字内容服务、云计算等数字平台服务、通用人工智能大模型等服务的需求持续迅速扩大。

（三）国内服务业制度型开放深化和政策红利持续释放

《跨境服务贸易特别管理措施（负面清单）》和《自由贸易试验区跨境服务贸易特别管理措施（负面清单）》全面实施，进一步破除服务贸易壁垒，为广东探索金融、电信、教育、医疗和文化等领域梯度开放提供了规则保障。广东加快制定建设粤港澳大湾区全球贸易数字化领航区的各项试点政

---

① 王晓红.把握全球服务贸易创新发展趋势[EB/OL].（2024-10-24）. https://www.gmw.cn/xueshu/2024-10/24/content_37633476.html.

策，也为推动服务贸易数字化转型和数字贸易新业态蓬勃发展释放了政策红利。

（四）广东区位和经济优势将助力服务贸易提质增效

广东依托粤港澳大湾区优势，可进一步有效整合港澳专业服务资源，持续提升金融、法律、会计、会展和知识产权等领域的国际竞争力。广东作为制造业大省，可通过"制造业＋服务"模式向上下游延伸价值链，提升中间品贸易和服务出口附加值，促进制造业与服务业深度融合发展，实现货物贸易与服务贸易深度融合发展。广东作为数字经济大省，具备数字技术与贸易融合的天然优势，一方面通过数字技术驱动服务贸易数字化交付转型升级；另一方面持续发展数字产品服务、数字内容服务、数据服务和数字平台服务等数字服务新业态，培育服务贸易增长新引擎。

二、广东服务贸易发展面临的挑战

（一）中美贸易摩擦持续加重

中美贸易摩擦加重，会导致服务贸易减少。一方面，广东是我国对美国货物贸易第一大省，中美贸易摩擦加重会直接导致与货物贸易相关服务的减少；2023年，广东对美国货物出口下降2.8%[①]，货物贸易下降直接导致运输、金融、保险和信息服务的减少。另一方面，美国也是广东重要的服务贸易进出口来源地和目的地，美国把华为、腾讯、大疆、比亚迪等企业列入技术出口或产品进口限制黑名单，阻碍了技术贸易和技术交流，也直接导致广东对美国有关服务贸易额的减少。

（二）国际服务贸易竞争不断加剧

发达国家为巩固服务贸易国际竞争制高点地位，除利用数据本地化和数

---

① 数据来源：海关总署广东分署官网。

字税等规则提高话语权和影响力外，还利用国内法进行长臂管辖，打压和遏制竞争对手。同时，印度、巴西、印度尼西亚和俄罗斯等国家也纷纷出台规划与政策大力发展数字贸易等新兴服务贸易，国际服务贸易市场竞争日趋激烈。

（三）国内服务贸易发展的体制和机制仍待优化

服务业对外开放步伐仍需持续加快，即使已开放的服务业领域也因境内外或国内外规则、规制、标准和政策的衔接滞后而难以全面落地；数字服务业领域，数据跨境流动受限、数据跨境认证和隐私保护等规则对接不足等制约了数字服务，如降低了跨境金融和云计算等的全球化交付效率。

（四）省域间服务贸易发展的竞争日趋激烈

由于区位、人才、政策等方面形成的特有优势，北京和上海等城市在金融、保险、数字服务等领域形成先发优势，一方面广东集聚高端服务资源的能力明显不足，另一方面更需应对高端服务资源流失的竞争压力。

第五节　促进广东服务贸易发展的对策建议

一、加强组织领导

（一）制定服务贸易发展规划

广东省服务贸易主管部门应提早研究编制"十五五"服务贸易发展规划，加强规划对服务贸易发展的引领作用。服务贸易发展规划要聚焦规划目标，确定重点发展领域和主要工作任务，出台激励政策措施，有计划、有步骤地指引和推进广东省服务贸易的持续高质量发展。

（二）强化规划责任落实

加强对服务贸易的领导、组织和管理。一方面，省服务贸易领导小组要通过定期召开会议等形式通报服务贸易开展工作情况，充分发挥"多部门齐抓共管"的服务贸易协调推进机制，为服务贸易发展提供组织保障。另一方面，要加强服务贸易规划的实施监督，抓好任务分解和开展规划落实的中后期评估与督查工作等；完善服务贸易发展评价与考核机制，将加快发展服务贸易作为外贸增长新引擎和培育外贸竞争新优势的重点工作来抓。

二、做实服务贸易发展产业基础

（一）加大服务业对内对外双向开放力度

加快修订和完善各类内资企业平等进入服务业的政策与法规，大力调动各类市场主体发展服务业的积极性、主动性和创造性，以服务业的充分发展作为对外扩大开放的重要条件，确保重点领域服务产业的安全和稳定发展。加快粤港澳三地的服务业规则、标准、规制和政策等的有效衔接，充分发挥港澳服务业企业的专业化和国际化优势，促进粤港澳大湾区服务业深度一体化发展。支持省内运输、旅游、金融保险、电信、中医药、专业服务、数字智能服务等领域企业"走出去"，支持企业开展跨国经营和有效整合国内外两种市场及两种资源，推动全省服务业持续高质量发展。

（二）着力提升服务业发展水平

切实提升生产性服务业国际竞争力。以制造业服务化、数字化和智能化转型为抓手，促进制造业和生产性服务业深度融合发展；大力发展研发设计、供应链管理、数字化和智能化解决方案等高端生产性服务业，促进生产性服务业快速、持续和高质量发展；大力推进金融保险、电信信息、商贸物流等服务业的专业化、数字化、智能化和绿色化发展，持续提升国际服务竞争力。

着力提高生活服务业发展水平。主要是实施"旅游+N（商贸、会展等）"战略，持续提升旅游业发展水平；加快中医药标准化和国际化建设，提升中医药国际服务的能力；大力推进高等院校"双一流"建设工程，提升广东高校学科和专业的国际影响力；积极对接港澳居民生活服务业需求，有效推进粤港澳大湾区服务业的融合协调发展等。

三、做强市场服务主体

（一）打造服务贸易跨国领军企业

重点扶持运输仓储、电子信息、新能源汽车和人工智能等服务领域，培育一批占据全球服务价值链中高端地位的服务贸易领军企业。鼓励和支持领军企业开展全球服务市场布局，通过开展全球性业务带动服务、技术和标准"走出去"，打响"广东服务"品牌；支持领军企业开展跨国投资合作，通过新设、并购、合资和合作等形式，积极加快境外服务网络建设，大力开拓新市场和新业务。

（二）做强服务贸易骨干企业

在旅游服务、会展服务、加工服务、数字服务和服务外包等领域培育一批具有行业影响力的服务贸易骨干企业。鼓励骨干企业紧跟国际技术和商业服务前沿，创新服务业态和服务商业模式，迈向全球价值链中高端。支持骨干企业开展跨地区、跨行业合作，通过融合区域服务产业链、服务供应链等打通服务产品上下游链条，提升企业国际服务市场核心竞争力。

（三）发展服务贸易特色企业

选准信息技术服务、其他商业服务、中医疗服务和文化创意服务等服务行业与细分领域，积极培育具有国际化视野、国际化能力、独特竞争优势的中小型服务企业发展。鼓励创新型、创业型中小微服务企业发展，支持企业走"专、精、特、新"发展道路。重点推进深圳前海、广州南沙和珠海横琴自由贸易片区的现代服务业集聚发展，支持中小型企业与领军企业和骨干企业开展协作，形成有竞争力的服务贸易企业生态网络。

四、育引中高端服务人才

（一）加快人才育引体系建设

创新服务贸易人才培养模式，探索政校（研）企联合人才培养的新机制。推动高校和科研院所加强服务贸易学科与专业建设，开设服务贸易课程，加大服务贸易管理和商务等方面的人才培养力度。完善服务贸易人才"政府引导、机构主导、企业支持"的培训体系建设，开展多层次各行业服务贸易专项培训。支持企业引进海外服务贸易高端人才，为外籍高端人才在粤永久居留和工作提供便利。

（二）强化重点领域人才培育力度

为适应服务贸易数字化、智能化和绿色化发展，应着力培养数字技术研发型人才（包括人才智能算法等核心技术攻关人才和大数据中心管理等数字基础设施人才）、数字技术应用型人才（包括数字场景转化人才和跨境电商运营人才等）、数字技术管理型人才（包括数字化战略规划人才和数字项目管理人才等），为数字服务贸易高质量发展提供所需的复合型、国际化的高端类人才。

五、优化营商环境

（一）推进服务贸易法制化进程

加强与我国港澳地区、发达国家服务业立法、执法和司法部门的交流与合作，加快形成与国际高标准接轨的服务贸易与服务投资规则体系；在服务边境已开放的条件下，规范服务行业规制、规则、标准和政策等，支持深圳积极探索和开展服务贸易事前、事中和事后服务与监管的立法工作，使服务贸易边境内开放与边境外开放同步。

（二）提升服务贸易便利化水平

创新服务贸易海关监管模式，完善符合跨境电子商务业态发展的工作机制，积极参与跨境电子商务国际规则和标准构建。发挥海关特殊监管区域和保税监管场所政策优势，大力发展国际转口贸易、国际物流、中转服务、研发、维修、国际结算、分销等服务贸易。加强人员流动，为专业人才和专业服务引进来、走出去提供便利。

第五章

广东利用外资研究报告

第一节　广东利用外资的发展概况

一、广东促进外商投资政策

2023年，在国家一系列利好政策的推动下，广东在吸引外资领域持续发力，成果显著。国家发展改革委等部门发布了《关于以制造业为重点促进外资扩增量稳存量提质量的若干政策措施》，习近平总书记在第三届"一带一路"国际合作高峰论坛开幕式上宣布了全面取消制造业领域外资准入限制措施等，为广东吸引外资创造了良好的政策环境。

广东积极响应国家政策，出台了一系列举措。2023年3月，发布《广东省推进招商引资高质量发展若干政策措施》，围绕产业发展提升外资招引质量，实施产业链精准招商，鼓励外资聚焦集成电路、生物医药、新能源等新赛道产业和未来产业加大投资，并支持有实力的企业创建高水平研发机构。2023年8月，省发展改革委等6部门联合印发《关于以制造业为重点促进外资扩增量稳存量提质量的若干措施》，针对扩增量、稳存量、提质量三个方面提出17条具体措施，包括支持外商投资新开放领域、加大重大平台开放力度、推动外资项目落地实施等。

在扩大外商投资流入方面，深入实施新版外资准入负面清单，加快推进制造业领域开放举措落地见效，落实基于内地与港澳台之间签订的经济合作协定，推动进一步扩大对港澳台投资领域开放。同时，加大重大平台开放力度，加快推动深圳建设中国特色社会主义先行示范区、横琴粤澳深度合作区放宽市场准入，支持推进广州南沙开展市场准入和监管体制机制改革试点，推动广东自贸试验区开展全国首批对接国际高标准经贸规则试点工作。

在支持外商投资企业发展方面，为提升外国人在粤工作便利度，加强用工服务保障，加强货运物流保通保畅，加大知识产权保护力度，加强金融支持等。按照市场化原则为符合条件的外商投资企业提供优质金融服务和融资支持，深化自由贸易（FT）账户、本外币合一银行结算账户体系试点，支持符合条件的外商投资企业参与私募股权投资基金跨境投资。

2023年，广东还举办了一系列重大招商活动，如粤港澳大湾区全球招商大会，吸引了全球工商界的高度关注。本届招商大会延续"投资大湾区，共创美好未来"主题，举办"1+9+N"系列活动，共签约投资贸易项目859个，其中投资项目824个、投资总额1.63万亿元。新质生产力领域的企业报名踊跃，涉及人工智能、低空经济、新型储能、生物医药等产业。此外，"投资中国年"广东专场推介活动投资总额905亿元；粤港澳大湾区—欧洲经贸合作交流会、中国（广东）—沙特经贸合作交流会共签约项目52个、投资金额560亿元。

在优化营商环境方面，广东持续打造市场化、法治化、国际化一流营商环境，出台地方外商投资权益保护条例，为外资企业释放更多政策红利。在法治框架下创新相关制度，如颁布《广东省外商投资权益保护条例》涉及知识产权保护；深圳颁布《深圳经济特区外商投资条例》建立国际职业资格证书认可清单制度等，推动引智、引技的规范化发展。同时，从交通便利程度、网络信息传输速度等营商硬环境与逐渐扩大外商投资领域、经商便利程度等营商软环境入手，为外资企业从落地到成果转化等环节提供更高效的公共服务。并且，国家外汇管理局在广东开展多项跨境投融资便利化试点，2024年1月，国家外汇管理局广东省分局印发通知，决定在广东全辖开展跨境贸易投资高水平开放试点，便利更多经营主体合规办理跨境贸易投资业务，截至2023年末，所有试点措施均已落地见效，累计办理试点业务1.33万笔，涉及金额304.5亿美元。

广东还注重引资、引技、引智有机结合。大力招引外资研发机构，支持外资研发中心享受进口设备免税、团队入境便利等一揽子服务。推广外国人来华工作许可及工作居留许可"一窗办理、并联审批"，实施计点积分地方鼓励性加分政策，落实粤港澳大湾区个人所得税优惠政策，以及企业为引进高科技人才及高管所支付的住房补贴、安家补助、科研启动经费等费用，符合税前扣除条件的，及时予以企业所得税税前扣除。

在当前美国竭力重构多元供应全球产业链、近岸和友岸生产的背景下，广东作为全国第一经济大省、外贸大省，抢抓机遇，以更大力度吸引以德国为代表的欧洲国家投资，以制造业为重点促进利用外资扩增量、稳存量、提质量。未来，广东将继续发挥自身优势，在政策推动、平台建设、环境优化等方面持续努力，更好地发挥外资对促进制造业高质量发展的积极作用，助力制造强省建设，促进国内国际双循环。

广东2018—2023年外商投资情况面临着一定的下行压力，合同外资金额随年份增长整体呈下降趋势，广东新设外商直接投资项目自2018年达到35 774个高位后，2019—2022年一直在12 000～15 000个波动，直到2023年才再次增长到21 685个（见图5-1和图5-2）。不过，广东实际利用外资金额呈现缓慢增长态势，广东利用外资逐渐向更高质量、精耕细作的方向发展。

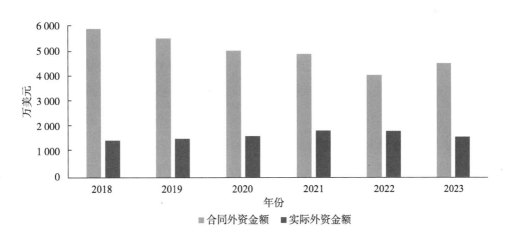

图5-1　2018—2023年广东合同外资额与实际利用外资情况

资料来源：《广东统计年鉴2024》。

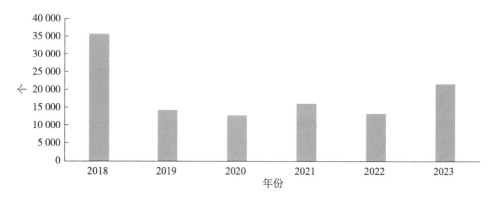

图5-2　2018—2023年广东新设外商直接投资项目情况

资料来源：《广东统计年鉴2024》。

二、外商投资行业分布

如图5-3所示，分行业来看，2023年广东外商投资主要集中在批发和零售业，租赁和商务服务业，科学研究和技术服务业，信息传输、软件和信息技术服务业，制造业，文化、体育和娱乐业，住宿和餐饮业；以上7个行业的新设外商投资企业数量占比为90.72%，实际利用外资占比为80.03%。

广东省是我国改革开放的前沿地区之一，拥有良好的投资环境和丰富的资源优势。多年来，广东省积极吸引外商投资，不断优化外商投资行业布局。广东省实际利用外资排名靠前的行业有租赁和商务服务业，制造业，信息传输、软件和信息技术服务业，科学研究和技术服务业等。

在制造业方面，广东省一直是全国外商投资的重要地区。制造业的实际利用外资占比达到了30.92%，涵盖电子通信、家电、汽车、纺织、服装等各个行业。广东省以深圳、广州等城市为代表，在电子信息产业方面拥有较为完善的产业链条和技术创新能力，吸引了大量的国际知名企业投资。

在服务业方面，广东省外商投资也表现得活跃。特别是房地产和金融行业受到外资企业的广泛关注。随着经济的快速发展和城市的不断扩大，广东省的房地产市场潜力巨大。外资企业纷纷进入该行业进行开发和投资，如万科、保利等知名房地产企业与广东省结下了深厚的合作关系。此外，广东省的金融业也非常发达，广州、深圳等城市是金融中心和创新中心，吸引了许多外资银行和保险公司进驻。

另外，广东省在信息技术、医疗保健、科学研究等服务领域也吸引了不少外商投资。值得一提的是，批发和零售业的新设外商投资企业数量占比达到了40.13%，这也预示着该行业有可能成为政府未来大力引进外资的方向。

广东省外商投资行业分布情况多样化，涵盖制造业、房地产、金融、信息技术、医疗保健、旅游和酒店业等多个领域。广东省以其优越的地理位置和良好的产业基础吸引了众多外国投资者。同时，广东省政府积极提供优惠政策、加强法律保护、提供优质公共服务等，为外商投资提供了良好的政策环境和服务保障。未来，广东省将继续加强与外商的合作，进一步拓展外商投资领域，推动经济的持续发展和转型升级。

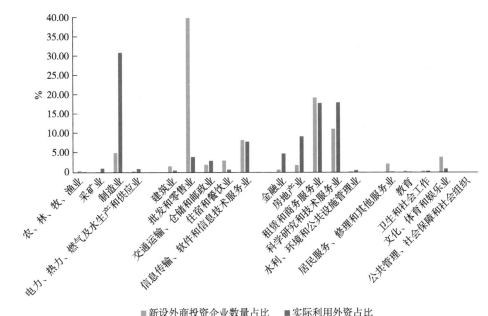

图5-3　2023年广东外商直接投资行业结构概况

资料来源：《广东统计年鉴2024》。

三、外商投资区域分布

（一）外商投资省内区域分布

从四大区域来看，2023年，广东珠三角、东翼、西翼、北部山区签订项目数占比分别为97.92%、0.81%、0.43%、0.84%，合同外资金额占比分别为96.33%、2.21%、0.10%、1.36%，实际利用外资金额占比分别为94.79%、0.94%、3.11%、1.16%（见表5-1）。

表5-1　　2023年广东珠三角、东翼、西翼、北部山区吸收外资情况

	签订项目 （个）	比重 （%）	合同外资金额 （万元）	比重 （%）	实际利用外资金额 （万元）	比重 （%）
珠三角	21 234	97.92	43 508 739	96.33	14 944 739	94.79
东翼	175	0.81	999 226	2.21	148 769	0.94
西翼	94	0.43	46 922	0.10	490 377	3.11
北部山区	182	0.84	613 581	1.36	182 370	1.16
总计	21 685	100	45 168 468	100	15 766 255	100

资料来源：《广东统计年鉴2024》。

注：珠三角：广州、深圳、珠海、佛山、惠州、东莞、中山、江门、肇庆9个地级市；

东翼：汕头、汕尾、潮州、揭阳4个地级市；

西翼：阳江、湛江、茂名3个地级市；

北部山区：河源、梅州、韶关、清远、云浮5个地级市。

以广东自贸区来看（见表5-2），2022年，广东自贸试验区南沙片区、前海蛇口片区、横琴片区新设外商投资企业数量占比分别为1.4%、30.9%、67.8%；实际利用外资金额占比为13.8%、79.5%、6.7%。

惠州大亚湾区作为国家七大石化产业基地之一，2022年共签订外商直接投资项目合同20宗，较2021年下降47.4%；外商直接投资合同金额为9.5亿美元，增长159.9%；实际利用外商直接投资4.6亿美元，增长3.3%，2022年末工商登记外商企业实有476家。

表5-2　2022年广东自贸试验区吸收外资情况

	新设外商投资企业（家）	比重（%）	实际利用外资（万美元）	比重（%）
南沙片区	25	1.4	96 636	13.8
前海蛇口片区	568	30.9	558 049	79.5
横琴片区	1 246	67.8	47 087	6.7
总计	1 839	100	701 772	100

资料来源：广东省商务厅官网。

注：南沙片区：中国（广东）自由贸易试验区广州南沙新区片区总面积60平方公里（含广州南沙保税港区7.06平方公里），共7个区块，分为中心板块、海港板块、庆盛板块。

前海蛇口片区：中国（广东）自由贸易试验区深圳前海蛇口片区规划面积28.2平方公里，分为前海区块（15平方公里，含前海湾保税港区3.71平方公里）和蛇口区块（13.2平方公里）。

横琴片区：中国（广东）自由贸易试验区珠海横琴新区片区位于广东省珠海市南部，目前岛内设一镇、三个社区居委会，下辖11个自然村。

（二）外商投资省内城市分布

如表5-3所示，2023年，签订项目数排名前十的地市为深圳、广州、珠海、东莞、佛山、中山、江门、惠州、肇庆、清远，数量占比为98.22%；合同外资额占比排名前十的地市为广州、深圳、东莞、佛山、珠海、中山、惠州、揭阳、江门、肇庆，数量占比为98.06%；实际利用外资金额排名前十的地市为深圳、广州、惠州、珠海、东莞、佛山、湛江、中山、江门、肇庆，数量占比为97.72%。

表5-3　2023年广东省各地市吸收外资情况

地市	签订项目（个）	比重（%）	合同外资额（万元）	比重（%）	实际利用外资（万元）	比重（%）
广州	6 629	30.57	18 175 946	40.24	4 832 227	30.65
深圳	8 002	36.90	9 436 456	20.89	6 262 117	39.72
珠海	2 219	10.23	2 883 244	6.38	805 996	5.11
汕头	59	0.27	74 581	0.17	54 664	0.35

地市	签订项目（个）	比重（%）	合同外资额（万元）	比重（%）	实际利用外资（万元）	比重（%）
佛山	968	4.46	4 681 924	10.37	626 438	3.97
韶关	29	0.13	161 662	0.36	23 821	0.15
河源	46	0.21	27 873	0.06	23 394	0.15
梅州	28	0.13	44 260	0.10	12 918	0.08
惠州	528	2.43	869 204	1.92	889 244	5.64
汕尾	64	0.30	81 294	0.18	32 671	0.21
东莞	1 369	6.31	5 699 059	12.62	722 121	4.58
中山	847	3.91	942 834	2.09	352 146	2.23
江门	555	2.56	424 732	0.94	305 647	1.94
阳江	36	0.17	15 114	0.03	17 544	0.11
湛江	40	0.18	23 926	0.05	462 378	2.93
茂名	18	0.08	7 882	0.02	10 455	0.07
肇庆	117	0.54	395 340	0.88	148 803	0.94
清远	66	0.30	131 510	0.29	115 523	0.73
潮州	10	0.05	17 866	0.04	8 685	0.06
揭阳	14	0.06	781 225	1.73	39 831	0.25
云浮	41	0.19	292 536	0.65	19 632	0.12

资料来源：《广东统计年鉴2024》。

四、外商投资来源分布

2023年，主要投资来源地对广东投资规模保持稳定。从投资者国籍/注册地来看，排名前十五的外资来源地为中国香港、阿联酋、新加坡、德国、中国澳门、英国、开曼群岛、英属维尔京群岛、法国、日本、韩国、美国、萨摩亚、澳大利亚、中国台湾（见表5-4）。由于广东特殊的地理位置，毗邻我国港澳、东南亚等地区，所以广东省境外投资主要以中国香港、中国澳门、新加坡等地为主，以上三个地区的投资占比高达78.81%，是广东省吸引外资的重要地区。

表5-4 2023年广东实际利用外资额排名前十五的国家（地区）

国家（地区）	实际利用外资（万元）	比重（%）
总计	15 790 819	100
中国香港	11 421 527	72.33
阿联酋	1 390 551	8.81
新加坡	692 276	4.38
德国	541 674	3.43
中国澳门	331 096	2.10
英国	274 977	1.74
开曼群岛	253 881	1.61
英属维尔京群岛	253 840	1.61
法国	143 614	0.91
日本	143 598	0.91
韩国	134 198	0.85
美国	63 563	0.40
萨摩亚	52 383	0.33
澳大利亚	51 003	0.32
中国台湾	42 638	0.27

资料来源：《广东统计年鉴2024》。

总体上看，2023年亚洲国家（地区）实际对广东投资金额占比为88.99%，欧洲国家（地区）实际对广东投资金额占比为6.43%，南美洲国家（地区）实际对广东投资金额占比为3.21%，大洋洲国家（地区）实际对广东投资金额占比为0.66%，北美洲国家（地区）实际对广东投资金额占比为0.56%，非洲国家（地区）实际对广东投资金额占比为0.16%（见图5-4）。

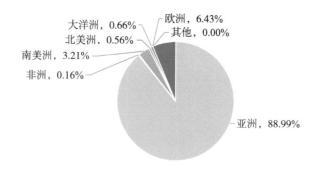

图5-4　2023年实际利用外资主要来源地概况

资料来源：《广东统计年鉴2024》。

五、外商及港澳台商投资运行情况

（一）固定资产投资情况

2022年，广东内资固定资产投资（不含农户）较2021年下降了2.90%，港澳台商固定资产投资增长3.10%，外商固定资产投资下降3.40%（见图5-5）。

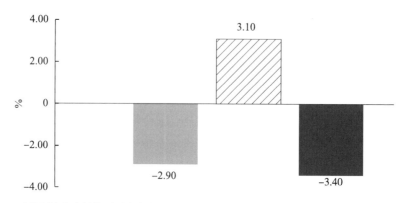

■ 内资固定资产投资（不含农户）比上年增长　□ 港澳台商固定资产投资比上年增长
■ 外商投资固定资产投资比上年增长

图5-5　2022年广东固定资产投资增幅情况

资料来源：《广东统计年鉴2023》。

（二）规模以上工业投资情况

1.规模以上工业增加值

2022年，全省规模以上工业增加值增长1.60%，其中外商及港澳台商投资企业工业增加值增长0.85%（见图5-6）。

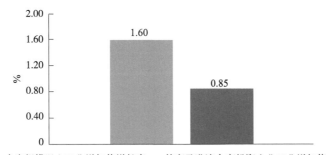

■全省规模以上工业增加值增长率　　■外商及港澳台商投资企业工业增加值增长率

图5-6　2022年广东规模以上工业增加值、外商及港澳台商投资企业工业增加值增幅情况
资料来源：《广东统计年鉴2023》。

2.规模以上"三资"工业企业经营情况

2023年，全省规模以上工业企业实现营业收入56 027.33亿元，同比降低了69.39%，其中外商投资工业企业和港澳台商投资工业企业的营业收入约占全省的1/2，分别实现营业收入29 352.74亿元、26 674.59亿元，同比分别降低了8.13%、6.76%（见图5-7）。

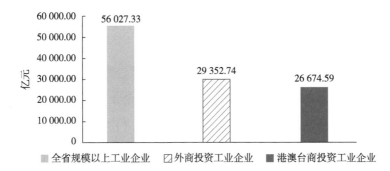

■全省规模以上工业企业　　▨外商投资工业企业　　■港澳台商投资工业企业

图5-7　2023年广东规模以上工业企业、外商投资工业企业、港澳台商投资工业企业营业收入情况

资料来源：《广东统计年鉴2024》。

2021年，全省营业收入较大的50家工业企业中有13家企业是外商投资或港澳台商投资工业企业或其分支机构，主要集中在汽车及汽车零部件、电子元件、消费品、消费电子、工业设备等行业（见表5–5）。

表5–5 2021年广东营业收入较大的外商投资与港澳台投资工业企业及其所在行业

企业名称	行业
东风汽车有限公司东风日产乘用车公司	汽车及汽车零部件
富泰华工业（深圳）有限公司	电子元件
广汽丰田汽车有限公司	汽车及汽车零部件
广汽本田汽车有限公司	汽车及汽车零部件
周大福珠宝金行（深圳）有限公司	消费品
深圳市裕展精密科技有限公司	电子元件
中海壳牌石油化工有限公司	能源
纬创资通（中山）有限公司	信息与通信
本田汽车零部件制造有限公司	汽车及汽车零部件
乐金显示（广州）有限公司	消费电子
广州宝洁有限公司	消费品
东风本田发动机有限公司	汽车及汽车零部件
日立电梯（中国）有限公司	工业设备

资料来源：《广东统计年鉴2022》。

注：由于《广东统计年鉴2022》未公布2022年全省营业收入工业企业的名单，本章采用2021年的企业数据。

3.规模以上工业企业利润总额

2023年，全省规模以上工业企业实现利润总额为11 595.24亿元，同2022年相比增长了12.26%，其中外商投资工业企业利润总额为1 499.63亿元，同比降低了7.88%，港澳台商投资工业企业利润总额为2 012.34亿元，同比降低了15.57%（见图5–8）。

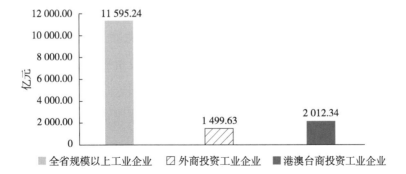

图5-8　2023年广东规模以上工业企业、外商投资工业企业、港澳台商投资工业企业利润总额情况

资料来源:《广东统计年鉴2024》。

（三）规模以上服务业企业经营情况

1.规模以上服务业企业营业收入情况

2023年，全省规模以上服务业企业实现营业收入50 205.08亿元，其中港澳台商投资服务业企业为6 461.38亿元，外商投资服务业企业为2 125.41亿元，营业收入较2022年分别增加了8.1%、12.8%、10.7%（见图5-9、图5-11）。

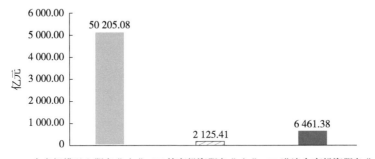

图5-9　2023年广东规模以上服务业企业、外商投资服务业企业、港澳台商投资服务业企业营业收入情况

资料来源:《广东统计年鉴2024》。

2.规模以上服务业企业利润总额

2023年，全省规模以上服务业企业实现利润总额为6 192.70亿元，其中港澳台商投资服务业企业为1 671.96亿元，外商投资服务业企业为385.27亿元，全省和港澳台商投资服务业企业的利润总额较2022年均有不同程度的上升，分别增长了28.94%、39.10%，但外商投资服务业企业呈下滑态势，同比下降了0.2%（见图5-10和图5-11）。

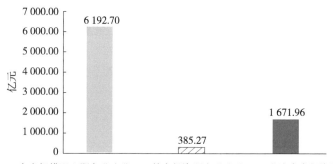

图5-10　2023年广东规模以上服务业企业、外商投资服务业企业、港澳台商投资服务业企业利润总额情况

资料来源：《广东统计年鉴2024》。

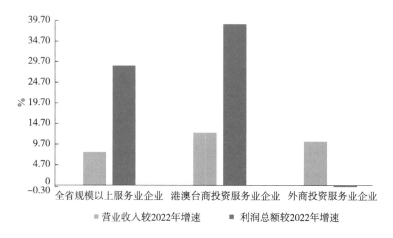

图5-11　2023年广东规模以上服务业企业、外商投资服务业企业、港澳台商投资服务业企业营业收入、利润总额较2022年增速情况

资料来源：《广东统计年鉴2024》。

（四）进出口情况

2023年，全省进出口商品总值达83 017.23亿元，出口商品总值为54 374.31亿元，同比下降了0.02%，进口商品总值为28 642.93亿元，同比增长了0.04%，外商投资经济进口、出口商品总值分别为10 847.31亿元、17 115.94亿元，同比分别增长了0.11%、降低了0.07%（见图5-12）。

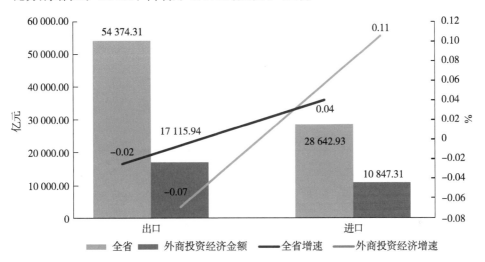

图5-12　2023年广东全省以及外商投资经济进出口情况

资料来源：《广东统计年鉴2024》。

第二节　粤京沪苏浙鲁闽利用外资的对比分析

一、京沪苏浙鲁闽外商投资行业分布

（一）北京市外商投资行业分布

北京市作为我国的首都和政治、文化中心，吸引了大量的外商投资。北京市的科学研究和技术服务业，租赁和商务服务业，信息传输、软件和信息技术服务业等行业实际利用外资较多。

由图5-13可以看出，服务业是北京市吸引外资的主要行业，北京市是中国最重要的商务、金融和科技创新中心之一。金融业是北京市外商投资的重点领域，外资银行、保险公司和证券公司在市区设立了大量的分支机构与办事处。另外，北京市拥有众多的科技创新企业和高新技术企业，吸引了许多国际知名的科技公司进行投资和合作，如微软、谷歌、IBM等。

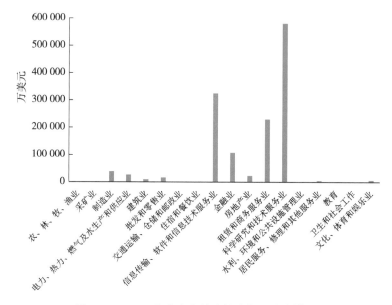

图5-13　2023年北京市外商投资行业分布情况

资料来源：《北京统计年鉴2024》。

（二）上海市外商投资行业分布

上海市是中国最重要的经济中心和国际金融枢纽，吸引了大量的外商投资。首先，根据《上海统计年鉴2023》，在第一产业方面，由于上海市是中国最重要的金融中心，经济发展主要以第二产业和第三产业为主，农业用地较少，所以第一产业吸引外资的金额相较于第二和第三产业较低，合同项目2022年仅有368个，实际吸引外资金额仅5亿美元（见表5-6）。

其次，在第二产业方面，上海市利用先进的制造业发展优势，吸引外资的合同项目达到27 317个，实际利用外资金额653.38亿美元。上海浦东新区被誉为中国的"硅谷"，聚集了众多国际知名的高科技企业和创新研发机构。例如，微软、IBM、阿里巴巴、腾讯等在上海设立了研发中心或实验室，与本地企业合作开展科研和技术创新。上海市也致力于打造自由贸易试验区和科创中心，为外商投资提供了更多的机会与政策支持。

此外，上海市作为国际大都市，第三产业发展基础较好，吸引了大量的外商投资，实际吸引外资金额达到了2 364.34亿美元。上海市外商投资行业分布相对多元化，涵盖金融服务业、科技创新、制造业、服务业等多个领域。上海市拥有优越的地理位置和良好的发展环境，吸引了众多国际知名企业的关注和投资。与此同时，上海市政府积极提供优惠政策、改善营商环境，为外商投资提供了良好的政策环境和商业机会。未来，上海市将继续加大对外商投资的引进力度，推动上海市的经济发展和国际影响力的提升。

表5-6　2022年上海市各产业外商投资情况

	合同项目（个）	合同金额（亿美元）	实到金额（亿美元）
总计	116 272	6 295.57	3 022.72
第一产业	368	8.51	5
第二产业	27 317	1 147.56	653.38
第三产业	88 587	5 139.5	2 364.34

资料来源：《上海统计年鉴2023》。

（三）江苏省外商投资行业分布

江苏省是中国东部沿海地区的重要经济大省，拥有优越的地理位置和丰富的人力资源，吸引了大量外商投资，图5-14是江苏省外商投资行业分布情况。江苏省实际利用外资排名较前的行业有制造业、科学研究和技术服务业、房地产业等。

在制造业方面，江苏省是中国最重要的制造业基地之一。汽车、电子、机械、化工、纺织等行业都有较为发达的产业链条和技术实力。例如，南京、苏州等地吸引了大量的外资汽车企业，如大众、雪佛兰、宝马等在江苏设立了生产基地。

在科技创新方面，江苏省大力推动创新型经济的发展，通过设立科技园区和高新技术企业孵化器等方式，吸引了众多国际知名科技企业的投资。在现代物流方面，随着电子商务的快速发展，江苏省的现代物流业得到了迅猛发展，外资企业纷纷进入该领域投资。

江苏省在能源、医疗保健和旅游业等领域也吸引了不少外商投资。在能源方面，江苏省拥有丰富的煤炭、油气和新能源资源，外资企业在该领域的投资相对集中。在旅游业方面，江苏省拥有丰富的历史、文化和风景资源，如苏州园林、南京夫子庙等，吸引了大量中外游客，外资酒店和旅游企业纷纷进驻。

总体来说，江苏省外商投资行业分布广泛，涵盖制造业、服务业、能源、环保、医疗保健和旅游业等多个领域。江苏省以其优越的地理位置、强大的经济实力和良好的发展前景吸引了众多外国投资者。同时，江苏省政府积极提供优惠政策、改善营商环境、加强产业配套等措施，为外商投资提供了良好的政策环境和商业机会。未来，随着江苏省不断深化改革和创新发展，外商投资将继续在各个行业中发挥重要作用，推动经济的持续发展和转型升级。

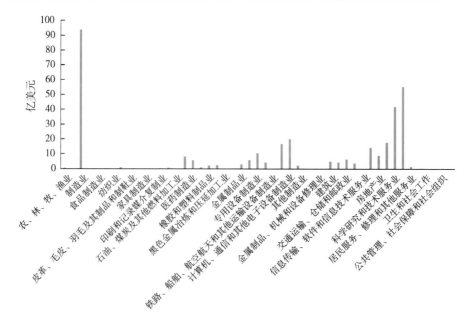

图5-14　2023年江苏省外商投资行业分布情况

资料来源：《江苏统计年鉴2024》。

（四）浙江省外商投资行业分布

浙江省作为我国改革开放的前沿阵地，一直以来都是吸引外商投资的重要省份之一。根据《浙江统计年鉴2024》，第二和第三产业是浙江省吸引外资的主要产业，制造业，科学研究和技术服务业，租赁和商务服务业，信息传输、软件和信息技术服务业等行业实际利用外资较多（见图5-15）。

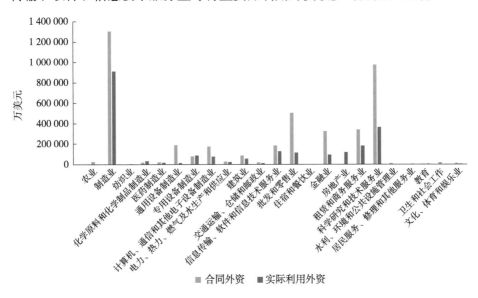

图5-15　2023年浙江省外商投资行业分布情况

资料来源：《浙江统计年鉴2024》。

制造业是浙江省外商投资最为集中的行业。浙江省拥有完善的制造业产业链，特别是在机电、纺织、服装、化工等领域，具有较强的产业优势。同时，浙江省政府还积极推动产业升级，加快培育新兴产业，如新能源、新材料、生物医药等，为外商投资提供了更多机遇。

此外，服务业也是浙江省外商投资的重要领域。随着浙江省经济的不断发展和人民生活水平的提高，服务业需求逐渐旺盛。在金融、教育、医疗、旅游、物流等领域，外商投资企业逐步增多，为浙江省服务业发展注入了新的活力。高新技术产业在浙江省外商投资中占有一定比重。浙江省政府高度重视高新技术产业的发展，积极打造创新平台，吸引了一批外商投资企业。这些企业带来了先进的技术和管理经验，推动了浙江省高新技术产业的快速发展。

（五）山东省外商投资行业分布

山东省作为我国沿海地区重要的经济大省，一直以来都是外商投资的热土。图5-16为山东省外商投资行业分布情况。山东省的制造业、房地产业等行业实际利用外资较多，分别达到了1 699.9亿美元和365.3亿美元。

自改革开放以来，山东省凭借其得天独厚的地理优势、扎实的产业基础和优良环境，吸引了大量外商投资。根据《山东统计年鉴2024》，山东省外商投资行业主要集中在制造业、服务业、房地产业等领域。

首先，制造业是山东省外商投资最为集中的行业。山东省拥有完善的制造业产业链，特别是在家电、化工、汽车、机械设备等领域，具有较强的产业优势。此外，山东省政府还积极推动新旧动能转换，加快培育新兴产业，如新能源、新材料、生物医药等，为外商投资提供了更多机遇。

其次，服务业和房地产业也是山东省外商投资的重要领域。随着山东省经济的不断发展和人民生活水平的提高，服务业需求逐渐旺盛。在金融、教育、医疗、旅游、物流等领域，外商投资企业逐步增多，为山东省服务业发展注入了新的活力。山东省房地产市场发展潜力巨大，吸引了众多外资企业参与开发。这些企业带来了先进的管理经验和技术，推动了山东省房地产市场的繁荣发展。

值得一提的是，山东省政府高度重视外商投资，不断优化投资环境，降低投资门槛，为外商投资提供了诸多优惠政策。例如，在税收、土地使用、人才引进等方面给予外商投资企业优惠待遇，吸引了更多外资企业来山东投资兴业。总之，山东省外商投资行业分布广泛，涵盖制造业、服务业、房地产业和批发零售业等多个领域。随着山东省新旧动能转换的深入推进和产业的不断升级，未来山东省外商投资行业将更加多元化，为山东省经济的持续发展注入新的动力。

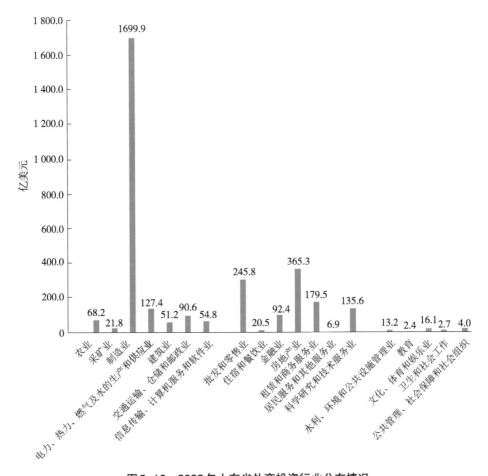

图5-16　2023年山东省外商投资行业分布情况

资料来源:《山东统计年鉴2024》。

（六）福建省外商投资行业分布

福建省是我国东南沿海的重要省份，工业和服务业是福建省吸引外资的主要产业，外商直接投资合同金额较大（见图5-17）。

制造业是福建省外商投资较为集中的行业。福建省拥有较为完善的制造业产业链，特别是在机械、电子、纺织、化工等行业，具有较强的产业优势。外商投资企业通过引进先进的技术和管理经验，推动福建省制造业的升级和提质增效。此外，能源和矿产资源开发也是福建省外商投资的重要领域。福建省地处我国东南沿海地区，拥有丰富的矿产资源和能源资源，如石油、天然气、煤炭等。外商投资企业通过在福建省开展能源和矿产资源开发项目，为当地经济发展带来了新的动力和机遇。

服务业作为福建省外商投资的重要领域。随着福建省经济的不断发展和人民生活水平的提高，服务业需求逐渐旺盛。在金融、教育、医疗、物流等领域，外商投资企业逐步增多，为福建省服务业发展注入了新的活力。此外，福建省在旅游、文化、娱乐等服务业领域也吸引了众多外商投资。值得一提的是，福建省政府对外商投资一直保持着积极的支持态度。政府在税收、土地使用、人才引进等方面给予外商投资企业优惠待遇，同时积极推动与国际市场的合作，为外商投资创造了良好的环境。总之，福建省外商投资行业分布广泛，涵盖制造业、服务业、能源和矿产资源开发等多个领域。随着福建省经济的持续发展和产业的不断升级，未来福建省外商投资行业将更加多元化，为福建省经济的持续发展注入新的动力。

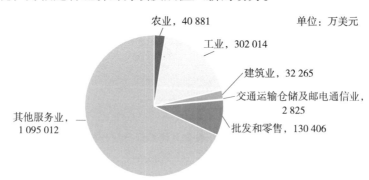

图5-17 2023年福建省外商投资行业分布情况

资料来源：《福建统计年鉴2024》。

二、京沪苏浙鲁闽外商投资来源分布

（一）北京市外商投资来源分布

北京作为我国首都、政治中心，在吸引外资方面也要考虑政治方面的安全性，由表5-7可以看出，北京市2023年外资主要来源于中国香港，投资金额达到了 1 071 503 万美元，其他国家（地区）都较少，这也侧面反映出北京市的外商投资来源还需拓宽。

表5-7　2023年北京市外商投资来源情况

投资来源地	投资金额（万美元）
中国香港	1 071 503
新加坡	72 925
日本	2 964
英属维尔京群岛	1 141
美国	84 198
韩国	27 721
德国	21 637
瑞典	20 819
瑞士	58
开曼群岛	20 878
中国台湾	244
英国	5 100
法国	4 918

资料来源：《北京统计年鉴2024》。

（二）上海市外商投资来源分布

作为我国重要的金融中心，上海市吸引外资的数量一直排名全国前列，在外资来源方面，以中国香港、日本、新加坡等地为主，实际利用外资金额分别达到了 1 465.03 亿美元、236.49 亿美元、217.08 亿美元，是上海市吸引外资的重要地区（见表5-8）。

表5-8　2022年上海市外商投资来源情况

投资来源地	合同项目（个）	合同金额（亿美元）	实到金额（亿美元）
中国香港	36 755	3 495.43	1 465.03
中国澳门	461	8.60	2.87
中国台湾	13 782	123.11	51.90
日本	11 478	327.05	236.49

投资来源地	合同项目（个）	合同金额（亿美元）	实到金额（亿美元）
韩国	5 240	68.49	30.39
新加坡	5 747	406.86	217.08
泰国	380	7.38	4.07
德国	2 883	125.32	90.11
英国	2 419	83.96	38.03
法国	1 654	59.28	36.83
意大利	1 575	18.71	9.45
美国	10 574	302.86	165.55
加拿大	2 170	34.90	7.13
澳大利亚	2 128	20.55	7.56

资料来源：《上海统计年鉴2023》。

（三）江苏省外商投资来源分布

江苏省实际利用外资金额最多的地区是中国香港，利用外资金额达到了177.70亿美元。值得一提的是，2023年新设外商企业投资企业数中，美国、中国台湾、中国香港等地新设外商企业较多，这也可能是江苏省吸引外资方向多元化的一个重要体现（见图5-18）。

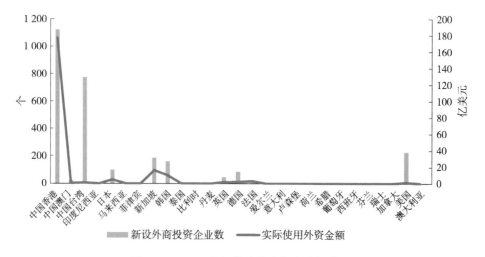

图5-18　2023年江苏省外商投资来源情况

资料来源：《江苏统计年鉴2024》。

（四）浙江省外商投资来源分布

浙江省外资来源以中国香港、中国台湾、新加坡等为主，实际利用外资金额分别达到了1 247 200万美元、10 831万美元、79 172万美元（见图5-19）。

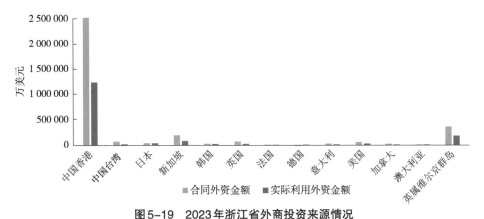

图5-19　2023年浙江省外商投资来源情况

资料来源：《浙江统计年鉴2024》。

（五）山东省外商投资来源分布

由于山东省距离韩国、日本等发达国家较近并且省内的河运较为发达，所以山东省主要外商投资来源于沿海国家或地区，如中国香港、韩国、日本等（见图5-20）。

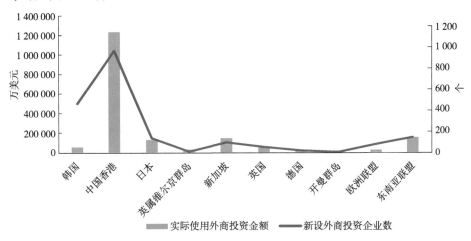

图5-20　2023年山东省外商投资来源情况

资料来源：《山东统计年鉴2024》。

（六）福建省外商投资来源分布

福建省外商投资主要来源于中国香港、中国台湾、新加坡等，投资金额分别达到了 1 096 024 万美元、278 430 万美元、92 083 万美元，明显可以看出中国台湾对福建省的投资项目数量比其他省市多（见图5-21）。

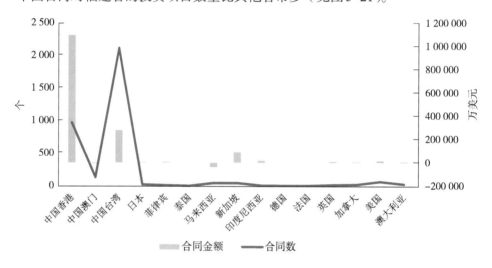

图5-21　2023年福建省外商投资来源情况

资料来源：《福建统计年鉴2024》。

三、各省外商投资情况小结

广东、江苏、上海、北京、浙江、山东、福建七省市在过去的几年中一直是中国利用外资较为集中的地区。这些地方有较为发达的经济基础和良好的投资环境，吸引了大量国内外投资者。广东是中国最大的经济省份，利用外资规模一直位居全国前列。江苏、上海、北京、浙江等省市也是中国经济发展的重要极点，外资投资额相对较高。此外，山东省作为中国沿海经济带的一部分，也吸引了不少外资投资。福建省由于地处海上丝绸之路经济带的核心位置，也受到了不少外国投资者的关注。这些地区通过提供良好的投资政策、完善的基础设施、开放的市场环境等方式，吸引了众多跨国公司和外国投资者在这些地方设立企业、投资项目。这种利用外资的情况有助于促进当地经济的发展，提高就业率，推动产业升级和技术创新。2023年，新设外商投资企业数排名前七的省市分别是广东、上海、浙江、福建、江苏、山东、海南，上述七省市新设外资的企业数在全国占比为81.1%（见表5-9）。在实际使用外资金额的排名中，江苏、上海、广东、浙江、山东、北京分别在全国排名前六，而福建和海南在全国排名第八和第十一，上述七省市实际使用外资的规模占全国的比重为72%，是我国吸引外资的主要地区。未来上述省市应坚持实施更大范围、更宽领域、更深层次的对外开放，坚持把利用外资与产业结构调整、开放创新、体制改革有机结合，更好地服务于我国经济高质量发展和产业迈向全球价值链中高端的目标。

表5-9 2023年各省市外商投资情况对比

省市	新增企业数（个）	实际利用外资金额（亿美元）	实际利用外资金额占全国的比重（%）	实际利用外资金额排名
江苏	3 481	253.4	15.5	1
上海	6 017	240.9	14.8	2
广东	21 685	228.6	14	3
浙江	4 451	202.3	12.4	4
山东	2 518	175.3	10.7	5
福建	3 721	43.1	2.6	8
海南	1 736	32.6	2	11

资料来源：《中国外资统计公报2024》。

第三节 广东利用外资存在的问题

一、整体实际利用外资规模有所下降

近年来，广东省实际利用外资规模呈现出令人担忧的下滑趋势。2023年广东实际利用外资金额1 830亿元，同比下降11.6%。而到了2024年，这种颓势并未得到有效扭转。2024年1—6月，全省实际利用外资金额552.7亿

元，同比下降42.9%。从2024年上半年以及2023年的趋势足以看出，广东省在吸引外资的整体规模上正面临严峻挑战。

从细分城市来看，2023年广东绝大部分地市签订的外资项目较2022年有不同程度的增长，但是合同外资额和实际利用外资金额呈现不同程度的下降趋势。

表5-10　2023年广东各地市外资利用规模及同比增长率

地市	签订项目增长率（%）	合同外资额增长率（%）	实际利用外资增长率（%）
广州	92.59	40.67	−15.83
深圳	86.57	−32.13	−12.34
珠海	14.26	−27.00	−8.13
汕头	1.72	−52.25	184.01
佛山	33.15	215.22	−14.35
韶关	−32.56	−31.48	−54.04
河源	27.78	−92.09	−79.45
梅州	21.74	748.87	12.26
惠州	45.05	−43.88	−14.49
汕尾	20.75	−36.78	15.08
东莞	24.00	439.09	−8.44
中山	45.78	63.57	−15.41
江门	40.51	−65.95	−13.18
阳江	33.33	−78.30	−71.10
湛江	8.11	−82.50	13.27
茂名	−37.93	−99.23	−44.64
肇庆	30.00	−46.00	34.58
清远	4.76	−83.04	3.62
潮州	100.00	−74.06	−87.63
揭阳	16.67	26 355.30	−8.23
云浮	−8.89	107.41	−62.00

资料来源：根据《广东统计年鉴2024》计算所得。

2017—2023年，广东外商投资经济进口额与出口额占全省比重呈现下降趋势，外资企业无论是进口还是出口上对广东的进口额和出口额的贡献都在逐渐减少（见图5-22）。

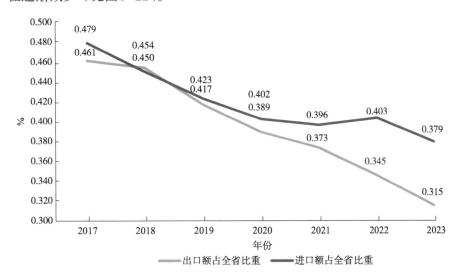

图5-22　2017—2023年广东省外商投资经济进口额与出口额占全省比重

资料来源：《广东统计年鉴2018》《广东统计年鉴2019》《广东统计年鉴2020》《广东统计年鉴2021》《广东统计年鉴2022》《广东统计年鉴2023》《广东统计年鉴2024》。

从宏观角度分析，全球经济形势的不确定性是导致这一现象的重要外部因素。自新冠疫情暴发以来，全球经济遭受重创，各国经济增长放缓，企业投资意愿下降。贸易保护主义抬头，国际贸易摩擦不断加剧，全球产业链和供应链面临重构。在这样的大环境下，外资企业在进行全球投资布局时更加谨慎，对投资目的地的选择也更加严苛。

从微观层面来看，广东省内生产成本的上升也是影响外资流入的重要因素。随着经济的发展，劳动力成本不断攀升，土地价格持续上涨，企业的运营成本大幅增加。例如，一些劳动密集型的外资企业，原本依赖广东廉价的劳动力资源进行生产加工，如今面对不断上涨的人力成本，不得不重新考虑投资选址，将工厂转移到劳动力成本更低的东南亚国家，如越南、柬埔寨等。此外，政策环境的变化也对外资企业产生了一定的影响。尽管广东省政府出台了一系列吸引外资的政策措施，但在政策的执行和落实过程中，可能存在一些问题，导致外资企业对政策的获得感不强。

二、外资来源地结构变化

在吸引外资的进程中，广东省的外资来源地结构发生了显著变化。一直以来，广东省的外资主要来源于欧美、日韩以及我国港澳台地区。然而，近年来，部分传统外资来源地的投资增长逐渐放缓。以美国为例，由于中美贸易摩擦的持续影响，美国企业对广东省的投资态度变得谨慎，投资项目和投资金额都有所减少。相关数据显示，在过去几年中，美国在粤投资企业的数量增长停滞，部分企业甚至出现了撤资的情况。与此同时，新兴市场的外资流入尚未能完全弥补传统外资来源地投资放缓所带来的缺口。虽然广东省积极拓展与"一带一路"共建国家的经济合作，吸引了部分新兴市场国家的投资，但从整体规模和影响力来看，这些新兴市场的投资还难以使广东省的外资结构产生根本性的改变。比如，与东南亚一些国家相比，广东省在吸引印度、巴基斯坦等新兴市场国家的投资方面，优势并不明显。这些国家自身经济发展水平有限，对外投资能力较弱，而且在文化、政策等方面与广东省存在一定的差异，增加了投资合作的难度。

外资来源地结构的这种变化，对广东省的经济发展产生了多方面的影响。一方面，传统外资来源地投资的减少可能导致一些高端技术、先进管理经验的引进受到阻碍，影响广东省产业的升级和创新发展。另一方面，新兴市场外资流入不足使得广东省在优化外资结构、降低对特定地区外资依赖方面进展缓慢，提高了经济发展的风险和不确定性。

为了应对这一问题，广东省需要进一步加大对新兴市场的开拓力度。加强与新兴市场国家和地区的政策沟通与协调，建立更加紧密的经济合作机制。通过举办各类投资洽谈会、经贸交流活动等，提高广东省在新兴市场的知名度和影响力，吸引更多新兴市场国家的企业来粤投资。同时，要不断优化投资环境，提升服务水平，增强对外资的吸引力，以促进外资来源地结构的多元化。

三、实际利用外资质量有待提升

尽管广东省吸引的外资规模一直处于较高水平，但在一些领域，外资利用效率不尽如人意。部分外资项目存在资金闲置、项目推进缓慢等问题。例如，在某些基础设施建设项目中，由于前期规划不完善、审批流程烦琐等，导致外资到位后无法及时投入使用，资金闲置时间较长，造成了资源的浪费。

在一些产业园区，部分外资企业入驻后，由于配套设施不完善、产业链上下游协同不足等，项目建设进度缓慢，无法按照预期的时间投产运营，影响了外资的利用效率和经济效益。以某电子信息产业园区为例，虽然吸引了多家外资电子企业入驻，但由于园区内缺乏相关的零部件配套企业，企业需要从外地采购零部件，增加了运输成本和时间成本，导致项目推进受阻，外资的效益未能得到充分发挥。

外资利用效率不高的原因是多方面的。从政府层面来看，对外资项目的管理和监督机制不够完善，在项目审批、建设过程中，缺乏有效的跟踪和服务，不能及时发现和解决问题。从企业自身角度来看，部分外资企业对市场需求的调研不够深入，项目投资决策不够科学，导致项目建设与市场实际需求脱节。此外，一些外资企业在技术、管理等方面与本地企业存在一定的差异，在融合过程中遇到困难，也影响了外资的利用效率。

为了提高外资利用效率，广东省需要加强对外资项目的全生命周期管理。建立健全外资项目评估机制，在项目引进阶段，对项目的可行性、市场前景、经济效益等进行全面评估，确保引进的项目质量高、效益好。优化项目审批流程，提高审批效率，缩短项目落地的时间。在项目建设和运营过程中，加强跟踪服务，及时协调解决企业遇到的问题，保障项目顺利推进。同时，鼓励外资企业与本地企业加强合作，促进技术、管理等方面的交流与融合，提高外资项目的协同效应和整体效益。

四、制造业引资规模偏小与高端项目不足

表5-11为江苏省和广东省2019—2023年制造业外商新设企业数与实际利用外资金额。随着党和政府对制造业外商投资的重点支持，2023年广东制造业利用外资增长的速度要快于江苏，广东制造业实际利用外资占全省总金额的30.9%，同比增长了11.7%，江苏占全省总金额的37%，同比下降了2.3%，可见广东在促进制造业外商投资上具有一定的成效。2023年广东新设企业数约为江苏的2倍，但是实际利用外资金额比江苏少约169亿元，表明广东吸引的外资可能以中小规模为主，缺乏对大型、高端外资项目的吸引力。例如，江苏2023年2月签约菲尼克斯精益智能示范工厂、百事可乐扩能项目、西门子数字化工业集团运动控制业务亚太区总部、西门子电力自动化区域性总部、叠拓华东区研发中心、汉桑AIOT智能制造基地项目等10个重大外资项目，总投资金额约为182亿元，项目涵盖新能源汽车、智能电网、智能制造、新一代信息技术等产业领域，具有投资体量大、技术含量高、引领带动力强等特点①。

表5-11　广东省和江苏省2019—2023年制造业利用外资的情况

年份	广东新设企业数（个）	江苏新设企业数（个）	广东实际利用外资金额（万元）	江苏实际利用外资金额（万元）
2019	1 532	1 056	3 830 865	8 791 345
2020	819	737	3 080 710	7 174 787
2021	947	852	3 100 434	5 866 349
2022	830	565	4 406 544	8 070 647
2023	1 078	536	4 921 501	6 612 623

数据来源：《广东统计年鉴2020》《广东统计年鉴2021》《广东统计年鉴2022》《广东统计年鉴2023》《广东统计年鉴2024》《江苏统计年鉴2020》《江苏统计年鉴2021》《江苏统计年鉴2022》《江苏统计年鉴2023》《江苏统计年鉴2024》。

---

① 资料来源：南京发布. 26亿美元！重磅签约！[EB/OL].（2023-02-22）. https://www.thepaper.cn/newsDetail_forward_22034112.

第四节　广东利用外资提质增效的思路和建议

一、深化国际合作布局，强化高端产业引资动能

近年来，广东来自发达国家的外商直接投资保持稳定增幅，2024年外资企业百强榜单显示，美、德、日等国投资占据重要地位，高端制造业（如新一代信息技术、半导体及集成电路）实际利用外资增速显著。未来需进一步强化与欧美日韩等发达国家或地区的产业协同，聚焦电子信息、装备制造、生物医药等高技术领域，吸引龙头项目落地。

借鉴"太仓模式"的协同发展经验，构建"政府引导+内外资联动+人才赋能"的合作机制。一方面，加强与各国驻粤机构、商会的常态化对接，建立政策沟通快速通道，如设立"外资服务专窗"提供全流程服务；另一方面，优化产业生态配套，参考太仓中德知识产权保护基地等做法，打造国际化创新服务平台，推动外资企业深度融入本地产业链。2024年，巴斯夫、埃克森美孚等世界500强企业持续加码广东，印证了高端制造业外资集聚的潜力，需通过精准政策引导形成"引进一个、带动一串、辐射一片"的倍增效应。

二、创新招商体制机制，提升引资质量效益

引资前，①调整引资激励机制，建立以"亩均产出、产业链嵌入度、创新带动力"为核心的质量评价体系，弱化单纯以产值为导向的考核标准。利用数字技术拓展招商渠道，搭建线上展会平台（如"粤企通"国际版），通过远程对接、多语种政策解读（英语、日语、德语等版本）提升跨国企业投资便利度。2024年，广东新设外企数量同比增长16.6%，但实际利用外资结构需优化，需重点吸引技术密集型项目，避免"高耗低质"资本流入。

②建立外资企业"链主"培育机制，围绕龙头企业开展产业链定向招商，梳理上下游配套清单，推动珠三角与粤东西北协同布局。完善外资企业服务保障，对制造业项目实施"政策过渡期"机制，避免监管政策"一刀

切"；深化产教融合，支持高职院校与外资企业共建"双元制"人才培养基地，如太仓中德幼儿园式的国际化配套设施，解决外籍人才后顾之忧。2024年外资企业贡献全省33.7%的外贸进出口，需通过服务升级增强企业扎根意愿。

引资后，①提升外商投资服务效能。在内外资企业及产业链上下游关联企业之间搭建紧密沟通桥梁，确保各方信息畅通。尤其是针对制造业外资企业，因其投资规模大、资金流动性相对较弱且回收周期漫长的特性，政府需在要素保障与金融支持方面予以重点倾斜。在重大监管政策出台之际，为企业预留合理的政策执行缓冲期，通过政策预演、专家解读等形式，助力企业提前适应政策调整，避免因政策骤变而对企业经营造成冲击。

以广州开发区为例，当地政府为某大型外资汽车制造企业提供了长达一年的环保政策过渡期，其间协助企业开展技术改造与设备升级，使其顺利满足新的排放标准，保障了企业的正常运营。在产业链招商层面，充分发挥在粤"链主"企业的引领作用，依据"链主"企业所提供的上下游企业清单，开展精准招商工作。例如，深圳围绕华为等电子信息产业"链主"企业，吸引了大量国内外配套企业集聚，形成了完整且富有竞争力的产业链生态。同时，鼓励省内高职院校与外资企业深度合作，共同开发定制化人才培养方案，开展职业技能考试认证与职业教育培训，为外资企业输送专业对口、技能适配的高素质人才，满足其多元化人才需求。

②积极为人才提供职业支持政策，打通人才服务"最后一公里"。为了进一步吸引和留住外籍人才，需打造全方位、多层次的职业支持与生活保障体系。在职业发展领域，为外籍人才量身定制培训计划，提供丰富的职业晋升渠道与个性化职业指导服务，助力其在广东实现个人职业理想与发展目标；在生活服务方面，充分考虑外籍人才因社会保障制度、文化习俗差异而面临的融入难题；在医疗保健领域，引入国际先进医疗资源，设立国际医疗服务中心，为外籍人才提供便捷、优质的医疗服务；在休闲娱乐层面，举办各类具有国际文化特色的活动，建设国际化休闲设施；在公共服务领域，优

化政务服务流程，提供多语言服务窗口，为外籍人才提供生活便利。

借鉴苏州在人才服务方面的成功经验，为应届本科及以上学历来粤求职外籍人才提供交通补贴与短期免费住宿；为符合条件的外籍高端人才提供住房补贴、子女入学绿色通道等优惠政策。通过这些举措，增强外籍人才对广东的认同感与归属感，吸引更多国际优秀人才扎根广东，为外资企业发展注入持续的人才动力，实现人才与产业的协同共进。

三、优化区域协同格局，促进外资均衡发展

一是强化"一核一带一区"战略联动，构建"核带区"梯度分工体系。依托珠三角核心区（广州、深圳等）的总部经济优势，重点布局研发设计、品牌运营等高附加值环节，如广州聚集21家百强外资企业，形成创新资源集聚效应；推动沿海经济带（东莞、江门等）与北部生态区承接梯度产业，建立"总部＋生产基地""研发＋配套"协作模式。2024年，珠三角9市集中89%的百强企业，通过产业转移引导粤东西北地区发展加工制造、新能源等配套产业，利用湛江、汕头等港口的优势拓展东盟市场，2024年东盟国家对粤投资增长28.1%，彰显区域合作潜力。

二是因地制宜，提高外资利用水平。各地需基于产业基础制定招商图谱：珠三角聚焦人工智能、低空经济等前沿领域，粤东地区依托港口发展临港产业，粤西强化绿色石化产业链，北部生态区探索生态型外资项目。参考江门吸引泰莱投资的经验，结合《鼓励外商投资产业目录》补链强链，解决资本要素错配问题，提升全省外资配置效率。

四、优化营商环境，夯实引资基础

1.优化全省营商环境。广东从省级层面出台《广东省优化营商环境条例》后，不少的地市，如广州、深圳、中山、湛江、东莞等出台了具有地方特色的《优化营商环境条例》，其他地市也要进一步明确各级政府部门在涉企服务中的具体责任和服务标准，推动建立更加规范、高效的服务机制，使

优化营商环境的措施更具针对性、适用性。广东应不断完善公平竞争审查会审机制，各级政府应加强执法力度，省政府可以建立定期监督检查机制，加大对落实营商环境改革政策的监督力度，破除地方保护、市场分割和不平等对待企业的行为，确保政策的执行效果。

2.保护外商投资合法权益。第一，加快完善《外商投资法》的配套政策措施，以聚焦权利平等、机会平等、规则平等为重心，依法保障外资企业平等获取人力资源、资金、土地使用权和自然资源等生产要素，公平参与市场竞争。广东省出台了全国第一个地方版的《外商投资权益保护条例》内容明确外商权益保护范围，营造了公平竞争的市场环境，健全外资企业投诉工作机制，提高政策制定的透明度。第二，发挥知识产权司法保护的重要作用，进一步完善并落实知识产权保护工作机制；第三支持民营企业、国有企业与外资企业公平参与标准化工作。

3.加强"两新两重"建设。加快发力推进5G设施、特高压、城际高速铁路和城际轨道交通等重大战略专项建设与大数据中心、人工智能、工业互联网、机器人和无人机等新领域建设工作，补齐广东营商环境硬件短板，吸引知识和技术要素丰裕的美国、英国等国的投资。同时推进设备更新，加强新型城镇化建设，提高人口的集聚和基础设施的建设，带动相关投资品和消费品生产，促进生产端扩张，为外资企业来粤提供更加广阔的空间环境与充足的生产要素支撑。同时在财政收入和政府性债务限额约束下，广东应遴选公共投资重点领域，加强交通、水利等重大工程建设，实现电力、水利、交通、燃气等在内的市政公用行业与社会经济发展配套，最大限度地保障外商来粤生产经营环境，提高外商来粤投资的吸引力。推进新型城镇化建设，提升珠三角外围城市（如惠州、江门）的人口集聚能力和公共服务水平。2024年，广东专利授权量居全国首位，每万人口高价值发明专利达28.94件，需通过基建升级释放创新要素活力，提升广东新质生产力。

五、拓宽引资渠道，强化要素保障工作机制

充分调动各行业、各产业的积极性，多渠道引进外资投资广东省的各种招商项目，实现"招得来，投得下"。着力在引资机制上下功夫，建立完善的招商引资机制，强化引资招商的要素保障机制，充分发挥广东区位优势，全方位实现要素工作机制，联系机制和保障机制，保证项目能够做到专人、专班、专管，切实增强外资企业的投资信心。细化招商体系，聚焦广东省丰富的资源优势和区位优势，通过招商引资盘活上下游产业链集群项目。

六、结合国际环境变化，充分吸引外商投资

2025年以来，国际环境错综复杂，关税问题已经造成国际贸易冲突的进一步加大，国家间经济关系调整频繁，全球产业格局进一步向碎片化和本土化发展。特别是特朗普上台后国际贸易关系不确定性加强，国际投资环境有恶化趋势，对此应该充分利用当前关税问题和美元降息预期造成的外资加速离开美国的趋势，充分发挥中国稳定的经济环境优势，广东省区位和经济增长优势，加大吸引外资投资的步伐，扩大外资投资渠道，最大限度地提高外资利用率，为广东经济的发展注入新的生命力。

第六章

人工智能对服务贸易竞争力的影响研究

历经蒸汽、电力、信息技术时代的发展，以人工智能（Artificial Intelligence，AI）为主体的第四次工业革命已经到来，人工智能正在以多维度的方式重塑全球经济和社会格局，并成为推动经济增长和提升综合国力的新引擎。2024年11月，WTO发布的《智能贸易——人工智能和贸易活动如何双向塑造》报告指出，人工智能技术的应用将对国际贸易产生多重积极效应：提高贸易效率、创新服务贸易、培育新竞争优势、实现贸易增长等；并预测在2040年前，如人工智能技术得到广泛应用且生产率高速增长，那么服务贸易的增长率将接近18个百分点[①]。由此可见，未来一个国家或地区服务贸易规模的扩大和结构升级，将更加依赖于人工智能技术的深度应用，人工智能将赋能一国服务贸易竞争力的提升，影响一国服务贸易的技术基础与竞争模式，为服务贸易竞争优势的培育带来新机遇、新变革。因此，中国作为世界第二大服务贸易大国，人工智能给中国服务贸易实践带来了新的关键问题：人工智能如何影响中国服务贸易流量、结构和竞争力？中国建立何种机制才能诱发人工智能技术创新？这些问题亟待解决。立足于中国发展服务贸易的时代背景和面临的现实问题，探讨人工智能赋能服务贸易竞争力机制，制定科学合理的应对策略，对推动中国在扩大国际合作中提升开放能力，建设贸易强国具有重要作用。

随着人工智能技术的迅猛发展，人工智能正在广泛而深刻地推动着国际贸易变革。与此相对应，有关人工智能对国际货物贸易和服务贸易影响的文献与日俱增。现有研究主要集中在三个领域：一是探讨人工智能发展水平的测度，测度方法主要有国际机器人联合会（IFR）统计的工业机器人数据（Acemoglu和Restrepo，2018；杨光和侯钰，2020；Lin等，2024）[1-3]、人工智能专利数据（邹伟勇和熊云军，2022；陈楠和蔡跃洲，2023）[4-5]、行业工业

---

① 梁桐.推动人工智能惠及国际贸易[N].经济日报，2024-11-23（4）.

机器人渗透率（王永钦和董雯，2020；周慧珺，2022；张亚斌等，2023）[6-8]、"信息传输、计算机服务和软件业"全社会固定资产投资水平（陈志等，2022；韩君等，2022）[9-10]以及多因素加权组合的综合指标评价方法等（黄晓凤等，2023；周杰琦等，2023）[11-12]。二是聚焦于人工智能赋能国际贸易的发展，Ukrowska（2019）认为人工智能技术可在规模和范围上改变国际贸易[13]，Erik、Xiang和Meng（2018）探讨了人工机器翻译对跨境电子商务的影响[14]；赵春明等（2023）、徐晔等（2022）、Stapleton和Webb（2020）等研究表明人工智能够对贸易结构升级、出口技术复杂度等多个方面产生积极影响[15-17]，Graetz和Michaels（2018）、黄晓凤等（2022）、唐宜红等（2022）提出人工智能显著提高制造业全要素生产率和出口贸易竞争力[18-20]。三是研究人工智能技术对服务贸易发展的重要性，路玮孝和孟夏（2021）、马其家和冯慧敏（2024）认为人工智能的应用有利于带动生产性服务业的发展，人工智能技术为对外服务贸易的高质量发展注入了新动力，最终促进服务贸易发展[21-22]。

迄今为止，国内外对人工智能对服务贸易竞争力的相关领域进行了一定研究，对服务贸易竞争力理论的创新无疑具有重要意义。但因人工智能和服务贸易数据的难获得性，关于人工智能如何促进服务贸易竞争力提升的研究仍处于初步阶段，现有文献主要集中于人工智能发展水平的测度、在实际场景的应用与扩散以及人工智能对贸易规模、贸易结构、全球价值链的分工与深化等方面，鲜有文献从理论和实证上深入分析人工智能与服务贸易竞争力的内在逻辑关系。鉴于此，本章可能的边际贡献为：一是拓展人工智能创新指标体系；二是创新性地将人工智能与服务贸易纳入统一分析框架，发展一个理论框架研究人工智能主要通过推动技术创新等机制实现服务贸易竞争力的提高；三是基于2011—2019年全球44个国家和地区的面板数据，运用双向固定效应模型，实证检验人工智能对服务贸易竞争力的影响，推动"人工智能+服务贸易"领域的理论创新和实践应用。通过以上研究为政府制定以着力提高服务贸易竞争力、推动建设以贸易强国为核心的人工智能创新政策提供实践基础和理论支撑。

第一节　人工智能和服务贸易竞争力现状分析

一、人工智能发展水平测度

考虑本章主要研究人工智能发展对服务贸易竞争力的影响，参考陈明艺和胡美龄（2020）的做法[23]，在IFR原始工业机器人存量数据的基础上构建人工智能测度指标，具体公式如下：

$$AI_{it} = Robot_{it} * \frac{Employ_{it}}{Employ_{iwt}} * \frac{SV_{it}}{GDP_{it}} \tag{1}$$

式中，AI_{it}为i国（地区）t时期人工智能服务业发展应用水平；$Robot_{it}$为i国（地区）t时期工业机器人存量；$Employ_{it}$为i国（地区）t时期服务业就业人数；$Employ_{iwt}$为i国（地区）t时期总就业人数；SV_{it}为i国（地区）t时期服务业增加值；GDP_{it}为i国（地区）t时期的国内生产总值。

二、全球人工智能发展现状

（一）全球人工智能市场规模快速增长

根据Precedence Research的数据，2024年全球人工智能市场规模为6 382.3亿美元；预计2025—2034年，全球人工智能市场将以19.2%的年复合增长率增长，到2034年市场规模将达到36 804.7亿美元，如图6–1所示。

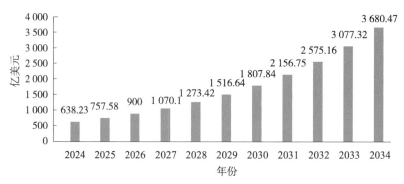

图6-1　2024—2034年全球人工智能市场规模

数据来源：ZOTING S. Artificial Intelligence（AI）market size，share，and treds 2025 to 2034[EB/OL].（2025-02-10）. https://www.PrecedenceResearch.com/artificial-intelligence-market.

（二）美国在全球AI市场继续保持其领导地位

新浪财经2025年2月12日刊发的《2025人工智能全景分析》一文指出：在全球人工智能领域，无论是AI技术研发融资、大模型开发还是头部企业数量等方面美国将继续保持其领导地位。截至2024年10月，美国在AI领域中的融资总额占全球AI融资规模的比例超70%，与其他国家拉开的差距明显，如图6-2所示。

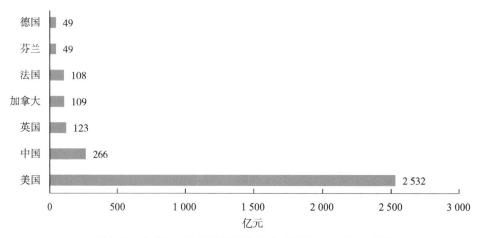

图6-2　全球人工智能融资国家分布（截至2024年10月）

数据来源：2025人工智能全景分析[EB/OL].（2025-02-12）. https://finance.sina.com.cn/roll/2025-02-12/doc-inekfssw1548982.shtml.

美国在大模型上、AI企业的规模优势也较为显著，大模型数量已占全球总量的44%（见图6-3）；AI企业占全球AI总量的34%（见图6-4）。

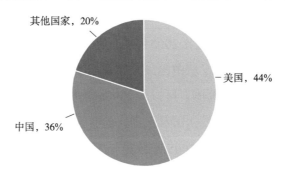

图6-3　全球AI大模型区域分布（截至2024年10月）

数据来源：2025人工智能全景分析[EB/OL].（2025-02-12）. https://finance.sina.com.cn/roll/2025-02-12/doc-inekfssw1548982.shtml.

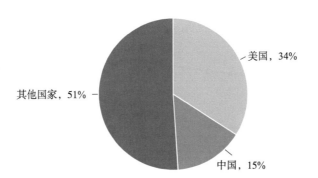

图6-4　全球AI企业数量区域分布（截至2024年10月）

数据来源：2025人工智能全景分析[EB/OL].（2025-02-12）. https://finance.sina.com.cn/roll/2025-02-12/doc-inekfssw1548982.shtml.

（三）部分发达国家与发展中国家人工智能水平比较分析

基于数据的可得性，选取美国、英国、法国、日本、韩国5个发达国家和中国、印度、俄罗斯、菲律宾、马来西亚5个发展中国家2005—2019年的数据进行比较。

由图6-5和图6-6可知，10个国家的人工智能应用水平发展差异性较大。从发展趋势上看，日本、法国、英国存在一定程度的波动，其余国家人工智能发展整体呈上升趋势；法国、菲律宾整体趋势较为平缓，中国增长趋势最为明显，其余各国平稳增长。从发展水平上看，发达国家整体人工智能应用水平高于发展中国家，对比2005年的指数值，可以看到发达国家人工智能应用发展水平远远高于发展中国家，这说明发达国家发展人工智能产业较早；对比2019年的指标数值，可以看到中国作为发展中国家，人工智能发展取得了较大进步，超过发达国家水平，但其余发展中国家仍然远低于发达国家。从增长率视角来看，2005—2019年发展中国家年均增长率远远高于发达国家，如中国和俄罗斯的年均增长率分别为41.21%和31.06%，美国和韩国的年均增长率仅分别为6.09%和13.63%。

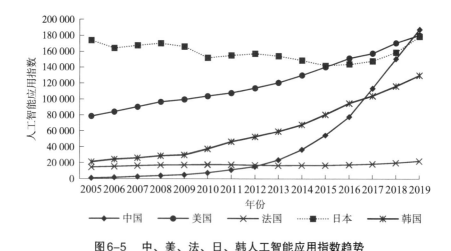

图6-5　中、美、法、日、韩人工智能应用指数趋势

数据来源：IFR和世界银行，由笔者计算绘制。

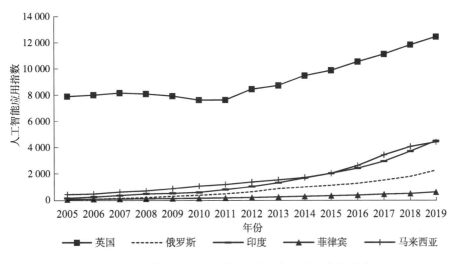

图6-6 英、俄、印、菲、马人工智能应用指数趋势

数据来源：IFR和世界银行，由笔者计算绘制。

三、服务贸易竞争力测度指标

本章参考黄晓凤等（2022）[19]的做法，从贸易规模和贸易质量两个方面构建服务贸易竞争力指数，以更全面的视角研究人工智能对服务贸易的影响。其中，贸易规模选取MS指数和TC指数，贸易质量选取出口技术复杂度为指标，具体如表6-1所示，本章拟使用熵值法对所构建的指标进行量化计算，用以计算服务贸易竞争力指数。

表6-1 服务贸易竞争力测度指标

一级指标	二级指标	计算公式	说明
贸易规模	国际市场占有率	$MS_i = \dfrac{X_i}{X_w}$	X_i为一国服务贸易出口额，X_w为世界服务贸易出口总额。M_i为一国服务贸易进口额，X_{ij}为一国服务贸易某行业出口额，Y_i为一国人均GDP
	贸易竞争优势指数	$TC = \dfrac{(X_i - M_i)}{(X_i + M_i)}$	
贸易质量	出口技术复杂度	$PRODY_j = \sum_i \dfrac{X_{ij}/X_i}{\sum_i X_{ij}/X_i} * Y_i$ $EXPY_i = \sum_j \dfrac{X_{ij}}{X_i} PRODY_j$	

四、全球服务贸易发展现状

（一）全球服务贸易出口额整体呈上升趋势。

2017—2019年，全球服务贸易出口额稳步上升，从2017年的55 768.7亿美元增至2019年的63 576.2亿美元，反映出全球服务贸易在该阶段的良好发展态势。然而，2020年受新冠疫情冲击，全球经济活动大幅下降，同比下降约17%，为整个周期内的最低点。2021年，全球服务贸易出口额迅速回升至63 340.6亿美元，增速超过20%，显示出全球经济复苏带动了服务贸易的恢复。2022年和2023年，服务贸易出口额持续增长，增速虽有所放缓，但仍保持良好态势（见图6-7）。

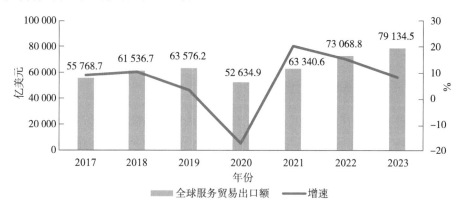

图6-7　2017—2023年全球服务贸易出口额和增速

数据来源：WTO数据库。

（二）全球数字服务贸易规模持续增长。

2017—2021年，数字服务贸易规模逐年上升，尽管受到2020年新冠疫情的冲击，数字服务贸易仍彰显其独特韧性，逆势增长16.7%。2021年后，随着全球经济进入复苏周期，贸易规模增速虽放缓至15%～16%，但数字贸易对全球服务贸易的引擎作用愈加明显。图6-8展示了2017—2023年全球数字服务贸易规模和占服务贸易比重的变化趋势。

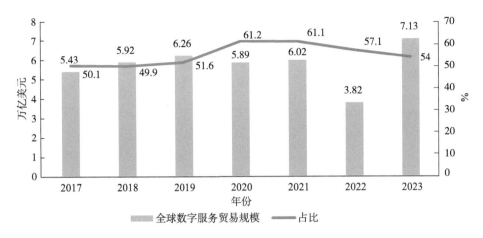

图6-8　2017—2024全球数字服务贸易规模和占服务贸易比重

数据来源：华经产业研究院。

（三）世界部分国家服务贸易竞争力指数比较分析

基于数据的可得性，如图6-9所示为部分样本国家整体服务贸易竞争力整体趋势变化。由该图可知，美国服务贸易竞争力趋势平缓，从2005年到2019年整体变化不大，且其贸易竞争力远远高于其他国家，其贸易竞争力处于领先地位。英国服务贸易竞争力处于第二梯队，其服务贸易竞争力整体呈下降趋势，与美国存在差距，但对比其他国家，仍处于领先地位。日本和法国整体服务贸易竞争力处于同一梯队，日本略微小于法国，两国的服务贸易竞争力有微小的下降。中国和印度两国服务贸易竞争力水平相近，且对比2005年，2019年的服务贸易竞争力小幅上升，特别地，中国服务贸易竞争力2010—2016年持续地下降，直至2016年后，其贸易竞争力才持续回升。对比看来，韩国、马来西亚、俄罗斯、菲律宾的服务贸易竞争力处于较低水平，尤其是马来西亚，其服务贸易竞争力水平整体变化不大，均在0.1附近波动。

同时，由图6-9可知，对比发达国家，发展中国家整体服务贸易竞争力水平差距较小，整体竞争力水平都处于弱势地位。发达国家内部服务贸易竞争力水平差距较大，但总体而言，其贸易竞争力平均水平远远高于发展中国家平均水平，特别的，部分发展中国家服务贸易竞争力超过低水平发达国家的服务贸易竞争力。

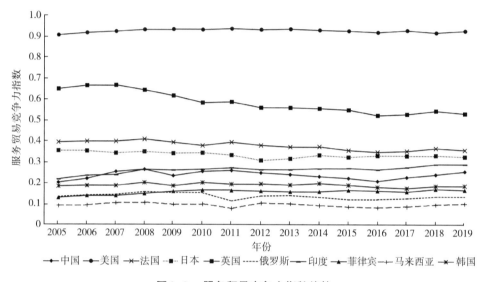

图6-9　服务贸易竞争力指数趋势

数据来源：WTO数据库，由笔者计算绘制。

在RCEP成员国间，中国服务贸易的市场占有率明显领先于其他国家，与日本、韩国、新加坡等国拉开较大差距，且市场占有率呈现持续上升趋势。从变化趋势来看，中国的市场占有率呈现持续增长态势，尤其是2020年后增速加快，表明中国在全球服务贸易中的竞争力不断增强。相比之下，日本和泰国的市场占有率自2020年起有所下降，韩国则基本保持稳定，其余国家市场占有率也波动较小（见图6-10）。由图6-11可以看出，服务贸易竞争力指数处于领先地位的国家与其他国家的差距不像市场占有率那般大，整体而言，缅甸、菲律宾、新西兰具有竞争优势。综合来看，中国在服务贸易竞争力方面占据明显优势，其余国家竞争优势指数小于0，竞争力较小，其中，文莱的竞争优势指数均为负。

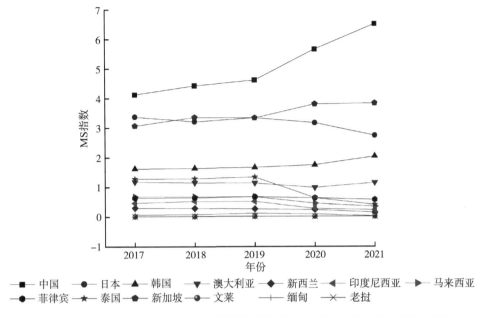

图6-10 2017—2021年RCEP成员国服务贸易国际市场占有率（MS指数）对比

数据来源：WTO数据库。

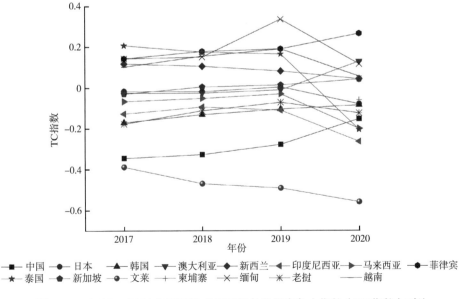

图6-11 2017—2020年RCEP成员国服务贸易竞争力指数（TC指数）对比

数据来源：WTO数据库。

第二节　理论分析与研究假说

一、人工智能对服务贸易竞争力的直接影响

贸易理论由传统的绝对优势理论、比较优势理论、要素禀赋理论逐渐向如今以梅里兹贸易模型、引力模型为代表的新新贸易理论过渡，无论是传统贸易理论还是新新贸易理论都揭示了国际贸易分工及贸易发展的内在逻辑，这些理论模型充分展现出贸易发展的时代背景。为如今人工智能时代背景下，服务贸易竞争力的提升提供了理论依据。本章认为人工智能对服务贸易竞争力的直接影响表现为：

一是人工智能能够推动服务贸易自动化、智能化发展。在服务贸易领域人工智能展现出强大的自动化处理能力，能够同时抓取来自不同国家、不同贸易系统的订单，迅速解析客户需求、产品规格、数量及交货地址。与此同时，人工智能能够深度学习各国海关的法律法规，智能化匹配各国税率，快速生成规范报关单，减少人工干预，降低错误率，增强了服务贸易出口竞争力。

二是人工智能能够突破服务贸易的空间距离限制。人工智能提升了以往无法开展的医疗服务贸易、虚拟服务等模式的可贸易性（夏杰长，2023）[24]，实现远程教学、远程医疗诊断服务，打破了服务贸易的距离限制，如机器翻译能够实现不同语言自动转化，有助于开展在线办公、在线教育、在线咨询等服务贸易活动（史丹等，2023）[25]，减少因语言问题造成的沟通误解，显著增加此类服务贸易的可能性。

三是人工智能能够催生进行服务贸易的大数据平台。人工智能通过收集和分析大量的市场数据、行业信息以及客户需求，为服务贸易企业提供精准的市场预测和决策支持。此外，通过挖掘分析数据，还可以更加精准地了解市场需求和变动，针对性地提供个性化产品和服务，扩大企业在国际服务贸易中的竞争优势。基于以上分析，本章提出假说1：人工智能对服务贸易竞

争力的提升具有显著促进作用。

二、人工智能影响服务贸易竞争力的路径

人工智能可以通过促进技术创新促进服务贸易竞争力提升，其基本逻辑在于：①现阶段人工智能领域中的机器学习、深度学习不断突破，人工智能能够在处理难度、复杂度更高的任务时发挥作用，为技术创新提供新动力。技术创新作为服务贸易发展的引擎，贯穿服务贸易产品、流程、市场开拓的各个阶段，全面提升服务贸易竞争力。②近年来，人工智能领域中工业机器人逐渐替代传统劳动力，投入到生产活动中，降低企业的运营成本，加剧服务贸易行业内企业间的竞争，这种竞争态势迫使企业不断寻求技术创新，以提升自身的出口竞争力。人工智能与服务贸易各类应用场景结合，能够推动服务贸易模式的创新，如共享经济、平台经济等，这将会推动企业产品创新和提升竞争力。

总之，人工智能发展可以促进服务贸易企业技术创新能力提升，创新能力提升可以促使企业提高生产效率和质量、运营管理和资源利用效率，从而提升服务出口贸易规模和质量，增强服务贸易竞争力。具体作用机制如图6-12所示。

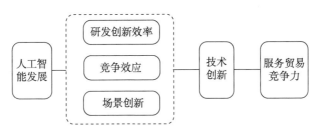

图6-12 人工智能促进技术创新作用机制

基于以上分析，本章提出假说2：人工智能通过促进技术创新促进服务贸易竞争力提升。

第三节　人工智能对服务贸易竞争力影响实证分析

一、模型设定和数据来源

（一）变量说明与数据来源

1.被解释变量

服务贸易竞争力（U）：从贸易规模和贸易质量两个方面构建服务贸易竞争力指数，其中贸易规模选取国际市场占有率（MS）、贸易竞争优势指数（TC）两个指标，贸易质量则选取服务贸易出口技术复杂度（$EXPY$），使用熵值法综合测度服务贸易竞争力，为前文计算所得。

2.核心解释变量

人工智能发展水平（AI）：使用IFR数据库中工业机器人存量、服务业就业人数占比和服务业增加值占GDP的比重测度各国人工智能应用发展水平指标，为前文计算所得。

3.控制变量

经济发展（$PGDP$）：一般来说，贸易发展是以经济发展为基础的，同时根据新国际贸易理论，规模经济能够有效提升贸易竞争力，经济规模越大，意味着所能生产的服务贸易产品规模越大，越有利于提升出口贸易规模，从而提升服务出口贸易竞争力。人均GDP可以较好地反应经济规模，因此本章使用人均GDP作为各国经济发展的代理变量。

经济自由度（EFI）：此指标能够反映一国的对外开放水平，通常来说，经济自由度越高，越能提高贸易规模和贸易质量，从而提升贸易竞争力。

数字基础设施（INT）：在数字经济时代，贸易会不可避免地受到影响，同时数字基础设施能为人工智能的发展提升有力保障，实现与其他基础设施的互联互通，进一步做到数据共享，从而影响服务贸易发展，在此使用互联网普及率作为其代理变量。

服务贸易占比（$fwmy$）：服务贸易在各国GDP所占比重能够反映该国

服务贸易整体发展水平，占比越高说明该国服务贸易发展规模越大，使用服务贸易占GDP比重作为其代理变量。

对外直接投资（*OFDI*）：一国对外直接投资越多，说明本国资本流出越多，可能会对服务贸易竞争力的提升造成负面影响；但对外直接投资也可通过逆向技术溢出效应影响本国生产，提高生产率，从而影响贸易竞争力，在此使用对外直接投资存量作为其代理变量。

法律制度排名（*rl*）：此指标用于衡量国家的制度水平，法律制度是服务贸易竞争力的重要制度环境因素，法律体系完善的国家通常具有更稳定的商业环境，降低了交易不确定性，使外资企业和跨国公司更愿意进入市场。但过于复杂的法律制度可能导致企业在国际市场上的合规成本大幅上升，影响企业的跨境扩张能力。

贸易壁垒普遍程度（*PTB*）：该指标是贸易便利化指标体系中的二级指标，可用于衡量一国服务贸易面临的准入限制和政策干预，一个国家的贸易壁垒越普遍对服务贸易竞争力的抑制作用越明显。

由于IFR数据库机器人数据只更新至2019年，且贸易便利化指数测算从2010年起增加了新的测算方法，同时考虑同一阶段所有数据的可获得性，本章以44个国家和地区作为研究对象，使用2011—2019年的数据研究人工智能发展水平对服务贸易竞争力的影响。变量指标和描述性统计分别如表6-2和表6-3所示。

表6-2　变量指标总览

	变量	含义	数据来源
被解释变量	*U*	服务贸易竞争力	WTO 数据库
核心解释变量	*AI*	人工智能发展水平	IFR，世界银行
控制变量	*PGDP*	人均 GDP	世界银行
	EFI	经济自由度	美国传统基金会
	INT	互联网普及率	世界银行
	fwmy	服务贸易占 GDP 比重	世界银行

续　表

	变量	含义	数据来源
控制变量	*OFDI*	对外直接投资	联合国
	rl	法律制度排名	WDI 数据库
	PTB	贸易壁垒普遍程度	WEF 报告库
中间变量	*PATENT*	居民专利申请量	世界银行

表6-3　变量描述性统计

变量	观察值	均值	标准差	最小值	最大值
lnU	396	−1.692	0.584	−3.563	−0.066
lnAI	396	7.841	2.050	1.797	12.144
lnPGDP	396	9.945	1.041	7.268	11.542
lnEFI	396	4.199	0.154	3.696	4.493
lnINT	396	4.208	0.416	2.310	4.600
lnfwmy	387	2.866	0.706	1.500	4.978
lnOFDI	396	11.836	1.917	7.586	15.878
lnrl	396	4.209	0.433	2.563	4.605
lnPTB	395	1.516	0.132	0.788	1.856
COST	387	0.930	0.208	0.460	1.635
lnPATENT	381	7.952	2.059	3.497	14.148

（二）相关性分析

若变量间存在相关性，则会对研究结果产生影响。为提高实证分析结果的准确性和可信度，本章先对各变量进行 Pearson 相关系数检验，结果如表 6-4 所示。

表6-4　Pearson 相关性检验

	lnAI	*lnPGDP*	*lnU*	*lnEFI*	*lnfwmy*	*lnOFDI*	*lnINT*
lnAI	1.000						
lnPGDP	0.252***	1.000					

续 表

	lnAI	*lnPGDP*	*lnU*	*lnEFI*	*lnfwmy*	*lnOFDI*	*lnINT*
lnU	0.582***	0.544***	1.000				
lnEFI	0.299***	0.729***	0.540***	1.000			
lnfwmy	−0.245***	0.454***	0.246***	0.523***	1.000		
lnOFDI	0.739***	0.516***	0.761***	0.462***	0.025	1.000	
lnINT	0.257***	0.798***	0.328***	0.602***	0.393***	0.352***	1.000
lnrl	0.278***	0.449***	0.452***	0.565***	0.288***	0.415***	0.400***
lnPTB	0.158***	0.241***	0.296***	0.408***	0.298***	0.187***	0.210***

注：***、**、*分别表示在1%、5%、10%的水平下显著。

由上可知，人工智能水平的对数与服务贸易竞争力的对数的相关系数为0.582，且在1%的水平上显著相关，说明服务贸易竞争力会随着人工智能发展水平的提高而相应提高，即一国人工智能水平越高，其服务贸易竞争力也会相应提高。

（三）多重共线性检验

本章基于2011—2019年44个国家和地区的面板数据展开实证分析，较长的时序跨度不仅显著提升了模型的自由度，同时在一定程度上缓解了变量间可能存在的多重共线性问题。尽管如此，为了确保研究的准确和严谨，本章依旧通过计算方差膨胀系数（VIF）的方法检验变量之间是否存在严重的多重共线性问题，检验的结果如表6-5所示。所有变量的VIF值均低于10，表明该实证模型通过了多重共线性检验，不存在多重共线性问题。

表6-5 多重共线性检验

	VIF	*1/VIF*
lnPGDP	5.331	0.188
lnINT	3.391	0.295
lnOFDI	3.21	0.312
lnAI	2.926	0.342

	VIF	*1/VIF*
lnEFI	2.762	0.362
lnfwmy	1.863	0.537
lnrl	1.786	0.56
lnPTB	1.596	0.627
Mean VIF	2.858	

（四）模型设定

为研究各国人工智能发展对服务贸易竞争力的影响，检验本章所提出的假说，建立以下基准回归模型：

$$U_{it} = \alpha_1 + \alpha_2 AI_{it} + \alpha_3 Z_{it} + \omega_i + \mu_t + \varepsilon_{it} \qquad （2）$$

式中，U_{it} 为各国综合服务贸易竞争力指数；AI_{it} 为各国人工智能发展水平；Z_{it} 为控制变量，包括人均 GDP、经济自由度、互联网普及率、服务贸易占GDP比重、对外直接投资、法律制度排名、贸易壁垒普遍程度等变量；ω_i 为国家固定效应；μ_t 为时间固定效应；ε_{it} 为随机扰动项。

二、实证结果分析

（一）基准回归分析

本章使用国别面板数据，运用双向固定效应模型进行计量分析，实证结果如表6-6所示。首先，观察在不考虑任何其他变量时，人工智能发展对服务贸易竞争力的影响研究，由第（1）列可知，人工智能发展水平的系数在1%的水平下显著为正，第（2）列与第（3）列分别为运用时间固定效应模型和双向固定效应模型的实证结果，其系数分别在1%和5%的水平下显著为正。由此可得，人工智能发展能促进服务贸易竞争力提升。

同时，观察表6-6中各控制变量的系数。人均GDP对服务贸易竞争力具有显著的正向影响，与预期结果一致；经济自由度的系数在10%的水平下显著为正，这表明经济自由度水平的提升对服务贸易竞争力有积极作用。服务贸易占GDP的比重的系数在1%的水平下显著，说明一国的服务贸易规模越大越能促进服务贸易竞争力提升。对外直接投资变量系数显著为负，说明一国对外投资越多，国内资金越少，从而抑制服务贸易生产发展，削弱服务贸易竞争力。法律制度排名的系数在10%的水平下显著为负，法律制度排名越高，意味着法律环境更加规范，但也可能导致合规成本增加，企业需要遵守更加严格的监管规定，这导致运营成本上升从而降低竞争力。此外，贸易壁垒普遍程度和互联网普及程度对服务贸易竞争力的影响基本不显著。

表6-6 基准回归结果

变量	（1） lnU	（2） lnU	（3） lnU
lnAI	0.028*** （0.009）	0.043*** （0.010）	0.026** （0.010）
lnEFI		0.169* （0.093）	0.221** （0.089）
lnPGDP		0.204*** （0.027）	0.245*** （0.030）
lnfwmy		0.284*** （0.034）	0.338*** （0.037）
lnOFDI		−0.031*** （0.012）	−0.055*** （0.012）
lnINT		−0.068** （0.028）	−0.018 （0.028）
lnrl		−0.026* （0.016）	−0.028* （0.015）
lnPTB		0.032 （0.043）	0.027 （0.041）
常数项	−1.876*** （0.067）	−4.785*** （0.431）	−5.341*** （0.466）
N	396	386	386
R^2	0.222		0.442
时间固定效应	YES	YES	YES

续　表

变量	（1） *lnU*	（2） *lnU*	（3） *lnU*
个体固定效应	YES	NO	YES

注：***、**、*分别表示在1%、5%、10%的水平下显著，括号内为t值。

（二）稳健性检验

1. 增加控制变量

为进一步检验基准回归模型的结果是否稳健，考虑通过添加控制变量检验模型稳健性，因此在基准回归中增加控制变量汇率（*ExR*），结果如表6-4和表6-7第（1）列所示，其系数在1%的水平下显著为正，说明回归结果稳健。

2. 替换核心解释变量

此外，本章通过将核心解释变量换为工业机器人存量（*ROBOT*）进一步进行稳健性检验。结果如表6-7第（2）列所示，系数在1%水平下显著，证实回归结果稳健。

3. 改变样本范围

根据IFR报告，俄罗斯和日本对机器人的分类进行了较大的调整，由于两国的工业机器人数据可能不具有可比性，因此考虑剔除俄罗斯和日本两国的数据，减少样本至42个国家和地区重新进行回归。结果如表6-7第（3）列所示，剔除样本不影响人工智能发展对服务贸易竞争力的正向影响。

表6-7　稳健性检验结果

变量	增加控制变量 （1） *lnU*	替换核心解释变量 （2） *lnU*	改变样本范围 （3） *lnU*
lnAI	0.032*** （0.010）		0.026** （0.011）
lnROBOT		0.028*** （0.011）	

续　表

变量	增加控制变量	替换核心解释变量	改变样本范围
	（1）	（2）	（3）
	lnU	*lnU*	*lnU*
lnEFI	0.238***	0.234***	0.201**
	（0.087）	（0.089）	（0.098）
lnPGDP	0.173***	0.245***	0.250***
	（0.035）	（0.030）	（0.032）
lnfwmy	0.347***	0.332***	0.324***
	（0.037）	（0.037）	（0.039）
lnOFDI	−0.056***	−0.055***	−0.054***
	（0.011）	（0.012）	（0.012）
lnINT	0.010	−0.017	−0.025
	（0.028）	（0.027）	（0.028）
lnrl	−0.028*	−0.027*	−0.028*
	（0.015）	（0.015）	（0.017）
lnPTB	0.057	0.024	0.019
	（0.041）	（0.041）	（0.042）
lnExR	−0.074***		
	（0.020）		
常数项	−4.807***	−5.442***	−5.261***
	（0.480）	（0.464）	（0.478）
N	386	386	368
R^2	0.464	0.443	0.445
时间/个体固定效应	YES	YES	YES

注：***、**、*分别表示在1%、5%、10%的水平下显著，括号内为t值。

经过上述分析，可得人工智能发展对服务贸易竞争力具有显著的积极作用。此外，经过稳健性检验，还可证明基准回归结果是稳健的。由此证明假说1。

（三）机制检验

根据前文理论分析，人工智能发展能够促进技术创新从而影响服务贸易竞争力，在此，选取技术创新作为中间变量，以检验人工智能影响服务贸易竞争力的具体机制。

技术创新选取居民专利申请量作为代理变量，在探讨两个变量之间的作用机制时，以往学者通常遵循以下步骤：首先，重点分析核心解释变量与中间变量之间的关系；随后，通过引入中间变量与核心解释变量的交叉项，进一步研究核心解释变量的作用机制（于蔚等，2012；马述忠和张洪胜，2017；邵朝对和苏丹妮，2019）[26-28]。基于此，本章参考以往做法，构建机制检验模型。

首先，构建第一步检验模型，如下所示。

$$\ln pat_{it} = \beta_1 + \beta_2 \ln ai_{it} + \beta_3 Z_{it} + \omega_i + \mu_t + \varepsilon_{it} \tag{3}$$

式中，$\ln pat_{it}$ 为 i 国 t 时期技术创新指标；$\ln ai_{it}$ 为 i 国 t 时期的人工智能发展水平；β_2 为需要重点关注的变量系数。

然后，构建第二步检验模型，如下所示。

$$U_{it} = \lambda_1 + \lambda_2 \ln pat_{it} + \lambda_3 \ln ai_{it} * \ln pat_{it} + \lambda_4 Z_{it} + \omega_i + \mu_t + \varepsilon_{it} \tag{4}$$

式中，$\ln ai_{it} * \ln pat_{it}$ 为技术创新和人工智能发展的交互项，其系数 λ_3 需要重点关注。

对于模型（3）和（4），如果 β_2 显著为正，则说明人工智能的发展能够有效提升技术创新水平。如果 λ_3 显著为正，则证明人工智能发展能有效强化技术创新对提升服务贸易竞争力的积极作用。

其回归结果如表6-8第（1）列的结果显示，人工智能对技术创新的影响在1%的水平下显著为正，与预期一致，由此可得，人工智能可以有效促进技术创新能力。表6-8第（2）列为具体检验机制的结果。观察重点系数 λ_3，即技术创新与人工智能发展水平的交互项在5%的水平下显著为正，实证结果与预期一致。因此，证明人工智能水平的提高能够强化技术创新对服务贸易竞争力的积极作用。

综上所述，人工智能发展可以强化技术创新对服务贸易竞争力的促进效应。由此可证明假说2。

表6-8　机制检验结果

变量	（1） 技术创新 *lnPATENT*	（2） 服务贸易竞争力 *lnU*
lnAI	0.094** （0.039）	
lnEFI	0.319 （0.333）	0.259*** （0.091）
lnPGDP	0.120 （0.118）	0.251*** （0.032）
lnfwmy	−0.064 （0.143）	0.332*** （0.039）
lnOFDI	0.295*** （0.044）	−0.047*** （0.013）
lnINT	0.446*** （0.102）	0.014 （0.027）
lnrl	−0.056 （0.060）	−0.029* （0.016）
lnPTB	−0.323** （0.140）	−0.031 （0.038）
lnPATENT		−0.048*** （0.018）
*lnPATENT * lnAI*		0.002** （0.001）
常数项	0.269 （1.793）	−5.241*** （0.495）
N	372	372
R^2	0.407	0.434
时间/个体固定效应	YES	YES

注：***、**、*分别表示在1%、5%、10%的水平下显著，括号内为t值。

综上所述，基于2011—2019年44个国家和地区的面板数据实证分析，本章研究发现，人工智能发展显著提升了服务贸易竞争力，且这一结论在增加控制变量、替换核心解释变量以及剔除部分样本的稳健性检验中均得到验证。同时，人均GDP、经济自由度及服务贸易占GDP比重等变量对服务贸易竞争力具有正向作用，而对外直接投资和法律制度排名则呈负向影响。此外，机制检验表明，人工智能通过促进技术创新进一步增强服务贸易竞争力。这些结果表明，推动人工智能技术的应用和加强技术创新是提升服务贸易国际竞争力的重要途径，为政策制定提供了理论依据和实证支持。

第四节　结论与政策建议

当今世界，人工智能已成为提高服务贸易竞争力、建设贸易强国、推动经济增长的新引擎。世界主要经济大国纷纷加快人工智能技术创新、赋能服务贸易竞争力提升。本章在对人工智能赋能服务贸易竞争力提升事实特征描述和理论分析的基础上，拓展人工智能创新和服务贸易竞争力指标体系，基于2011—2019年44个国家和地区的面板数据展，实证研究了人工智能对服务贸易竞争力的影响，研究结果表明：第一，人工智能市场规模快速扩大，预计从2025年到2034年，全球人工智能市场将以19.2%的年复合增长率增长，到2034年市场规模将达到36 804.7亿美元。第二，在全球人工智能领域，无论是AI技术研发融资、大模型开发还是头部企业数量等方面美国继续保持其领导地位，我国人工智能发展迅速，从远低于发达国家水平实现反超，整体来看，发达国家人工智能产业发展仍普遍领先于发展中国家。第三，全球服务贸易出口额整体呈上升趋势，2017—2023年，服务贸易出口额稳步上升，从55 768.7亿美元增至79 134.5亿美元，美国、英国等老牌发达国家在服务贸易竞争力上具备领先优势，发展中国家整体服务贸易竞争力水平低于发达国家，但存在服务贸易发展好的国家服务贸易竞争力水平高于部分发达国家，如中国和印度服务贸易竞争力水平超过0.2，大于韩国的服务贸易竞争力。第四，人工智能对服务贸易竞争力的提升具有显著的促进作用；与此同时，人均GDP、经济自由度及服务贸易占GDP比重等变量对服务贸易竞争力具有正向作用。第五，人工智能通过促进技术创新进一步增强服务贸易竞争力，推动人工智能技术的应用和加强技术创新是提升服务贸易国际竞争力的重要途径。

基于以上研究结论，提出以下政策建议：

第一，加快人工智能相关基础设施建设。鼓励技术创新，大力支持企业、高校研究人工智能核心层、技术层问题，重点关注"卡脖子"难题，以期突破技术壁垒，优化人工智能产业链发展，政府积极出台相关政策方案，不断引导推进人工智能与服务贸易的融合发展，拓展人工智能应用场景，从而实现人工智能推动服务贸易相关产业的发展，构建人工智能创新新形态，形成人工智能新业态。

第二，推进"人工智能+服务贸易"发展。首先，在新发展格局背景下，政府出台激励措施，鼓励服务贸易企业向智能化方向发展，进一步优化专项激励政策，选取具有代表性的服务贸易企业作为智能化示范标杆，组织其他企业参观学习，发挥示范带动效应，加速参与服务贸易的行业整体智能化进程。其次，持续加大从事服务贸易的数字化人才培养力度，一方面，企业内部定期组织智能化技术培训，提升员工智能化素养；另一方面，依托高校"理论—实训"平台，推动构建智能化人才培养基地，提升智能人才与智能岗位的适配性。最后，搭建产学研合作平台，促进高校、科研机构与服务贸易企业对接，持续为企业提供技术创新源泉。

第三，深化服务贸易国际合作。加快建立跨境数据流通机制，利用全球数据资源提升智能化水平。主动寻求服务贸易国际合作，加快推进《全球人工智能治理倡议》中国方案的实施。积极与人工智能技术较为成熟的发达国家开展服务贸易，降低服务贸易壁垒，带动中国知识技术密集型服务产品出口。同时，向人工智能落后的发展中国家提供援助，弥补数字鸿沟，世界各国共享人工智能带来的贸易红利，推动特色服务贸易竞争生成新优势。

第七章

新质生产力赋能广东对外贸易高质量发展

　　广东省作为我国改革开放的前沿阵地，其外贸规模持续扩大，现已成为驱动全国外贸增长的重要引擎。海关总署数据显示，2024年广东省外贸进出口总额为9.11万亿元，比2023年增长9.8%，同期全国增长5%，对全国增长的贡献率达38.7%，占全国外贸的20.8%，提高0.9个百分点。广东省对主要贸易伙伴的进出口总额均实现正增长，特别是对东盟、中国香港、美国、欧盟等国家和地区的进出口额均有大幅提升。然而，广东省对外贸易高速发展的同时，面临着前所未有的严峻挑战。复杂多变的国际环境对广东省对外贸易形成巨大压力。全球贸易结构正经历深刻变革，美国"脱钩断链"政策持续冲击产业链供应链稳定性；碳贸易壁垒等新型保护主义手段与反倾销、反补贴等传统贸易救济措施交织叠加。与此同时，越发严格的市场准入条件和技术壁垒也在不断压缩广东省外贸企业的出口空间。因此，要实现广东省对外贸易的高质量发展，亟须寻找新的增长动力。

　　新质生产力以创新为主导，具有高科技、高效能、高质量三大特征，并且体现了创新、协调、绿色、开放、共享等新发展理念。新质生产力的提出，对我国经济高质量发展具有重大意义，同时为对外贸易的高质量发展提供了重要的指导。研究新质生产力如何赋能广东省对外贸易高质量发展，不仅有助于广东在复杂的国际环境中保持外贸稳定增长、提升国际竞争力，也为其他省市提供了宝贵的借鉴与参考经验。

　　基于此，本章首先在第二节分析了广东省新质生产力发展现状，并且评估广东省对外贸易竞争力。其次在第三节讨论了新质生产力赋能广东省对外贸易高质量发展主要路径，即新质生产力主要通过促进关键性核心技术创新、创新性配置生产要素和升级转型产业结构三条路径推动广东省对外贸易高质量发展。再次在第四节主要讨论了新质生产力推动广东对外贸易高质量发展的制约因素，包括缺乏高端技术人才、相关政策不完善、部分企业应用新质生产力的意识淡薄以及国际贸易环境不稳定。最后第五节基于前文研究的结论提出相应的对策建议，即加强技术人才培养和引进、完善相关政策、对企业加强宣传引导使用新质生产力以及促进国际合作与交流，以解决新质生产力赋能广东省对外贸易高质量发展所遇到的问题。

第一节　广东省新质生产力与对外贸易发展现状

一、广东省新质生产力发展现状

广东省在新质生产力的发展上起步较早，发展速度迅猛，总量规模庞大，并且形成了较为完整的体系。与此同时，全省新质生产力的发展生态链逐步完善，相关产业链的竞争力日益凸显，重点产业在全国处于领先地位。特别是粤港澳大湾区的新质生产力发展集群度极高，已成为全省新质生产力发展的"加速器"和"储能池"，有力地推动了区域经济的高质量发展。

（一）加强创新生态链建设，注重全过程创新与多主体协同

广东积极构建了"基础研究＋技术攻关＋成果转化＋科技金融＋人才支撑"的全过程创新生态链，覆盖从原始创新到现实生产力转变的全流程、各环节。为此，广东不仅构建了以鹏城实验室、广州国家实验室为引领，省实验室、全国重点实验室、粤港澳联合实验室等为支撑的实验室体系，还推动企业积极参与创新布局。例如，华为、腾讯等头部民营企业纷纷响应政府号召，设立实验室矩阵，其中涵盖量子计算、人工智能、机器人等多个前沿领域。此外，广东持续加大研发经费投入，2022年研发经费投入达到4 411.90亿元，研发投入强度为3.42%，均居全国前列。这些投入为新质生产力的发展提供了强大的资金支持，并推动了基础研究和技术攻关的突破。正因如此，广东在科技创新方面取得了丰硕成果，2022年发明专利授权量、PCT国际专利申请受理量、集成电路布图设计登记发证量均居全国首位。

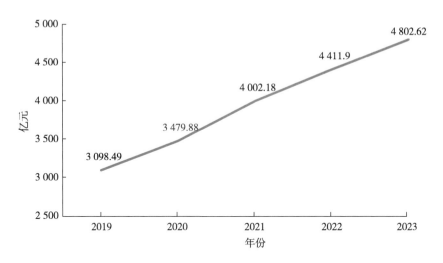

图7-1　2019—2023年广东省研发经费投入变化情况

数据来源:《广东统计年鉴》(2019—2023)。

(二)聚焦重点产业,推动多领域技术突破与应用

聚焦重点产业,集中力量攻克关键核心技术,是实现区域创新突破和高质量发展的关键路径。在工业领域,广东实施了"广东强芯"工程,以智能传感器、模拟芯片等为突破口,推动半导体及集成电路产业发展,致力于打造中国集成电路第三极。与此同时,新一代工业软件也在赋能制造业数字化转型,推动工业软件的创新应用。例如,2023年广东省组建了工业软件创新中心,建成了多个试点应用推广基地,并推动了OpenGeometry开源社区的发布,构建了新一代工业软件的核心"根"技术。此外,在新一代通信技术领域,广东也取得了显著进展,如鹏城实验室牵头的6G无线测试刷新了业界纪录,为我国抢占6G技术制高点奠定了基础。在新能源研究方面,广东组建了全国唯一的国家地方共建新型储能创新中心,推动了新型储能技术的快速发展。在生物医药领域,广东也取得了关键性突破,如深圳湾实验室搭建的超高通量药物筛选平台是国内规模最大、水平最高的平台之一,为生物医药创新提供了有力支撑。

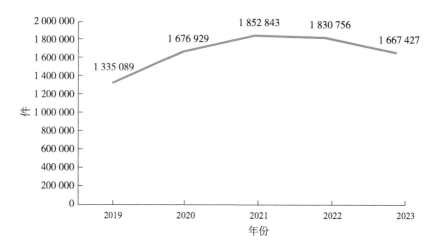

图7-2　2019—2023年广东省专利申请授权数量变化情况

数据来源：《广东统计年鉴》（2019—2023）。

（三）提升产业链竞争力，构建产业集群与企业优势

广东通过培育多层次创新主体，聚焦产业集群与企业优势，构建了强大的产业链竞争力，为区域对外贸易高质量发展注入强劲动力。广东的战略性新兴产业上市公司优势明显。截至2023年底，广东共有871家A股上市公司，其中693家属于战略性新兴产业，总市值达到67 482.45亿元，高于北京、江苏、上海、浙江等省市。从行业分布来看，这些上市公司主要集中在新一代信息技术产业、高端装备制造产业以及新材料产业。从区域分布来看，它们集中在珠三角地区，尤其是深圳和广州。广东的独角兽企业主要集中在新能源、半导体赛道。此外，专精特新"小巨人"企业还通过精准定位"缝隙市场"，在细分领域建立了竞争优势。截至2023年底，广东省累计培育专精特新"小巨人"企业达1 525家，入围数量占全国的17.9%。此外，广东的高新技术企业基数庞大，截至2024年1月底，全省共有高新技术企业76 288家，连续8年排名全国第一。这些企业主要集中在粤港澳大湾区，为区域经济的高质量发展奠定了坚实的基础。

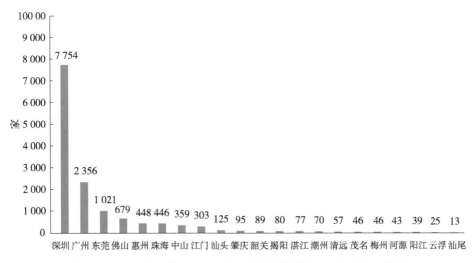

图7-3 2023年广东省21个地市"专精特新"中小企业分布情况

数据来源：工业和信息化部。

二、广东省对外贸易发展现状

（一）广东省的外贸规模持续扩大

广东省作为我国外贸的重要省份，其外贸规模持续扩大的态势十分显著。从全国外贸整体情况来看，2024年我国货物贸易进出口总额达到43.85万亿元，同比增长5%，规模再创历史新高。其中，全国出口规模首次突破25万亿元，达到25.45万亿元，同比增长7.1%。广东省作为外贸大省，其进出口规模的增长对全国外贸的稳定和提升起到了重要的支撑作用。2024年，广东省外贸进出口总额首次突破9万亿元大关，达到9.11万亿元，同比增长9.8%，占全国外贸总值的20.8%。这一增长不仅体现了广东省外贸的强大韧性，也反映了其在全国外贸格局中的重要地位。具体来看，广东省2024年的出口额为5.89万亿元，同比增长8.4%；进口额为3.22万亿元，同比增长12.5%。这一增长趋势与全国外贸增长态势相契合，显示出广东省在出口和进口两端的均衡发展。

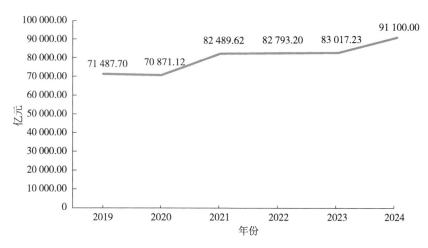

图7-4　2019—2024年广东省进出口总额变化情况

数据来源：《广东统计年鉴》（2019—2024）。

（二）广东省的贸易结构不断优化

广东省外贸规模的持续扩大，得益于其在贸易结构优化和市场多元化布局上的积极行动。2024年，广东以一般贸易方式进出口5.3万亿元，增长10.9%，占广东进出口总额的58.2%，提升0.6个百分点。在产品结构方面，机电产品出口保持强劲，2024年出口额达3.87万亿元，占出口总值的65.6%，显示出外贸基本盘的稳固。此外，"新三样"（电动载人汽车、锂电池、太阳能电池）等高技术产品出口增长迅速，也成为新的增长亮点。在市场结构方面，广东与东盟、中国香港、美国、欧盟等主要贸易伙伴的进出口均实现正增长，分别增长8%、9.9%、7.6%、7%。同时，对"一带一路"共建国家和新兴市场的贸易占比不断提升，对"一带一路"共建国家进出口增长9.4%，占广东进出口总额的38%。

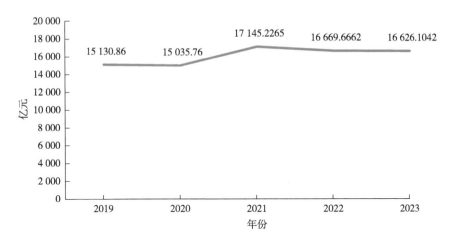

图7-5 2019—2023年广东省高新技术产品出口额变化情况

数据来源:《广东统计年鉴》(2019—2023)。

(三)广东省积极探索发展外贸新业态

近年来,广东的跨境电商发展迅猛,已成为推动外贸增长的重要力量。2024年,广东省跨境电商进出口规模持续扩大,企业数量达到14.7万家,位居全国之首。广东积极探索创新模式,推动跨境电商与产业集群深度融合。这一庞大的企业群体不仅为广东跨境电商注入了强大活力,也使其在全国跨境电商领域占据重要地位。通过"产业集群+跨境电商"模式,广东将本地优势产业与跨境电商平台有机结合,形成了强大的协同效应。例如,佛山的家居产业集群、东莞的电子信息产业集群等,通过跨境电商拓展了国际市场,实现了从"制造"到"智造"的转型升级。同时,广东还大力推进海外仓和跨境电商园区建设,为企业提供更加便捷的物流、仓储和通关服务,进一步优化了跨境电商的发展环境。截至2024年7月,广东已在全球范围内建立了近600万平方米的各类海外仓,为跨境电商行业提供了强大的物流支持。

(四)广东省对外贸易发展困境

广东省作为我国外贸第一大省,近年来在对外贸易发展中取得了显著成绩，但也面临着诸多挑战。全球经济复苏缓慢，外部市场需求不稳定，贸易保护主义抬头，部分国家和地区频繁采取贸易保护措施，如欧盟对华纯电动汽车反补贴关税落地，美国贸易保护主义措施频出，这些都对广东的出口市场造成冲击。同时，广东产业结构有待进一步优化，中低端制造业仍占一定比例，高新技术产品出口虽有增长，但占比仍需提升，传统优势产业，如机电产品出口规模庞大，但高附加值产品占比相对不足。此外，供应链和产业链问题也较为突出，部分产业链外迁导致原材料供应不稳定，高端零部件依赖进口的局面依然存在，增加了企业生产成本。国际贸易规则的变化，如碳关税等新政策的实施，对广东高耗能产业形成新的挑战。同时，人民币汇率波动增加了企业的汇率风险，影响其利润和市场竞争力。跨境电商、数字贸易等新兴领域专业人才短缺，也制约了相关产业的进一步发展。

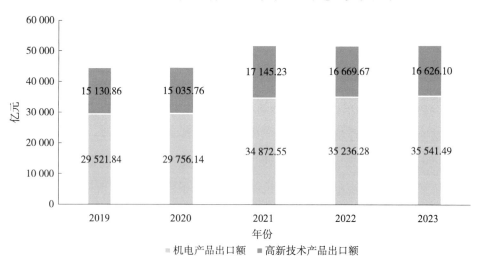

图7-6　2019—2023年广东省机电产品出口额与高新技术产品出口额变化情况

数据来源：《广东统计年鉴》（2019—2023）。

第二节　新质生产力赋能广东省对外贸易高质量发展的作用路径分析

一、新质生产力促进关键性核心技术创新推动广东省对外贸易高质量发展

发展新质生产力必须加强原创性、颠覆性科技创新，加快高水平科技自立自强，打好核心技术攻坚战，使原创性、颠覆性科技创新成果良性发展，培育发展新质生产力的新动能。新质生产力推动广东省对外贸易高质量发展的这一进程，依赖于突破关键核心技术所带来的生产效率提升，以下是对此现象的详细剖析。

（一）提升产品的质量和性能

产品质量和性能是企业在全球市场中脱颖而出的关键。新质生产力可以通过促进关键性核心技术创新提升企业的产品质量和性能。以广东的电子信息产业为例，近年来华为等企业在芯片设计、5G通信等关键技术领域取得重大突破。华为的麒麟芯片，通过不断优化架构和提升制程工艺，其性能和能效比达到了国际领先水平，这使得搭载麒麟芯片的华为手机在国际市场上的份额不断扩大，与苹果等国际巨头展开激烈竞争。在5G通信技术方面，华为的5G基站设备凭借其先进的技术，如大规模天线阵列技术、新型编码技术等，实现了更高的数据传输速率和更低的延迟，为全球5G网络建设提供了优质的解决方案。这些关键核心技术的突破，不仅提升了华为产品的质量和性能，还增强了广东电子信息产业在全球市场的竞争力，进而推动了广东省对外贸易规模的持续增长。

（二）优化内部管理流程和决策机制

优化内部管理流程和决策机制可以使企业提升核心竞争力。新质生产力可以通过促进关键性核心技术创新优化企业内部的管理流程和决策机制，从

而提高企业的治理水平。以比亚迪公司为例，在生产管理方面，比亚迪引入了先进的智能制造系统，实现了电池生产过程的自动化、信息化和智能化，提高了生产效率和产品质量的稳定性；在供应链管理方面，比亚迪通过与上游原材料供应商建立紧密的合作关系，共同研发新型电池材料，确保了原材料的稳定供应和质量控制。此外，比亚迪还建立了完善的质量管理体系，从原材料采购到产品出厂，每一个环节都进行严格的质量检测和控制，确保产品符合国际标准。这些举措都得益于关键核心技术突破带来的管理创新压力和动力，使得比亚迪的公司治理水平不断提升，为其在全球新能源汽车市场的拓展奠定了坚实的基础，也为广东对外贸易的高质量发展贡献了力量。

（三）增强产业链供应链的韧性

在全球产业链竞争日益激烈的背景下，增强产业链供应链的韧性是实现区域经济稳定发展的必然要求。新质生产力可以通过促进关键性核心技术创新，推动产业链供应链的自主可控和现代化水平提升，从而增强产业链供应链的韧性。以广东的半导体产业链为例，过去广东在半导体芯片制造环节相对薄弱，高度依赖进口。然而，随着中芯国际等企业在芯片制造工艺技术上的不断突破，如14 nm、12 nm等先进制程工艺的研发成功，填补了广东在芯片制造领域的空白。这不仅提升了广东半导体产业的自给率，还带动了上下游相关产业的协同发展。具体来说，科技创新带动了半导体材料、设备等上游产业的发展，如南大光电在光刻胶领域的研发突破，为芯片制造提供了关键材料支持；推动了电子信息、通信、汽车等下游产业的升级换代。例如，广汽集团等汽车企业与芯片上游制造企业供应商合作，共同研发智能汽车芯片，提升了汽车的智能化水平。通过关键核心技术的突破，广东半导体产业链供应链的韧性不断增强，减少了外部环境变化对产业链供应链的冲击，保障了广东对外贸易的稳定发展。

二、新质生产力促进创新性配置生产要素创新推动广东省对外贸易高质量发展

创新性配置生产要素是新质生产力的关键路径。新质生产力强调以科技创新为引领，通过创新性配置传统要素和新型要素，实现提升生产效率、降低运营成本、精确企业市场定位、优化营销策略以及帮助企业科学决策，从而推动企业对外贸易高质量发展。新质生产力通过创新性配置企业的生产要素，促进广东省企业在对外贸易领域展现出更为强劲的竞争态势，以下是对此现象的详细剖析。

（一）升级赋能传统要素

广东省通过优化传统要素的配置，显著提升生产效率并降低运营成本。在劳动要素方面，广东大力推动产业工人队伍建设改革，培养了大批高素质、技能型产业工人。这些工人熟练掌握先进生产技术和设备操作技能，能更高效完成生产任务，从而提高整体生产效率。例如，广东弘益纺织有限公司通过引入先进的自动化设备，对生产线进行升级改造。经过专业培训，工人能够熟练操作设备，使产量较其他设备提高了30%以上。在资本要素方面，广东省积极引导社会资本投向实体经济，加大对先进制造业和战略性新兴产业的投资力度。通过优化资本配置，企业获得更多资金支持，用于购置更先进生产设备、更新技术工艺和扩大生产规模，从而降低企业运营成本，提升产品的国际竞争力。

（二）数智驱动新型要素

新型要素的配置方式对帮助企业做出科学的商业决策同样重要。在数据要素开发利用方面，广东省处于全国领先地位。广东省通过建设大数据中心、工业互联网平台等基础设施，省内的企业可实现数据集中管理和高效利用，从而更精确地进行市场定位和营销手段调整。以深圳的电子信息企业为例，深圳市纽泰睿科技发展有限公司通过引入云ERP系统，实现了库存周转

率提高20%、物流成本降低5%。此外，数据要素的共享和流通不仅可以促进企业间协同合作，提升产业链效率和竞争力，还帮助企业科学决策，提升战略规划和市场响应能力。通过大数据平台，企业可实时监测全球市场需求趋势、竞争对手动态及政策法规变化，做出更科学决策，提升市场竞争力。在广州的服装出口企业中，广州市汇美时尚集团股份有限公司是一个典型的案例。该企业通过敏锐地捕捉国际时尚趋势和消费者偏好，提前调整产品设计和生产计划，成功推出符合市场需求的新产品，并在国际市场上占据了一席之地。

三、新质生产力促进产业结构转型升级创新推动广东省对外贸易高质量发展

新质生产力的发展离不开合理的产业结构。新质生产力以产业为载体，通过推动主导产业和支柱产业的更迭换代带动产业结构与产业形态的持续升级。新质生产力赋能广东对外贸易高质量发展这一进程的顺利推进，离不开产业结构的深度优化与全面升级。以下是对此现象的详细剖析。

（一）产业结构沿着高级化、智能化、绿色化的方向转型升级

产业结构的转型升级是外贸经济高质量发展的关键路径。广东省产业高级化发展的态势愈加明显。近年来，广东省的电子信息企业不断加大研发投入，在芯片设计、高端显示技术等领域取得了显著突破。例如，华为在5G通信技术、麒麟芯片等方面的研发投入和应用，使自家的产品在全球市场更具竞争力，有力地推动了产业的高端化发展。同时，广东省产业也在积极地应用智能化技术，以推动自身智能化转型升级的进行。例如，美的集团引入工业互联网平台，实现了生产过程的智能化监控和管理，从而提高了生产效率和产品质量稳定性。此外，绿色化同样是广东省产业发展的重点方向。光伏、风电等新能源领域的企业通过技术创新，降低了生产成本，提高产品在国际市场的份额的同时，减轻了自然环境的负担。

（二）主导产业和支柱产业不断更迭换代

新兴产业的崛起与未来产业的前瞻布局，是推动区域经济持续增长、提升产业链地位的关键。广东省通过不断更迭主导产业和支柱产业，为新质生产力发展注入了强大动力，为经济高质量发展提供了新引擎。新兴产业，如新能源汽车、人工智能、生物医药等，在广东蓬勃发展。广东省的新能源汽车产业在比亚迪、小鹏等企业的带动下，产品性能和市场竞争力不断提升，全球市场份额不断扩大。在人工智能领域，广东省的云从科技等企业在智能识别、智能安防等方面取得技术突破，推动人工智能产业快速发展。与此同时，广东还在积极布局未来产业。量子科技、生命科学等未来产业领域均可看到广东省企业默默深耕的身影。在量子通信领域，广东国腾量子科技有限公司主导的广佛肇量子通信干线项目，采用全产业链自主可控的量子保密通信技术，覆盖政务、金融、电力等场景，支撑区块链电子发票系统地服务近万家企业，跨境交易规模达千万级。同时，广东依托该网络加速构建"量子谷"产业集群，计划2025年建成覆盖跨境贸易的量子安全通道，推动量子通信技术在国际贸易中的深度应用，抢占全球产业链技术制高点。

（三）不断推进产业融合发展和区域协同发展

产业融合与区域协同是实现区域经济高质量发展的"双引擎"。广东省积极推进产业融合发展和区域协同发展，构建了高效的产业集群和创新生态系统。一方面，广东省通过推动产业融合创新，实现了制造业与服务业的深度融合发展。例如，广汽集团通过与设计公司、物流企业等合作伙伴的全产业链协同，推动了产品创新和效率提升，显著增强了市场竞争力，成为广州汽车制造业高质量发展的典范。另一方面，区域协同发展在广东省稳步推进。通过建设产业转移园区，将珠三角先进制造业向粤东西北地区转移，促进了区域经济协调发展。与此同时，广东省还加强区域间交通、能源等基础设施建设，提升了互联互通水平，为产业协同发展提供了有力支撑。广东省的产业集群发展成效显著。例如，深圳电子信息产业集群、东莞智能制造产业集群等，集聚了大量企业和科研机构，形成了完整的产业链和创新生态系统，提升了广东产业整体竞争力，为对外贸易高质量发展提供了有力的支撑。

第三节　新质生产力赋能广东省对外贸易高质量发展的制约因素

一、缺乏高端技术人才

新质生产力的发展高度依赖技术人才这一核心要素。然而，广东省当前面临的技术人才结构性短缺问题，已成为制约其高质量发展的关键瓶颈。特别是在高端芯片、精密装备等战略性新兴产业领域，本土高水平创新型人才及团队的匮乏，严重限制了关键核心技术的自主研发与突破。这不仅导致广东高端电子产品在全球市场中难以形成差异化竞争优势，还使其面临供应链"卡脖子"的潜在风险。技术人才链的断裂进一步加剧了创新成果转化的梗阻。尽管广东省的科研投入强度与专利数量位居全国前列，但科研成果转化率持续低迷。技术人才短缺导致创新成果难以有效对接市场需求，无法高效转化为实际生产力，进而影响了新质生产力的培育与成长。此外，技术人才短缺还对广东省产业升级构成了严峻挑战。新兴产业对高端技术人才的需求旺盛，但供给严重不足；与此同时，传统制造业面临工人老龄化和技能滞后的双重困境，难以适应产业升级的转型需求。高端技术人才和复合型人才的匮乏，使得企业在新技术研发、应用和推广方面面临诸多困难，技术创新能力受限，产业升级步伐受阻。产业结构调整也因人才与产业不匹配而受阻，企业竞争力因技术人才短缺而下降，区域发展不平衡问题也因人才分布不均而加剧。

二、相关政策不完善

创新支持政策的不完善严重制约了新质生产力的起步与发展。持续、有效的研发投入是新质生产力成长的关键，广东省部分城市因缺乏科研资金和税收优惠等政策支持，企业创新资金链面临断裂风险，导致其在前沿技术研发中陷入资金困境。这不仅延缓了企业的研发进度，还阻碍了创新成果向实际生产力的转化，进而削弱了外贸产品的国际竞争力。与此同时，科技成果与产业应用之间的脱节凸显了政策配套的缺失。尽管广东已规划中试平台，但缺乏稳定运营资金和人才引进支持等配套政策，致使大量科技成果停留在实验室阶段，无法实现产业化。此外，产业政策的不完善也限制了新质生产力的集群化发展。合理的产业政策对于形成有效产业集群至关重要，但当前政策存在诸多不足。以低空经济为例，深圳和广州虽企业数量领先，却因缺乏统一规划和政策协调，导致企业间协同不足，产业链条不完整，影响了低空经济产品在外贸中的竞争力。传统产业的转型升级也因不完善的产业政策受阻，高昂的升级成本因缺乏政策支持而难以承担，导致产业升级缓慢，外贸产品结构优化和质量提升受阻。金融政策的不配套同样制约了新质生产力的发展。新质生产力项目通常具有高风险、高投入的特征，需要多元化的融资渠道支持。然而，广东省的金融政策尚不完善，企业融资困难，金融机构过于谨慎，缺少专项信贷政策和风险投资引导基金，导致项目推进受阻。同时，金融服务的滞后也限制了新质生产力在外贸新业态中的应用，增加了企业的运营成本和风险。此外，市场监管政策的不适应也值得关注。新质生产力催生的新产品、新服务、新模式在进入市场时，常面临不合理的市场准入限制。缺乏明确、恰当的准入标准和监管政策，会引发市场秩序混乱，损害消费者和企业权益，进而抑制广东省企业的创新活力。

三、企业应用新质生产力的意识淡薄

部分企业应用新质生产力的意识淡薄导致创新动力匮乏，对新技术、新工艺和新产品的研发投入不足。一些广东省传统制造业企业受限于传统思维，对人工智能、大数据等前沿技术的应用持观望态度，难以开发出高附加值、符合市场需求的新产品，进而在国际市场上缺乏竞争优势。同时，这

些企业因未充分认识到人才的重要性，未能建立有效的引才、育才、留才机制，导致创新人才短缺，进而制约了企业创新能力的提升和外贸业务的拓展。还有部分企业对新技术的应用反应迟缓，仍依赖传统生产设备和工艺，生产效率低下。例如，在广东省的劳动密集型产业中，因部分企业未及时引入自动化、智能化生产设备，导致生产速度慢、产品质量不稳定，无法满足外贸订单的交付要求和质量标准，影响了广东省对外贸易规模的稳定增长。另外，部分企业仍沿用传统管理模式，缺乏科学决策机制、绩效考核体系和质量控制方法，难以及时发现并解决问题，进一步制约了生产效率的提升和企业整体发展水平的提高。新质生产力注重生产要素的创新性配置以实现资源的最优利用，但部分企业仍按照传统方式配置资源，导致资源浪费和闲置。一些广东省外贸企业的资金过度集中于低效的传统业务领域，而对具有发展潜力的新质生产力相关项目投入不足。企业的人才配置也存在类似问题，高技能人才未能充分发挥作用，部分岗位出现人才短缺现象，影响了企业的资源利用效率和经济效益，不利于企业的可持续发展。

四、国际贸易环境不稳定

全球经济波动和贸易保护主义的抬头对广东省新质生产力的发展构成了显著制约。作为外贸大省，广东的外贸依存度较高，外部市场需求的显著下滑直接影响了企业的订单量。例如，部分高科技制造业企业因订单减少而面临产能过剩，难以充分发挥新质生产力的优势。同时，市场需求结构的快速变化和消费者偏好的频繁波动，要求企业必须具备快速调整产品策略的能力，否则将面临产品滞销的风险。贸易政策的不确定性进一步加剧了这一问题。部分国家为保护本国产业，频繁提高关税或设置贸易壁垒，这不仅增加了广东企业的出口成本，还降低了新质生产力相关产品的国际竞争力。与此同时，国际经贸规则的演变和合规性要求的提高，使广东省企业需要投入更多资源以应对复杂的合规问题，如知识产权保护和数据安全等。若企业无法满足这些要求，则可能面临法律风险和市场准入限制，从而阻碍新质生产力成果的国际化应用。国际贸易环境的不稳定还增加了供应链中断的风险。广东制造业企业高度依赖进口原材料，如集成电路产业所需的半导体材料，其供应的稳定性至关重要。原材料供应中断或价格大幅波动将严重影响企业的生产进度和产品质量，进而影响外贸产品的按时交付和质量稳定性。此外，国际物流作为外贸的重要支撑，也因贸易环境的不稳定而面临诸多风险，如港口拥堵、航线调整和运输成本上升等。这些问题导致了产品交付延迟，增加了企业的库存成本和资金压力，进一步制约了新质生产力的应用和外贸业务的拓展。

第四节　新质生产力赋能广东省对外贸易高质量发展的优化建议

一、加强技术人才培养和引进

首先，强化技能人才培养体系。实施高技能领军人才培育计划，依托企业培训中心、技工院校等平台，通过产教评技能生态链建设，培养适应产业发展的领军人才。同时，优化职业教育体系，加强职业院校与企业的合作，提升培养质量，扩大招生规模，特别是针对高端芯片、精密装备等关键领域的技术人才培养。其次，完善人才引进机制。制定更具吸引力的人才引进政策，为紧缺技术人才提供优厚的待遇和良好的研究环境。加强国际合作与交流，积极参与国际人才竞争，搭建国际合作平台，吸引海外技术人才来粤工作，推动与国际技能标准的对接。同时，优化区域人才布局，推动区域均衡发展，通过政策引导和资源配置，促进新质生产力向粤东、粤西、粤北等地外溢，提升整个广东省的创新能力和产业竞争力。最后，完善技能人才评价体系和激励机制。建立科学合理的技能人才评价体系，引入多元化的评价方式，全面考量技能人才的真实水平和能力。建立健全技能人才薪酬体系，提供广阔的晋升空间和发展机会，激发技能人才的工作积极性和创新创造活力。

二、完善广东外贸企业应用新质生产力的相关政策

首先，强化创新支持政策是关键。广东省应加大科研资金投入，设立专项科研基金，为前沿技术研发提供稳定支持。同时，优化税收优惠政策，对研发投入较高的企业给予税收减免或返还，降低企业创新成本。其次，健全产业政策是保障。广东省应制定统一的产业规划和政策协调，促进新兴产业（如低空经济等）的企业间协同合作，形成完整的产业链条。同时，支持传统产业跃升发展新质生产力，提供政策支持和资金补贴，降低升级成本，加快对其外贸产品结构的优化和质量提升。再次，完善人才政策是基础。广东省应提升人才吸引力，加大落户、住房补贴、科研启动资金等政策的支持力度，吸引国内外优秀人才汇聚。同时，调整教育体系，使高校和职业院校的专业设置和教学模式更加符合产业发展需求，培养出更多符合新质生产力要求的人才。并且建立科学的人才评价和激励机制，激发人才的创新创造活力。此外，优化金融政策是助力。广东省应拓宽融资渠道，设立专项信贷政策和风险投资引导基金，提升金融服务的便捷性和灵活性，降低企业融资成本，为新质生产力项目提供多元化的融资渠道。最后，改进市场监管政策是市场秩序的保障。广东省应明确市场准入标准，为新质生产力催生的新产品、新服务、新模式制定明确的监管政策。加强事中、事后监管，在确保市场秩序的同时，避免过度监管抑制企业创新活力。

三、加强宣传新质生产力应用的重要性和必要性

首先，加强对企业的宣传与培训。广东省应充分利用媒体、展会、论坛等多种渠道，广泛宣传新质生产力的概念、优势和应用案例，提高企业对新质生产力的认知度。同时，组织专题培训，邀请行业专家、学者和成功企业代表，为企业深入讲解新技术、新工艺和新管理模式的应用方法与成功案例，帮助企业掌握新质生产力的核心要素。其次，提供政策与资金支持等重要保障。广东省应出台一系列鼓励企业应用新质生产力的政策措施，如税收减免、资金补贴、贷款贴息等，降低企业应用新技术的成本。同时，设立新

质生产力发展专项基金，支持企业开展技术创新、产品研发和产业升级项目，推动企业积极应用新技术、新工艺和新管理模式。再次，搭建合作与交流平台。广东省应定期举办新质生产力交流会、研讨会等活动，为企业搭建交流、学习和合作的平台，促进企业间的信息共享和经验交流，形成协同创新的良好氛围。此外，强化优秀企业的示范与引领。广东省政府应选择一批具有行业代表性和示范意义的企业，作为新质生产力的示范企业，通过政策扶持和资金引导，推动其率先应用新技术、新工艺和新管理模式。并且及时总结和推广示范企业的成功经验，形成可复制、可推广的模式，带动更多企业应用新质生产力。最后，完善服务体系与监管机制。广东省应建立健全新质生产力服务体系，为企业提供技术咨询、成果转化、融资支持等全方位服务，帮助企业解决应用新技术过程中的困难和问题。同时，加强对企业应用新质生产力的监管和评估工作，确保企业按照政策要求和技术标准开展技术创新与产业升级活动，提高新质生产力的应用效果和质量。

四、加强国际合作与交流，共同应对国际贸易环境的变化和挑战

首先，企业应当加强市场多元化战略。企业应积极开拓"一带一路"共建国家、非洲、南美洲等新兴市场，降低对传统欧美市场的依赖。通过加强与这些地区的贸易合作，分散市场需求波动的风险。例如，广东可以利用跨境电商等新业态，将产品推向新兴市场，扩大市场份额。其次，企业应建立灵活的市场响应机制，及时跟踪国际市场动态，快速调整产品结构和生产计划，以适应消费者偏好的变化。并且加强市场调研，提前研发符合未来市场需求的产品。例如，新能源汽车企业应密切关注国际环保标准和技术要求的变化，提前进行技术储备和产品升级。再次，企业需提升自身的贸易政策应对能力。企业应加强对国际贸易政策的研究，建立贸易政策预警机制，及时发布政策变化信息，帮助企业提前做好应对准备。例如，企业可以设立专门的贸易政策研究机构，定期发布政策分析报告，为其提供决策参考。最后，企业应当增强供应链韧性。企业应减少对单一进口原材料的依赖，积极

寻找替代供应商，建立多元化的原材料供应体系。企业还应加强与物流企业的合作，优化物流配送方案，提高物流效率，降低运输成本。同时，利用数字技术，如区块链、物联网等，提升供应链的透明度和可追溯性，及时掌握原材料供应和产品交付情况，提前应对可能出现的问题。此外，企业还可以与国际科研机构和企业开展创新合作，共同开展技术研发和项目合作。通过合作，企业可以获取国际前沿技术和创新理念，加速新质生产力的形成和应用。

第八章

广东与共建"一带一路"国家货物贸易
发展情况研究

2013年，习近平总书记在访问哈萨克斯坦和印度尼西亚期间，先后提出共建"丝绸之路经济带"和"21世纪海上丝绸之路"重大倡议。广东作为外贸第一大省，既是21世纪海上丝绸之路的重要起点、中心枢纽点，也是丝绸之路经济带与21世纪海上丝绸之路的双向交汇点，在高质量共建"一带一路"中具有重要支撑作用。共建"一带一路"倡议提出十一年来，为广东和粤港澳大湾区提升国际竞争力、更高水平参与国际合作和竞争拓宽了新空间。在当前严峻复杂的国际环境下，推动共建"一带一路"高质量发展机遇和挑战并存，但总体上机遇大于挑战。本章在对广东与共建"一带一路"国家进出口贸易数据进行深度分析的基础上，结合当前国际贸易发展形势、企业调研反映值得关注的问题，探索提出进一步深化"一带一路"建设的对策建议。

第一节 共建"一带一路"倡议的发展历程、海关支持举措及工作成效

一、共建"一带一路"倡议的发展历程

在习近平总书记的亲自部署、亲自谋划、亲自推动下，共建"一带一路"倡议从夯基垒台、立柱架梁到落地生根、持久发展，已成为开放包容、互利互惠、合作共赢的国际合作平台。回顾其推进和发展的历程，主要可分为以下两个阶段。

2013—2018年，是共建"一带一路"倡议谋篇布局、构建框架的阶段。其中，2015年是"一带一路"构想完成规划并启动实施之年，国家发展改革委、外交部、商务部联合发布《推动共建丝绸之路经济带和21世纪海上丝绸之路的愿景与行动》，构筑了共建"一带一路"的顶层设计框架。2017

年，我国成功举办首届"一带一路"国际合作高峰论坛，编织起以亚欧大陆为中心，辐射各大陆、连接各大洋的合作网络。2018年，习近平总书记出席推进"一带一路"建设工作五周年座谈会并发表重要讲话，提出"一带一路"建设要从谋篇布局的"大写意"转入精耕细作的"工笔画"。

2018—2023年，是共建"一带一路"倡议精耕细作、纵深发展的阶段。其中，2019年，在北京召开了第二届"一带一路"国际合作高峰论坛，此次峰会取得了六个方面的重大成果，完善了合作理念，明确了合作重点，强化了合作机制，就高质量共建"一带一路"达成了广泛共识。自2020年以来，面对新冠疫情的严峻考验，"一带一路"建设克服诸多不利影响，持续推进相关项目，进一步拓展合作领域。2023年，第三届"一带一路"国际合作高峰论坛的成功举办，成为共建"一带一路"进程中又一重要里程碑。习近平总书记在开幕式上发表主旨演讲，宣布八项行动并对贸易领域提出重要要求，为下一阶段推进"一带一路"建设指明了方向。

二、海关支持共建"一带一路"的工作举措与成效

党的二十大报告明确提出，推动共建"一带一路"高质量发展，维护多元稳定的国际经济格局和经贸关系。在各国经贸往来中，海关是重要的交汇点和门户枢纽。十一年来，海关充分发挥职能作用，把服务高质量共建"一带一路"，作为海关服务大国外交的重点工作，始终围绕高质量共建"一带一路"，深化多双边合作，取得了积极成效。主要总结如下：

一是推动市场准入，促进双向开放。共建"一带一路"国家人口占全球人口的比例超过60%，市场潜力巨大。截至2023年第三季度，海关已经与171个国家和地区建立检验检疫合作关系，签署600余份海关检验检疫合作文件，其中农产品食品准入类国际合作文件近400份，有力地推动我国与共建"一带一路"国家相互开放市场，促进贸易往来。

二是加强互认合作，提升贸易便利。AEO制度是各国海关之间对通过认证的企业相互给予优惠通关便利的一项制度。截至2023年第三季度，我

国已经与52个国家和地区实现AEO互认,数量居世界第一,其中共建"一带一路"国家达到35个。全国已有超5 000余家AEO企业享受国内、国际双重通关便利,通关时间和资金成本进一步压缩,对企业提高国际信誉度、加强海外供应链安全、提升全球竞争力作用显著。

三是服务中欧班列,畅通贸易渠道。中欧班列作为贯穿亚欧大陆的国际贸易"大动脉",年开行量已超过万列,被誉为"一带一路"的"钢铁驼队"。海关在服务中欧班列方面积极主动作为,出台了支持中欧班列发展的十条措施,包括支持中欧班列枢纽站点建设,促进多式联运业务发展,支持中欧班列开展跨境电商业务等。此外,海关还积极加强与铁路、邮政等部门合作,提升中欧班列信息化水平,提高通关效率。上述这些措施,都极大地提升了中欧班列跨境运输的便利化水平,进一步促进了与共建国家的经贸往来。

四是推进信息共享,增强监管效能。实现共建"一带一路"贸易畅通,离不开各国之间的信息互认共享。按照加入WTO《贸易便利化协定》做出的承诺,我国已全面实施国际贸易"单一窗口",提供22大类800余项"一站式"服务功能,成为我国外贸服务及国际互联互通的重要基础设施。目前,海关发起设立了"一带一路"海关信息交换和共享平台,中哈海关"关铁通"等联网交换项目已稳定运行超过两年。

第二节　广东参与共建"一带一路"第一个十年贸易发展情况评估

一、指数编制背景

广东是全国率先上报《广东省参与建设"一带一路"的实施方案》、率先完成与国家"一带一路"规划衔接并率先印发实施方案的省份。经过十年发展,广东已成为我国与共建"一带一路"国家贸易量最大、双向投资最多的省份。与此同时，如何全面、科学、准确评估与共建"一带一路"国家的贸易关系，客观地反映我国与共建"一带一路"国家双边贸易实际情况和发展潜力，为各国政府、机构、企业参与共建"一带一路"倡议提供参考指引，成为推动"一带一路"高质量发展的现实需要。

对此，国家"十四五"规划明确提出，要推动共建"一带一路"高质量发展，强调要加强发展战略和政策对接，推进基础设施互联互通，深化经贸投资务实合作，架设文明互学互鉴桥梁。"十四五"海关发展规划积极响应国家战略，提出要研究编制"一带一路"货物贸易指数，定期开展我国与共建"一带一路"国家货物贸易评估。在海关总署统计分析司的授权和指导下，广东分署会同广州、深圳、拱北、汕头、黄埔、江门、湛江、重庆等海关，联合广东外语外贸大学共同研究编制《中国与"一带一路"贸易指数》，历时三年攻坚，于2023年9月编制完成。

二、指数编制意义

编制中国与共建"一带一路"国家贸易指数，是贯彻落实习近平总书记共建"一带一路"倡议的重要举措，是"十四五"规划的重要内容，对推动共建"一带一路"倡议不断走向纵深发展具有深远意义。

一是服务国家战略，让"共商"更有支撑力。作为服务"一带一路"国家战略的重要举措，本指数全面研究分析中国与共建"一带一路"国家贸易数据，客观地反映我国与共建"一带一路"国家双边贸易的实际情况，为我国与沿线各国深化战略互信，强化战略互动，共商发展大计提供科学的数据支撑和策略参考。

二是深化经贸合作，让"共建"更有针对性。本指数主要是从中国与共建"一带一路"国家的贸易规模、贸易结构、贸易效益、贸易潜力四个方面展开解剖分析，有利于各国政府、机构、企业进一步挖掘我国与共建"一带一路"国家的进出口增长空间，更好聚焦利益交汇点、发展契合点、战略对接点，携手实现互利共赢、共同发展目标。

三是彰显发展成果,让"共享"更有吸引力。指数的编制与发布,将充分展现我国与共建"一带一路"国家的互惠互利情况,促进发展成果共享,同时有利于吸引更多国家和地区参与"一带一路"建设,持续提升"一带一路"的世界影响力、成果辐射力、行动感召力。

三、指标体系构建原则

中国与共建"一带一路"国家贸易指数致力于建立可量化评价体系,始终秉持习近平总书记提出的共商共建共享原则,切实反映我国与共建"一带一路"国家经贸往来状况。指标体系构建遵循以下原则:

一是系统性。按照一级指标、二级指标进行数据分析,清晰直观地反映不同贸易指标,缜密系统地对各项指标进行计算,切实判断中国与共建"一带一路"国家贸易情况。

二是权威性。基础数据来源于联合国、世界银行、海关等权威部门,由政府机构及权威学术研究机构联合编制。

三是全面性。涵盖分析中国与共建"一带一路"国家间的贸易规模指标、贸易结构指标、贸易效益指标、贸易潜力指标,结合不同产业贸易规模比重、价格效益等多方面因素,全面综合考虑我国与共建"一带一路"国家的贸易情况。

四是科学性。指数编制使用国际公认的技术方法,同一指标统计方法一致,统一评价框架与标准;同时,协助完善进出口监测机制,提高预判未知风险的水平。

四、指标体系及描述

课题组认真落实习近平总书记关于"一带一路"贸易畅通的重要指示精神,紧紧围绕习近平总书记"提高贸易和投资自由化便利化水平,促进贸易均衡共赢发展"要求,构建了中国与共建"一带一路"国家贸易指数指标体系(见表8-1)。

表8-1　　中国与共建"一带一路"国家贸易指数指标体系

一级指标	二级指标	方向	数据来源
贸易规模指标（C1）	进口总额（C11）	正向	海关总署
	出口总额（C12）	正向	海关总署
	双边贸易占全球贸易比重（C13）	正向	海关总署、UNCTAD
	进出口企业数量（C14）	正向	海关总署
	物流流量（C15）	正向	海关总署、"一带一路"网、UNCTAD、CEIC
贸易结构指标（C2）	高技术产品出口占比（C21）	正向	海关总署
	内资企业进出口占比（C22）	正向	海关总署
	一般贸易占比（C23）	正向	海关总署
	自主品牌出口占比（C24）	正向	海关总署
	市场多元化（C25）	正向	UN Comtrade、课题组计算
贸易互利指标（C3）	双边直接投资规模（C31）	正向	商务部、国家统计局
	共建国家本币成交占比（C32）	正向	海关总署
	享惠进口规模（C33）	正向	海关总署
	全球价值链合作度（C34）	正向	UNCTAD-EORA、课题组计算
	贸易增速较全球平均水平（C35）	正向	UN Comtrade
贸易促进指标（C4）	跨境电商新业态占比（C41）	正向	海关总署
	商品市场占有率（C42）	正向	海关总署、UN Comtrade
	贸易互补性（C43）	正向	UNCTAD、课题组计算
	人均GDP（C44）	正向	世界银行
	AEO企业数量（C45）	正向	海关总署

（一）贸易规模指标（C1）

贸易规模指标（C1）反映的是中国与共建"一带一路"国家之间的贸易规模程度，是对国家间贸易往来额度和程度的宏观分析，该指标基于进口总额（C11）、出口总额（C12）、双边贸易占全球贸易比重（C13）、进出口企业数量（C14）和物流流量（C15）五个指标合成。该指标数值越高，表明中国与共建"一带一路"国家的贸易规模发展状况越好。

（二）贸易结构指标（C2）

贸易结构指标（C2）反映的是中国与共建"一带一路"国家之间贸易结构水平，基于高技术产品出口占比（C21）、内资企业进出口占比（C22）、一般贸易占比（C23）、自主品牌出口占比（C24）和市场多元化（C25）分析整体贸易结构变化，计算出指标数据。该指标数值越大，表明我国与共建"一带一路"国家间的贸易结构越优。

（三）贸易互利指标（C3）

贸易互利指标（C3）反映中国与共建"一带一路"国家贸易的互利互惠情况，基于双边直接投资规模（C31）、共建国家本币成交占比（C32）、享惠进口规模（C33）和全球价值链合作度（C34）、贸易增速较全球平均水平（C35）五个二级指标合成得出。该指标越大，表明"一带一路"倡议推动中国与共建"一带一路"国家贸易互利共赢发展作用越突出。

（四）贸易促进指标（C4）

随着共建"一带一路"国家数量的不断增加和合作程度的不断加深，共建"一带一路"的全球影响力不断提高，对共建国家的贸易促进作用也不断扩大。贸易促进指标基于跨境电商新业态占比（C41）、商品市场占有率（C42）、贸易互补性（C43）、人均GDP（C44）和AEO企业数量（C45）五个指标合成。该指标数值越高，表明中国对共建"一带一路"国家贸易的促进作用越强。

（五）样本范围

课题组根据海关总署函询国家发展改革委反馈的共建"一带一路"国家

清单，结合中国"一带一路"网发布的共建国家清单，确定每年共建"一带一路"国家范围。

五、指数计算结果

从中国与共建"一带一路"国家贸易指数来看，该指数由2013年基期的100上升到2023年的181.2（见图8-1），充分展现十年来"一带一路"在外贸发展方面取得的巨大成就。结合指数评价结果来看，广东参与共建"一带一路"同样亮点十足，主要体现在贸易规模、贸易结构、贸易互利、贸易促进四个方面。

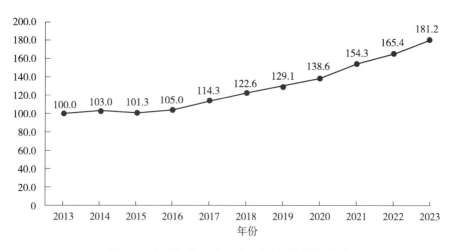

图8-1　中国与共建"一带一路"国家贸易指数

（一）贸易规模：稳步攀升，影响扩大

从贸易规模指数来看，2016年以来，中国与共建"一带一路"国家贸易规模指数稳步上行，尤其是2023年，中国与共建"一带一路"国家进出口总额达到19.47万亿元，为倡议提出以来的最高水平，贸易规模指数达到历史峰值197.0（见图8-2）。

从广东来看，十年来，广东与共建"一带一路"国家贸易往来持续活跃，对共建"一带一路"国家进出口规模从2013年的1.93万亿元，年均以4.7%

增速、1 112.7亿元规模较快扩张，到2022年首次突破3万亿元大关，2023年规模增至3.17万亿元，同比增长1.7%，且连续8年保持同比正增长，占同期广东进出口总额的36.6%，十年间提升8.2个百分点。总体上看，共建"一带一路"国家已成为广东最主要的贸易市场和最大的贸易增量来源。

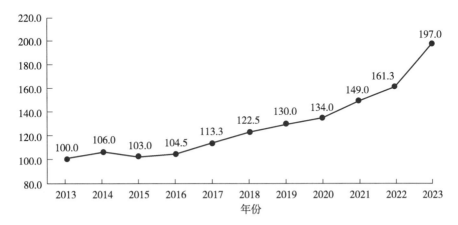

图8-2　2013—2023年中国与共建"一带一路"国家贸易规模指数

（二）贸易结构：优化向好，持续提升

从贸易结构指数来看，随着共建"一带一路"不断深化，中国与共建"一带一路"国家进出口产品、经营主体、自主品牌等结构不断优化，贸易结构指数呈现持续提升态势，2023年突破历史新高，达到128.1（见图8-3）。

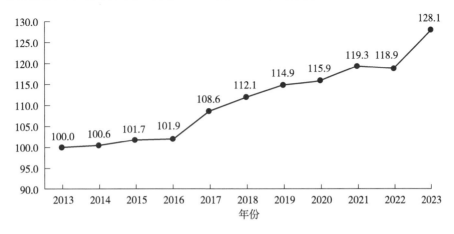

图8-3　2013—2023年中国与共建"一带一路"国家贸易结构指数

从广东来看，出口方面，广东出口产品的全球价值链地位不断提高，国际竞争力持续增强。从结构来看，一般贸易代表着更长产业链和更高附加值，十年来，广东对共建国家一般贸易出口增长182.4%，出口占比提升20个百分点至77.6%。从品牌来看，广东自主品牌产品出口占比提升1.5个百分点至25.8%。从商品来看，广东超六成的钢材、纺织品，约五成的机械设备、汽车，约四成的家用电器、锂电池、服装等，均出口至共建国家。

进口方面，共建国家是广东资源类产品和消费品的重要进口来源地。从经营主体看，民营企业逐渐取代外资企业成为主力军，初级产品保供更加扎实。十年来，民营企业自共建国家进口增长125.9%，进口占比提升28.7个百分点至56.3%。从商品来看，共建国家资源丰富，东南亚的蔬菜水果、独联体国家的能源矿产、中东欧的机械制造等都有广阔的销售市场，且与广东经济社会发展和居民生活消费的互补性强，广东超八成的原油、食用油、水果，超七成的煤炭、铜矿，超六成的水产品等，均来自共建国家。

（三）贸易互利：开放合作，互惠共享

从贸易互利指数来看，随着中国与共建"一带一路"国家的双边直接投资不断增加，产业链价值链等合作持续加深，贸易互利程度整体显著上升，2023年达到174.8的历史高位（见图8-4）。

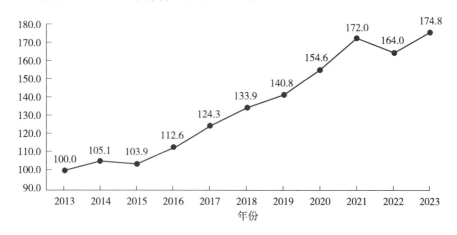

图8-4　2013—2023年中国与共建"一带一路"国家贸易互利指数

　　从广东来看,广东与共建"一带一路"新兴市场的朋友圈不断扩大。十年来,广东对东盟进出口由6 343.3亿元增长至1.34万亿元,增长111.7%;占同期与共建国家进出口总额的比重由34.2%提升至47.1%,为共建国家中最大的贸易伙伴。同期,对中东、拉美、北非共建国家分别增长48.6%、57.7%、94%;对俄罗斯增长187.8%。主要出口贸易伙伴中,广东对越南、波兰、柬埔寨等出口累计增幅均超2倍;进口贸易伙伴中,自越南、俄罗斯、匈牙利等进口增幅均超2倍。

　　与此同时,共建"一带一路"为各国发展提供更多机遇,已成为开放包容、互利互惠、合作共赢的国际合作平台。对于参与共建的国家而言,在区域经贸合作加强的带动下,也获得更多发展空间。对于广东而言,不仅与共建的发展中国家贸易增长良好,与共建的欧洲国家也呈现良好的增长势头,如对波兰、希腊、罗马尼亚、斯洛文尼亚等,十年来年均增速均超过10%。

（四）贸易促进:积蓄动能,释放潜力

　　从贸易促进指数来看,2023年,我国实施支持高质量共建"一带一路"的八项行动,中国与共建"一带一路"国家政策红利加快释放,中国与共建国家贸易促进指数整体呈上升态势,2023年达到224.8(见图8-5)。

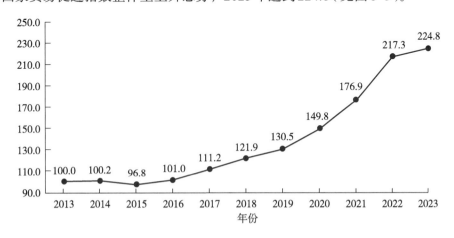

图8-5　2013—2023年中国与共建"一带一路"国家贸易促进指数

从广东来看，通过共建"一带一路"，广东不断扩大与各国的利益汇合点，不断增强经贸合作潜力，形成更紧密的贸易伙伴关系，为国际贸易发展注入强大动能。十年来，广东对外承包工程出口中，面向共建国家的比重从七成增长至九成，港口、铁路、桥梁、海外产业园等一系列共建项目陆续落地，高质量现代物流体系不断建设和完善。随着国际物流通道的持续拓展，十年来，广东以水路、航空、铁路运输方式对共建国家进出口分别增长73%、592.8%、124.1%，互联互通效应更加凸显。

第三节　从区域视角看广东参与共建"一带一路"贸易新机遇

共建"一带一路"倡议自提出十一年以来，已获得国际社会广泛的认可，截至2024年12月，我国已经同155个国家签署共建"一带一路"合作文件，共建国家从欧亚延伸至非洲、拉美等区域。2024年是共建"一带一路"第二个十年的开局之年，从区域视角来看，广东与共建"一带一路"新兴国家和地区，如东盟、俄罗斯、拉美、非洲和中东，相互之间的经贸往来更加频繁，贸易互补性不断提升，呈现出不同的贸易发展新亮点。

一、对东盟国家中间品贸易优势拓展

进出口特点：东盟是广东与共建国家间的第一大贸易市场，2024年广东对东盟进出口1.45万亿元，增长8%，占对共建国家整体进出口总额的41.9%。近年来，随着全球供应链重构和新一代产业变革加速推进，以中间品贸易为代表的新业态、新模式跑出加速度，成为外贸新增长点。2024年，广东对东盟进出口中间品8 977.7亿元，同比增长10%，占对东盟进出口总额的61.9%。从产业发展来看，广东电子信息产业发达，上游自东盟进口集成电路、半导体器件等机电类中间品3 160.6亿元，增长6.2%；下游向东盟出口平板显示模组、摄像头等机电类中间品2 311.2亿元，增长19.5%。从品牌建设来看，广东省民营企业OPPO、华为、大疆等在5G、电子产品、无人机等领域取得长足发展，带动广东中间品对东盟出口的自主品牌占比逐年提升，从2018年的14.8%提升至2024年的18.6%。

发展机遇：在目前美西方"小院高墙""脱钩断链"的背景下，东盟是广东省企业"出海"的重要市场。2024年以来，在深圳举办的2024大湾区—东盟经济合作（前海）论坛、在广州举办的21世纪海上丝绸之路国际智库论坛（2024）等论坛会议落地广东，彰显了广东省与东盟经贸往来的火热，有助于进一步推动省内企业探寻"新蓝海"。从运输通道来看，2024年5月，"越南—中国—欧洲"班列联运过境通道在粤港澳大湾区正式打通，从中老铁路到中越铁路，再到正在建设中的中泰铁路、马来西亚东海岸铁路，泛亚铁路的建设意义重大，将为沿线经济注入新的活力，为推动广东与东南亚区域互联互通创造新的机遇。据统计，2024年前十个月，海关监管中越班列1 700列，同比增长47%。

二、与拉美国家优势互补合作加深

进出口特点：2024年，广东对共建国家中的拉美地区进出口3 370.1亿元，增长15.6%，快于对共建国家整体增速6.2个百分点，占对共建国家整体进出口总额的比重提升0.5个百分点至9.7%。随着我国与拉美地区经贸合作稳步推进，广东在电子产品、新能源产品的强大制造能力为拉美经济发展转型提供了更加普惠可及的解决方案，2024年，广东对共建国家中的拉美地区出口家用电器、手机、自动数据处理设备（电脑）等"老三样"产品合计362.3亿元，增长42.9%；出口电动载人汽车、锂电池、太阳能电池等"新三样"产品合计86.6亿元，增长47.4%，均实现较快增长。拉美地区则凭借其自身丰富的物产资源，为我国进口提供更多的农产品选择。2024年，广东自共建国家中的拉美地区进口农产品645.4亿元，增长13.1%。其中，进口干鲜瓜果及坚果210亿元，增长39.5%；进口大豆173.1亿元，增长31.7%。

发展机遇：2024年，中国与拉美多国经贸合作取得新进展。5月，《中国—厄瓜多尔自由贸易协定》正式生效。此外，中国同洪都拉斯签署了自贸协定早期收获安排，同秘鲁实质性完成自贸协定升级谈判。6月，国家电投海外大规模光伏项目群在巴西建成。11月，秘鲁钱凯港举行开港仪式，促进互联互通。中国与拉美地区之间的经济互补性强，拉美国家拥有丰富的自然资源和人力资源，而中国则拥有先进的技术和管理经验，随着中拉贸易规模的不断提质升级，中国与拉美地区将进一步共享发展机遇，共建中拉命运共同体，为双方人民带来更多福祉。2024年是中拉命运共同体提出十周年，十年来，中拉成为携手共建"一带一路"的重要伙伴，未来双边关系将继续取得新的重大进展。

三、与非洲贸易往来具有较大开拓潜力

进出口特点：我国已连续十五年保持非洲第一大贸易伙伴地位。2024年，广东对共建国家中的非洲地区进出口2 694.8亿元，增长0.2%。中非贸易互惠互利，为双方经济社会发展提供了有力支撑。2024年，广东对共建国家中的非洲地区出口家用电器、手机、摩托车分别为150.8亿元、77.1亿元、75.2亿元，分别增长10.7%、6.8%、22.4%；出口劳动密集型产品275亿元，占13.1%。此外，支持非洲建设和产业发展的钢材、电工器材、通用机械设备等，分别出口172亿元、158.9亿元、51.6亿元，合计占18.2%。而非洲国家具有丰富的大宗资源类产品，2024年，广东自共建国家中的非洲地区进口未锻轧铜及铜材128.6亿元，占21.8%；金属矿及矿砂78.9亿元，占13.4%；煤炭、原油、天然气三大类能源产品合计72亿元，大幅增长126.1%，占12.2%。

发展机遇：2024年9月5日，中非合作论坛峰会在北京盛大开幕，会议宣布了对非洲33个国家实行零关税优惠政策，已于2024年12月1日起实施，并计划在未来三年内推动中国对非洲的投资不少于700亿元。这一举措无疑将为中非友好关系带来新的发展机遇，也将促进广东与非洲共建国家贸易的

高质量发展。此外，非洲国家跨境基础设施建设项目也将稳步推进，正在积极引进外国直接投资，努力打造关键矿产产业链，如赞比亚过去三年吸引了100亿美元新投资，致力于实现2031年铜产量提高到每年300万吨的目标。非洲矿产产业发展将有利于广东自非洲进口相关产品的持续增长和供应链稳定。

四、与中东地区共建国家贸易合作紧密

进出口特点：2024年，广东对共建国家中的中东地区国家进出口3 867.7亿元，增长10.6%。受当地市场政策利好和国内车企积极出海的双重驱动，2024年，广东对共建国家中的中东国家出口电动汽车40.9亿元，大幅增长298%。除新能源方面外，广东多项优势产品对中东出口持续增长，2024年，广东对共建国家中的中东国家出口手机、自动处理设备和家用电器等"老三样"产品383.3亿元，增长11.3%；劳动密集型产品371.4亿元，增长3.9%；摩托车39.9亿元，增长52.6%。此外，中东地区为广东进口资源类商品的重要渠道，2024年，广东自共建国家中的中东国家进口原油、天然气等能源产品435亿元，增长4.7%，占同期广东自共建国家中的中东国家进口总额的52.1%；进口初级形状的塑料114.4亿元，增长1.3%。

发展机遇：根据国际能源署的研究报告，发展电动汽车已成为中东各国推动绿色转型的重要一环。具体来看，阿联酋成为中东首个承诺到2050年实现净零排放的国家；沙特在"2030愿景"中提出到时将利雅得30%的汽车转换成电动汽车；卡塔尔设定了到2030年纯电动汽车普及率达到10%的目标。在"一带一路"框架下，广东与中东地区新能源产品贸易仍有广阔的拓展空间。与此同时，中东地区能源资源丰富，盛产石油等重要战略性资源，随着我国与中东地区经贸合作的不断深化和扩展，广东与其在能源资源贸易合作上互补空间较为广阔。

五、俄罗斯方面

进出口特点：长期以来，我国与俄罗斯互为全面战略协作伙伴关系，我

国稳居俄罗斯第一大贸易伙伴国。2024年，广东对俄罗斯进出口1 418.6亿元，下降0.9%。其中，对俄罗斯出口1 176.1亿元，增长4.1%；自俄罗斯进口242.4亿元，下降19.6%。俄罗斯对广东出口的家用电器、电脑需求强劲，2024年，广东对俄罗斯出口家用电器128.7亿元，增长3.2%；自动数据处理设备（电脑）66.5亿元，增长18.1%。此外，受乌克兰危机影响，欧美品牌汽车纷纷退出俄罗斯市场，广东制造汽车迅速获得俄罗斯消费者青睐，2024年，广东对俄罗斯出口汽车29亿元，大幅增长143.4%。另外，俄罗斯的战略资源丰富，2024年，广东自俄罗斯进口天然气、煤炭、原油等能源产品118.8亿元，占自俄罗斯进口总额的49%；金属矿及矿砂17.2亿元，大幅增长17倍，占7.1%。

发展机遇：俄罗斯副总理诺瓦克近期表示，2024年，俄罗斯GDP增速为3.6%，2025年预计为3.9%。俄罗斯标准银行的研究报告显示，2024年中国智能手机在俄罗斯的购买份额已增长至86%，2023年、2022年前值分别为73%、50%。俄罗斯经济保持稳定增长，叠加我国出口产品国际竞争力提升，将有利于广东对俄罗斯出口产品稳定增长。与此同时，2025年广东自俄罗斯进口能源产品将有不少政策利好，如俄罗斯宣布自2025年起停止征收动力煤、无烟煤和炼焦煤出口关税，或将促进广东省自俄罗斯进口煤炭实现增长。此外，俄罗斯天然气停止过境乌克兰输往欧洲，中俄天然气贸易规模有望持续扩大，将进一步稳定广东自俄罗斯进口能源产品供应渠道。

第四节　广东推进高质量共建"一带一路"面临的困难与挑战

一、全球经济复苏缓慢，国际贸易逆全球化趋势渐显

当前世界经济复苏进程缓慢，国际货币基金组织（IMF）将2025年全球经济增速预测值下调0.1个百分点至3.2%，WTO和世界银行预测增速均维

持在2.7%。IMF指出，如果地缘政治紧张局势继续以类似冷战时期的方式发展，全球贸易格局或更加趋向碎片化。总体而言，贸易限制措施的增多、地缘政治紧张局势的升级及通胀的持续存在对全球经济和贸易复苏构成下行风险；贸易伙伴的多元化程度总体下降，对共建"一带一路"合作的深入推进形成制约。此外，"一带一路"合作区域内，叙利亚局势尚未稳定，中东冲突的升级可能会导致红海航运通道受阻，进一步扰乱航运并提高能源价格，间接影响国际贸易。

二、贸易打压、绕道阻断、保护主义、国际竞争等外溢影响冲击

在贸易打压方面，美西方构建"遏制联盟"对我高科技领域进行围堵，如美国2024年12月将140家我国半导体相关企业列入"实体清单"，对我国半导体制造设备、存储芯片等物项实施精准打压。2024年，广东相关产品进口中来自共建国家占比达32.3%。在绕道阻断方面，美国宣布恢复对东南亚四国太阳能产品征税，并表示将打击我国商品通过第三国借道输美，未来广东通过东盟国家等间接对美出口及拓展中间品贸易的难度或将加大。在保护主义方面，2024年以来，美国、东南亚国家及欧盟、巴西、南非等纷纷实施或计划收紧跨境电商小包裹优惠政策，SHEIN和Temu在越南被要求暂停业务，外贸企业出海的市场准入难度陡增。在国际竞争方面，美韩自由贸易协定、日欧EPA、CPTPP等大型自贸协定不断落地，排他性国际贸易规则对广东拓展"一带一路"市场进一步形成阻碍。

三、经贸规则对接仍存差距，支持政策覆盖面较窄

近年来，广东与共建国家贸易增速放缓、占全国比重持续下跌。2021—2023年，广东对共建国家进出口增速从16.3%放缓至1%，低于过去十年年均的4.7%。从全国份额来看，2023年，广东占全国对共建国家进出口的15.6%，份额连续三年下跌，较2016年高位下跌5.5个百分点。一方面，广东在金融服务、政府采购、知识产权保护等方面，与国际高标准经贸规则之

间仍存差距；省内各地营商环境水平分化，粤东西北整体落后于珠三角地区，营商环境评价结果均分布在第二、第三档。另一方面，广东外贸政策主要集中在减税降费、优化通关、提升金融服务等方面，在跨境电商、数字经济、绿色发展等新兴领域，政策支持和创新相对缺乏，不利于广东拓展"一带一路"沿线蓝海市场。

四、与南太平洋岛国贸易、中欧班列发展等方面仍有拓展空间

广东是"丝绸之路经济带"与"21世纪海上丝绸之路"的双向交汇点。一方面，近年来在共建"一带一路"倡议的推动下，我国在南太平洋岛国的外交取得重大突破，广东海运发达、临近太平洋，2024年对南太平洋岛屿共建国家进出口40.9亿元，同比下降28.2%，进一步拓展对相关国家贸易，有利于提升我国国际影响力，突破美国"三大岛链"对我国的重重封锁。另一方面，随着"一带一路"进入高质量发展新阶段，货物通关更加顺畅，2024年，我国中欧班列开行1.9万列，同比增长10%；其中，广东国际货运班列开行数量在全国整体中占比仍较低，对共建"一带一路"贸易拓展的支撑作用尚待进一步挖掘。

五、对俄结汇受阻、对非汇率不稳定等增加企业成本

在海关调研中，超六成调研企业反映国内银行不能提供对俄罗斯的跨境资金结算业务。2023年底，美国扩大对俄罗斯金融制裁范围后，国内四大行为避免遭牵连导致财产冻结、业务停顿等金融风险，均已暂停俄罗斯结算业务。此外，部分较小或地方性的银行虽能保持往来，但便利程度远不如四大行，而且人民币储备量不足，无法及时将卢布换成人民币；还有企业反映部分非制裁银行虽然可以收款，但是只能通过客户转告的方式掌握名单。与此同时，调研显示受前期美国加息影响，非洲部分国家货币快速贬值、汇率波动较大。在汇率不稳定带来汇兑损失的同时，企业反映换汇成本和收款难度增加，挤压企业外贸利润空间。

第五节　推动广东参与共建"一带一路"高质量发展的对策建议

一、强化重点区域产业链供应链战略合作，培育拓展新增长点

为加强广东和东盟、东欧、拉美等市场的贸易往来，积极纳入包括发达国家在内的第三方市场进行"一带一路"项目开发，助力范围更大、层次更高的区域合作。基于共建国家资源禀赋比较优势与产业互补性，推动构建"一带一路"区域国际循环，针对中东、中亚、俄罗斯等新兴市场，支持电动载人汽车、锂电池、太阳能电池等"新三样"出口，推动出口商品品类多样化；在食品、中医药等重点出口领域，积极推进以"湾区标准"为代表的"广东标准"，积极打造广东品牌；依托省级大宗商品进出口贸易公司，加大自共建国家进口力度，增强初级产品保供能力。

二、高水平对接国际规则，加速推进湾区规则机制互联互通

借助共建"一带一路"倡议提升"软联通"，积极与共建国家打造贸易协同发展机制和国际贸易治理机制，加快对接高标准规则议题谈判步伐，逐步缩小负面清单范围，推动构建互利共赢、公开透明、公平合理的国际规则体系。充分发挥南沙、横琴、前海、河套四个重大合作平台的定位优势，支持广东企业以横琴粤澳深度合作区、前海深港现代服务业合作区为支点，发挥澳门地区的葡语国家联系人、香港地区的国际航运中心等作用，强化湾区国际规则衔接。

三、持续改善出口营商环境，因地制宜打造出口竞争优势

发挥好贸易环境评价的引领和督促作用，以评促优、以评促建，倒逼各市找差距、补短板，实现省域内贸易环境发展的均衡化协调化，弥补城市间贸易合作水平差距，提升区域整体贸易合作水平。鼓励贸易能力较弱的城市，在吸收、利用深圳、广州等优秀经验的基础上，因城施策，抓住自身产

业特点和贸易合作重点，利用自身优势补足短板。精确找准自身定位，侧重解决自身贸易关键问题，建设符合自身特色的贸易环境，与省内其他城市开展错位竞争。

四、探索创新新业态优惠政策，加快共建数智"一带一路"

加快发展"丝路电商"，探索创建"丝路电商"合作先行区，以点带面，积极培育数字领域合作新业态、新模式、新生态。继续大力推进"跨境电商+产业带"发展，推动更多地方特色企业和品牌"扬帆出海"。积极探索提升数字化水平、区域协同度等贸易环境要素，便利跨国公司、机构境内外数据运营管理，按照集团商业模式开展数据采集、分析、应用、保护等新型数字服务贸易业务，全方位打造数字化、国际化、便利化一流贸易环境，打造广东出口贸易强磁场。

第九章

数字贸易驱动下广东与"一带一路"共建
国家服务贸易协同发展机制

在全球经济数字化转型加速深化的背景下，数字贸易已成为重塑国际贸易格局的关键动力。作为中国对外开放的先行区与数字经济核心枢纽，广东凭借其成熟的数字基础设施、完备的产业体系与活跃的创新生态，在跨境电商、数字金融等领域的全球价值链地位持续提升。2024年，广东跨境电商进出口总额突破7 400亿元，占全国比重逾1/3，其服务贸易结构加速向知识密集型与技术密集型服务转型，展现出显著的示范效应[①]。与此同时，共建"一带一路"倡议进入高质量发展新阶段，"一带一路"共建国家在数字基建需求、服务贸易规则创新与技术合作等领域与广东形成多维互补，为区域价值链重构与协同发展提供了战略契机。然而，跨境制度壁垒、高端服务供给能力不足及地缘政治风险等复合性挑战，制约着数字贸易红利的充分释放，亟须从理论与实践的交叉视角探究协同发展的内在逻辑与突破路径。

本章聚焦数字贸易驱动下区域服务贸易协同发展的动态机制，揭示数字技术赋能、规则重构与生态协同对区域价值链形态演化的深层影响。重点剖析广东与"一带一路"共建国家在技术共研、产业适配与制度创新中的实践模式，破解数字经济时代区域服务贸易由"链式分工"向"生态共生"转型的核心命题。通过系统梳理跨境支付标准化、数字医疗本地化等典型案例，旨在构建兼具理论解释力与实践指导性的协同发展机制，为粤港澳大湾区深度参与全球数字规则制定，推动"一带一路"数字合作范式创新提供学理支撑。研究结论不仅能够丰富数字经济与区域协同发展的理论图谱，更能为构建互利共赢的"数字丝路"合作生态贡献政策启示。

---

① 资料来源：南方时报. 2024年广东跨境电商进出口总额占全国1/3以上[EB/OL].（2025-03-13）. https://www.cnbayarea.org.cn/news/focus/content/post_1284330.html.

第一节　数字贸易驱动广东服务贸易升级的机制分析

　　本节通过技术驱动、产业融合与政策协同三重机制，系统阐释数字贸易如何推动广东与"一带一路"共建国家服务贸易协同发展。首先，聚焦数字技术如何重构服务贸易价值链形态，揭示区块链、大数据、人工智能等技术对跨境支付、供需匹配及生态网络构建的革新效应；其次，探究产业边界的消融与重构规律，剖析生产性服务业与先进制造业的深度融合路径，以及跨产业主体协同网络对服务贸易生态系统竞争力的强化机制；最后，构建多层次制度分析体系，论证央地联动、区域协调与国际规则对接对服务要素跨境流动的保障作用。研究特别注重理论建构与实践验证的结合，既通过技术经济范式解释服务贸易升级的内在逻辑，又结合粤港澳大湾区与"一带一路"共建国家的协同案例，揭示数字贸易规则互认、产业标准衔接等现实问题的破解路径。机制分析最终指向服务贸易价值链高端跃迁、产业生态系统韧性增强、区域协同制度效能提升三大目标，为后续实践模式研究提供理论支撑。

一、技术驱动机制

　　技术驱动机制是核心动力。从全球价值链理论视角来看，数字技术通过压缩中间环节、降低交易成本，重构传统服务贸易的价值链形态。在数字贸易环境下，全球价值链的分工模式发生转变，知识和技术密集型服务在价值链中的比重逐渐增加，服务贸易的边界得以拓展。从产业组织理论角度，数字技术的应用促使服务贸易领域的市场结构发生变化。一方面，降低了市场准入门槛，使中小企业能够更便捷地参与国际服务贸易；另一方面，加剧了市场竞争，推动企业不断创新和提升服务质量，以增强自身竞争力。此外，数字技术还促使服务贸易企业之间的合作模式由传统的线性供应链向数字化生态网络转变，通过平台化协作实现资源共享、优势互补，提升整个产业的协同效应和价值创造能力。例如，区块链技术作为数字贸易的关键支撑，其去中心化信任机制成为优化跨境支付、提升交易透明度的关键。在传统服务贸易中，跨境支付涉及多个中介机构，流程烦琐且成本高昂。而区块链则通过构建分布式账本，使交易双方能够直接进行价值交换，减少信息不对称和信用风险，从而降低交易成本，提高支付效率。大数据与人工智能技术则从供需两端重塑服务贸易的匹配逻辑。在需求侧，通过对海量数据的深度挖掘和分析，能够精准洞察消费者行为模式和偏好趋势；在供给侧，借助人工智能算法实现资源的智能调配与生产流程的自动化优化。二者结合，不仅提升了供需匹配效率，还催生了个性化定制、柔性生产等新型服务模式，推动服务贸易向智能化、高端化迈进。

二、产业融合机制

产业融合机制是核心路径。从产业经济学的视角审视，产业边界的模糊与重构打破了传统服务贸易的线性发展范式，形成跨领域资源整合与价值链重构的共生效应。随着服务贸易数字化程度的加深，生产性服务业与先进制造业的深度融合催生出服务型制造、智能供应链管理等新型业态，使得服务要素嵌入制造环节的深度与广度显著增强，形成"制造—服务"双向赋能的良性循环。这种融合不仅体现在产业间的功能互补，更表现为知识资本、人力资本等高级要素的跨界流动与协同创新。

在服务贸易领域，产业融合表现为多元化主体的协同网络构建。通过模块化分工与平台化协作，不同产业主体在数字贸易生态系统中形成互补性资源池，实现服务产品研发、市场拓展与价值分配的系统性整合。例如，跨境电商与物流服务商的数据互通优化了跨境交付效率，金融科技与保险服务的耦合创新了风险管理模式，文化创意与教育服务的联动则拓展了知识服务出口维度。这种融合机制促使服务贸易由单一环节竞争转向全产业链生态系统竞争，形成更具韧性的价值创造网络。

产业融合的深化进一步推动服务贸易标准的国际化接轨。在数字贸易规则框架下，跨产业技术标准与商业规范的协同演化，为服务贸易提供了统一的互操作性基础。粤港澳大湾区在电子信息、智能制造等领域的产业链优势，通过与"一带一路"共建国家服务标准的对接，形成技术溢出与知识转移的双向通道。这种标准化进程不仅降低了跨国服务贸易的制度性壁垒，更通过产业共性技术研发合作，培育出具有全球竞争力的服务贸易产业集群。

三、政策协同机制

政策协同机制是制度保障。基于制度创新理论，政策协同通过构建多层次、跨区域的制度框架，消解行政壁垒与制度性交易成本，推动服务要素跨境流动与规则互认。在广东与"一带一路"共建国家的协同实践中，政策协同体现为纵向的央地联动与横向的区域协调双重维度：中央政府通过自贸试验区制度创新授权，赋予广东在服务贸易领域先行先试的政策空间；地方政府则通过建立跨境服务贸易负面清单动态调整机制，渐进式扩大市场准入范围。

在跨国政策协调层面，依托中国—东盟自贸区升级协定、《区域全面经济伙伴关系协定》（RCEP）等多边框架，广东与"一带一路"共建国家在数字认证、数据跨境流动等关键领域开展监管互认谈判，建立差异化制度对接路径。通过设立粤港澳大湾区与东盟服务贸易标准化合作委员会，推动服务标准、资格互认等制度衔接，构建起涵盖物流、金融、专业服务等领域的区域规则体系。这种制度性合作有效破解了因法律体系差异导致的"规则洼地"效应，使服务提供商得以在统一规则框架下开展跨境业务。

政策协同还体现在多元主体共治模式的创新。政府通过建立政企数据共享平台，将海关、税务等部门的监管数据转化为服务贸易便利化工具；行业协会主导制定跨境电商服务、数字内容贸易等新兴领域的自律规范；第三方认证机构则在国际检验检测认证示范区建设中发挥专业优势。这种多中心治理结构既保持了政策制定的权威性，又融入了市场主体的实践智慧，形成制度供给与需求的有效匹配，为服务贸易协同发展注入持续的制度创新动能。

此外，制度创新为产业融合提供了政策保障。广东发布的相关措施，明确要求制造业与物流、电商、设计等服务领域深度联动，降低制度性交易成本，加速服务要素跨境流动。例如，2025年广东省人民政府办公厅印发

《关于推动制造业与生产性服务业深度融合发展的若干措施》，明确提出"推动制造业与电子商务融合""到2027年，建设20个'产业集群＋跨境电商'试点，培育100个销售额亿元以上的电商品牌"。该政策通过简化跨境支付审批等措施，为产业融合提供了规则保障。

第二节　广东与"一带一路"共建国家协同发展的区域合作模式

本节基于区域特征与产业禀赋差异，系统梳理广东与"一带一路"东南亚、中亚、非洲三大重点市场的服务贸易协同实践，提炼出"市场驱动型""技术赋能型""民生导向型"三种差异化合作模式。通过案例分析、数据比对与模式归纳，揭示广东以数字贸易为纽带，通过物流网络共建、产业链重构、技术协同创新、数字医疗普惠等路径，实现与目标市场资源整合与优势互补的内在机制。具体而言：东南亚市场依托跨境电商与"两国双园"模式，形成"制造—服务"双循环的产业协同体系；中亚市场聚焦能源数字化与联合研发，构建技术标准输出与创新资源共享平台；非洲市场则以数字医疗为载体，通过轻资产服务输出与本土化人才培养，打造民生领域协同发展样板。研究表明，三类实践模式通过差异化定位与系统性协作，有效破解区域发展壁垒，为"一带一路"共建国家服务贸易协同提供了可复制的广东经验。

一、东南亚市场：多领域协同合作

在跨境电商的合作上，广东积极推动本地电商平台，如唯品会、SHEIN等在东南亚布局海外仓、分拨中心及配送站点等基础设施，构建起覆盖东南亚主要市场的高效物流网络，大幅缩短商品配送时间。同时，支持东南亚本土电商平台，如虾皮（Shopee）、来赞达（Lazada）到广东设立集货仓，整合广东丰富商品资源，实现双向货物流通，促进双方市场深度融合。

在产业链与供应链的协同合作上，广东利用自身在电子信息、家电、汽车零部件等制造业领域的优势，鼓励企业到东南亚投资建厂，建设生产基地、营销网络和仓储基地，形成"总部研发在广东，生产制造在东南亚"的产业分工格局。例如，截至2024年底，美的集团在东南亚建设了12个制造基地，年产能约3 500万台，既满足当地市场需求，又出口欧美市场，实现了产业的梯度转移与产能优化[①]。

同时，广东企业与东南亚当地企业开展零部件配套合作，促进当地产业升级与经济发展。此外，广东与东南亚国家还共同建设了"两国双园"，如中马"两国双园"、中国·越南（深圳—海防）经济贸易合作区等，通过在双方境内分别建设产业园区，实现产业链上下游企业的集聚发展。广东园区侧重于研发设计、高端制造、总部经济等环节，东南亚园区则重点发展加工制造、组装生产等环节，两地园区通过产业协同与要素流动，形成优势互补的完整产业链条，提升区域产业竞争力。

二、中亚市场：技术创新与人才培养协同

中亚地区是全球重要的能源产区，广东与中亚国家在能源领域的数字化合作不断深化。广东的能源企业通过引入先进的数字技术，如大数据分析、人工智能等，与中亚国家的能源企业合作，共同开展能源勘探、开采、运输等环节的数字化改造，提高能源利用效率和生产安全性，推动能源产业的可持续发展。

在能源基础设施上，广东企业积极参与到中亚国家能源基础设施的建设和数字化改造当中。例如，在中亚地区，广东的通信和能源企业联合参与建设智能电网与数字化油气管道项目。通过引入先进的物联网、大数据和人工智能技术，实现能源输送和分配的智能化管理[②]。

在能源资源开发方面，广东与中亚国家通过数字化技术实现协同开发。

---

① 中华网.广东深化与东盟经贸合作推动跨境电商"双向奔赴"[EB/OL].（2025-02-06）. https://news.china.com/socialgd/10000169/20250206/47937413.html.

② 杨永明.共建"一带一路"绿色能源合作报告（2024）[R/OL].（2024-10-23）. https://cpnn.cn/news/xwtt/202410/t20241023_1745412.html.

广东的能源企业利用自身的数字勘探技术和数据分析能力，与中亚国家的能源企业合作，共同开展油气资源的勘探和开采。譬如，在哈萨克斯坦，广东企业参与的能源项目便通过建立数字化勘探平台，大大提高了资源勘探的精度和效率[①]。

在能源技术创新领域，广东与中亚国家开展了广泛的联合研发合作。双方企业围绕氢能、储能、直流电网等前沿技术领域，建立联合研发中心和实验室。通过共享技术资源和创新成果，共同推动能源技术的突破和应用。例如，广东企业与中亚科研机构合作研发高效的太阳能和风能发电技术，提升中亚地区的清洁能源利用水平。

为支撑能源领域的数字化合作，广东与中亚国家在人才培养和能力建设方面也展开了合作。广东的高校和职业培训机构与中亚国家的教育机构合作，开展能源数字化相关专业的人才培养项目。同时，广东企业也为中亚国家的能源从业者提供技术培训和实践机会，提升其数字化技能和管理水平[②]。

三、非洲市场：数字医疗与民生服务协同

据联合国非洲经济委员会（United Nations Economic Commission for Africa，UNECA）统计，到2025年非洲医疗市场规模预计将达到2 590亿美元。随着人口的增加，预计到2030年非传染性疾病致死人口将占死亡人数的近50%[③]。广东的数字医疗企业积极响应"健康丝绸之路"倡议，深入参与非洲国家的医疗健康服务建设，聚焦于民生服务的数字化转型，与非洲形

---

① 新浪财经.《中国—中亚能源合作报告》成功在京发布[EB/OL].（2023-01-13）. https://finance.sina.com.cn/jjxw/2023-01-13/doc-imxzzfmp9092739.shtml.

② 许勤华，张艳伟.中国与中亚可再生能源合作现状与趋势[EB/OL].（2020-12-24）. http://www.easdri.org.cn/newsinfo/2375275.html.

③ 动态宝.中非从来都是命运共同体[EB/OL].（2024-09-05）. https://xueqiu.com/6023391311/303689857?md5__1038=n4%2Bx9DcDBDRnDQYD%3DD%2FzW4BKoqQT9ib83dqTD.

成了以"民生需求导向＋轻资产服务输出"为特色的合作模式。以广东医疗器械龙头企业迈瑞医疗为例，在肯尼亚阿迦汗医院，迈瑞提供重症及手术室的数智化解决方案，助力医生处理复杂病例。在南非，迈瑞与当地急救中心合作构建全新的院前急救网络，将急救患者信息远程实时连接至院内，提高急救效率。此外，迈瑞还与埃及顶尖私立医院集团CHG签署战略合作协议，共同探索数字化与远程医疗的合作。

广东与非洲国家在数字医疗人才培养方面也有所合作。通过技术培训和学术交流，帮助非洲国家培养一批掌握数字医疗技术的专业人才，提升当地医疗人员的技术水平和医疗服务能力。在埃及，迈瑞联合开罗大学、亚历山大大学、扎加齐克大学和爱资哈尔大学等埃及顶级高校及教学医院合作共建多家培训中心及学校，已培训超过 1 500 名妇产科医务人员。在摩洛哥，迈瑞与哈桑一世大学签署战略合作协议，建立生物医疗培训学校，并在其附属医院设立监护培训中心，以提升当地高校学生和医护人员的能力。2024年2月，迈瑞与南非自由州大学合作，成立迈瑞非洲南区第一所呼吸学校，加强专项技术研讨和呼吸教学培训[①]。

这种合作模式对于广东服务贸易与"一带一路"共建国家协同发展具有积极意义。一方面，通过参与"健康丝绸之路"，广东数字医疗平台能够拓展非洲市场，提升自身在国际医疗市场的影响力。另一方面，这种合作有助于加强广东与非洲国家在医疗卫生领域的合作，促进双方在服务贸易、医疗技术等领域的协同发展，为共建"一带一路"倡议的推进提供健康和教育保障。同时，这种合作模式也为其他发展中国家提供了可借鉴的经验，展示了数字医疗技术在改善医疗资源匮乏地区医疗服务方面的潜力。

---

① 迈瑞医疗. 中国—非洲：老朋友，新故事！[EB/OL].（2024-09-06）. https://www.mindray.com/cn/media-center/news/china-and-africa-old-friends-new-stories.

第三节　广东与"一带一路"共建国家协同
发展的障碍与挑战分析

广东与"一带一路"共建国家服务贸易协同发展的进程中，尽管技术赋能、产业融合、制度创新为区域合作注入了强劲动力，但多维挑战的叠加效应仍对协同发展的深度与可持续性构成显著制约。本节从风险性、制度性与产业性三重维度展开分析，系统地揭示地缘政治博弈、数字安全威胁、跨境规则冲突及产业链短板等复合性障碍的内在逻辑。首先，针对跨境数字合作中不可控的外部环境风险，重点解析地缘政治博弈与网络安全威胁的传导机制；其次，通过制度差异视角审视数据治理规则与技术服务标准的分歧对协同效率的冲击；最后，立足产业基础视角揭示供需两侧能力失衡对合作深化的制约。本节旨在全面厘清阻碍协同发展的关键症结，为针对性对策的提出奠定现实依据。

一、风险性因素

本部分系统分析了广东与"一带一路"共建国家协同发展面临的双重风险体系。中美技术竞争、"印太战略"布局及共建国家政治立场差异是明显的地缘政治风险，跨境电商数据泄露事件、跨境物流数据完整性受阻等数字安全风险对广东与"一带一路"共建国家系统发展也构成了挑战。

（一）地缘政治风险

地缘政治风险是指由于国家间政治、军事、经济等因素引发的不确定性，这种不确定性会对广东与"一带一路"共建国家的数字项目合作产生干扰。首先，中美技术竞争是当前地缘政治风险的一个重要表现。美国通过技术封锁、制裁、贸易战等多种手段，试图遏制中国在科技领域的崛起，这给广东与"一带一路"共建国家的数字项目合作带来了诸多挑战。华为在拓展国际市场时，就面临着来自美国的压力和干扰，部分国家在美国的影响下对华为的5G技术设置了障碍，限制其参与当地数字基础设施建设。此外，美国还通过推动"印太战略"等举措，试图在亚太地区构建一个排斥中国的经济和安全合作框架，这进一步加剧了广东企业在该地区面临的地缘政治风险。其次，印度虽然不是"一带一路"共建国家，但与广东在数字贸易领域仍有一定的合作潜力。同时，也要注意到印度在地缘政治上与美国等西方国家保持着较为紧密的关系，参与了"四方安全对话"（QUAD）等机制，这使得广东企业在印度市场面临诸多挑战。印度在边境争端等问题上的立场也给双方的数字合作蒙上了阴影。最后，阿联酋等中东国家在地缘政治上也具有一定的复杂性。阿联酋与以色列实现了关系正常化，并在一定程度上加强了与西方国家的合作。这可能使广东企业在阿联酋的数字项目合作中面临更多的政治考量和风险。

这些地缘政治风险的存在，要求广东企业在与"一带一路"共建国家开展数字项目合作时，必须充分考虑和评估各种可能的风险因素，制定相应的风险应对策略，以确保合作的顺利进行和项目的可持续发展。

（二）数字安全风险

数字安全风险是广东与"一带一路"共建国家协同发展中的另一个重要风险因素。随着数字经济的快速发展，跨境数据流动和网络攻击等安全问题日益突出。首先，跨境数据泄露是一个严重的问题，广东企业在与共建国家进行数据交互时，由于不同国家的数据安全法律法规和保护水平存在差异，数据在传输和存储过程中容易受到攻击与窃取。一些企业在跨境电商业务中，客户的信息数据可能因网络攻击而泄露，给企业和消费者带来巨大损失。其次，数据篡改风险也不容忽视。在跨境贸易中，数据的完整性和真实性至关重要。然而，在部分"一带一路"共建国家，由于技术手段和监管机制的不足，数据篡改事件时有发生。最后，网络攻击的手段也日益复杂和多样化，从传统的病毒攻击到如今的高级持续性威胁（APT）攻击，广东企业的关键信息基础设施，如数据中心、云平台等都可能成为攻击目标，一旦遭受攻击，将对企业的运营和声誉造成严重影响。

二、制度性障碍

在全球数字经济蓬勃发展的背景下，广东在推动与"一带一路"共建国家协同发展过程中，面临着诸多制度性障碍，其中，数据本地化政策冲突和数字服务标准不统一是两个较为突出的问题。

（一）数据本地化政策冲突

数据本地化政策是指各国为保护本国数据安全和隐私，要求数据存储和处理必须在本国境内完成的政策。这种政策在不同国家和地区存在显著差异，导致广东与"一带一路"共建国家在数据跨境流动方面面临诸多挑战。以欧盟的《通用数据保护条例》（GDPR）为例，该条例对数据的收集、存储、处理和跨境传输设定了严格的标准与程序，要求数据控制者和处理者必须获得数据主体的明确同意，且数据传输目的地国家的数据保护水平必须与欧盟相当。而广东在数据出境管理方面，虽然有一系列法律法规，但在具体实施细节和标准上与欧盟存在差异。这种差异使得广东企业在向欧盟国家提供数字服务时，需要额外投入大量资源来满足欧盟的数据保护要求，不仅要对自身的技术系统进行改造以符合GDPR的要求，还需要对客户进行详细的合规培训和指导，这无疑增加了企业的市场进入难度和时间成本。此外，还有像俄罗斯、印度、马来西亚和土耳其这样的国家，要求数据存储和处理必须在境内完成，这使得广东企业在向这些国家提供数字服务前，需要在他国境内建立数据中心，需要投入更多资源来满足当地的数据合规要求，这大幅增加了跨境电商企业和金融科技企业的运营成本与管理难度。

（二）数字服务标准不统一

不同国家在电子签名、数据格式、隐私保护等方面的标准存在显著差异，这给跨国数字服务企业带来了诸多不便。以数据格式为例，不同国家和地区的企业可能使用不同的数据标准与格式，这使得数据的整合和共享变得困难重重。在跨境物流服务中，广东的物流企业需要与多个国家的供应商和客户进行数据交互，但由于数据格式的不一致，往往需要花费大量时间和精力进行数据转换与校验，降低了服务效率和客户满意度。例如，东南亚国家联盟和中亚国家的电子数据交换标准就与广东企业常用的标准不一致，主要体现在数据标准和文件格式上，这使得广东企业在与这些国家进行贸易数据交换时，需要进行额外的数据格式转换工作，这给双方在金融服务、贸易统计等领域的数据共享带来了不便。

此外，隐私保护标准的不统一也给广东企业带来了挑战。GDPR对个人数据的保护有着严格的规定，而部分"一带一路"共建国家则在隐私保护方面的法律法规的实施上相对宽松。例如，泰国的《个人数据保护法》（PDPA）对数据隐私保护方面相对宽松，允许企业在获得数据主体同意的情况下收集、使用和披露个人数据，但在实际操作中，许多企业并未严格遵守这一要求。这种差异使得广东企业在处理涉及不同国家用户数据时，需要分别遵守不同的隐私保护标准。具体而言，广东的互联网企业在为中东欧国家用户提供服务时，需要确保用户数据的收集、存储和使用符合当地的隐私保护法规，否则可能面临法律风险和用户信任危机。而对于泰国、越南和哈萨克斯坦等对隐私保护的要求不严格等国家，需要制定另一套相对宽松的方案来降低交易成本。

三、产业性挑战

广东与"一带一路"共建国家服务贸易协同发展进程中，产业性挑战集中表现为本地高端服务供给能力不足与外部数字基建水平失衡的双向制约。

（一）广东高端数字服务供给短板

广东作为中国制造业和科技产业的重要基地，虽然在电子信息制造、汽车、电气机械等领域取得了显著成就，但在高端数字服务领域仍存在明显的短板。尤其是在工业软件方面，广东对进口的依赖程度较高，这在一定程度上制约了广东制造业的数字化转型和产业升级。在云计算和大数据处理方面，尽管广东拥有众多相关企业，但在核心技术，如分布式存储、弹性计算和数据挖掘算法等领域，与国际领先水平相比仍有差距。这使得广东企业在为"一带一路"共建国家提供云计算和大数据服务时，难以满足一些国家对数据安全和处理效率的高标准要求。此外，人工智能领域是另一个高端数字服务短板。广东在人工智能基础研究、高端芯片设计和算法优化等方面相对薄弱。这限制了广东企业为"一带一路"共建国家提供定制化、高效人工智能解决方案的能力。例如，在泰国的智慧城市建设中，广东企业可能因缺乏自主核心技术而在智能交通管理和医疗影像诊断等高端应用领域处于劣势。

（二）共建国家数字基建不均衡制约服务落地

"一带一路"共建国家在数字基础设施建设方面存在显著的不均衡，这在一定程度上制约了广东数字服务在这些国家的落地和推广。尤其是在非洲地区，网络覆盖率低、网络速度慢等问题较为突出，这使得广东企业在提供数字服务时面临诸多困难。在非洲的肯尼亚，虽然近年来网络基础设施有所改善，但在一些偏远地区，网络覆盖仍然不足，导致广东的数字医疗平台在开展远程医疗服务时受到限制。此外，网络覆盖率低还影响了广东电商平台在非洲市场的拓展，消费者无法顺畅地访问和使用这些平台。移动支付平台、跨境电商平台和云计算服务等都因为部分国家在网络基础设施建设上的薄弱而无法正常提供服务。消费者无法顺畅地访问和使用这些平台，降低了用户体验，影响了服务贸易的效果。

第四节 数字贸易驱动下广东与"一带一路"共建国家服务贸易协同发展机制优化路径

本节基于前文对协同发展障碍与挑战的系统分析，从制度创新、产业升级、平台生态三个维度构建协同发展机制的优化路径。首先聚焦制度性障碍突破，提出跨境数字规则对接与争端解决机制创新；其次针对产业竞争力短板，设计核心技术攻关与定制化服务输出策略；最后围绕系统性风险防范，构建平台支撑体系与人才培养生态。通过递进式策略框架，形成覆盖政策协调、产业协作、能力共建的全链条解决方案，为广东与"一带一路"共建国家实现高质量服务贸易协同提供可操作的实施路径。

一、制度创新路径

针对数字服务标准差异、数据流动壁垒等制度性障碍，本部分提出通过"软规则"创新与争端解决机制建设，构建跨境数字治理协同框架。重点围绕粤港澳大湾区制度创新优势，探索与"一带一路"共建国家建立数字贸易规则对接机制，形成具有示范效应的区域数字治理合作模式。

（一）推动粤港澳大湾区与"一带一路"共建国家签订数字贸易"软规则"

粤港澳大湾区作为中国开放程度最高、经济活力最强的区域之一，在数字贸易领域具有显著优势。为应对数据本地化政策冲突和数字服务标准不统一等问题，大湾区可率先与"一带一路"共建国家签订数字贸易"软规则"，如互认电子认证、统一数据流动标准等。以电子认证为例，目前不同国家和地区对电子签名、电子合同的法律效力认定存在差异，这给跨境数字贸易带来了诸多不便。与"一带一路"共建国家签订互认协议，可以确保电子认证在不同法域间的通用性，降低企业的合规成本和运营风险。此外，统一数据流动标准也是推动数字贸易发展的重要举措。广东可与"一带一路"共建国家共同制定数据分类分级标准、数据安全评估准则等数据流动，确保数据在合法、安全的前提下自由流动。这不仅有助于提升跨境数据传输的效率，还能增强企业间合作的信任基础。

（二）建立"数字丝路"争端解决机制试点

在数字贸易蓬勃发展的当下，跨境数据流动、知识产权保护、市场准入等争端不可避免。这些争端若得不到及时、公正的解决，会增加企业运营成本，削弱合作意愿，阻碍数字经济合作。广东可探索建立"数字丝路"争端解决机制试点，包括协商、调解、仲裁等多种方式。此外，组建专业仲裁团队也是关键。仲裁员需具备数字贸易、法律、技术等多领域专业知识，通过国际商事仲裁经验，熟悉相关国家法律法规和文化背景，以确保裁决公正合理。譬如，在处理跨境数据流动争端时，仲裁员至少需要熟悉掌握各国数据保护法规和国际通行规则。建立"数字丝路"争端解决机制试点，不仅对企业有重大意义，而且对于政府来说，可以通过该机制积累数字贸易争端解决经验，完善政策法规，提升在国际数字贸易治理中的话语权和影响力，而且可以为"一带一路"共建国家数字贸易合作营造稳定、可预期的环境，吸引更多企业参与。

二、产业升级策略

基于产业竞争力提升的核心诉求，本部分从供给侧能力强化与需求侧精准对接两个方面设计升级路径。通过核心技术突破实现高端数字服务自主化，依托差异化服务输出建立产业互补格局，形成技术赋能与需求牵引的双向驱动机制。

（一）强化核心技术攻关

广东应加大对核心技术的研发投入，设立广东数字贸易重点实验室，广泛聚焦于人工智能、区块链、大数据、云计算、工业软件等前沿领域。目前，广东在高端数字服务领域仍存在短板，如工业软件依赖进口等问题。通过设立重点实验室，聚集国内外优秀科研人才，开展关键技术攻关，可以逐步打破国外技术垄断，提升广东数字服务的自主可控能力。

在高端工业软件领域，广东目前约90%以上的高端工业软件仍依赖进口，这严重制约了制造业的数字化转型与产业升级。借助核心技术攻关行动，可以推动制造业向智能化、高端化迈进，为全球制造业数字化转型提供"广东方案"。

强化核心技术攻关，不仅有助于广东在高端数字服务领域摆脱对外依赖，更将为广东服务贸易与"一带一路"共建国家的协同发展注入强劲动力，助力广东在全球数字经济竞争中抢占制高点，实现可持续发展。

（二）定制化服务输出

广东应深入调研不同"一带一路"共建国家的产业特点、市场需求与数字基础设施状况，结合自身在数字技术、制造业等领域的优势，制定差异化的数字服务输出方案。针对以农业为主的国家，开发农业物联网、农产品电商等解决方案，提升其农业生产效率与市场竞争力；对于工业基础较好的国家，提供工业互联网、智能制造等高端数字服务，助力其产业升级与数字化转型。这样一来，不仅能满足各国的多样化需求，拓展广东数字服务企业海外市场，还能增强双方产业互补性与协同性，推动形成互利共赢的区域产业合作格局。

三、平台与生态建设

着眼于协同发展的稳定性和可持续性，本部分着重构建平台支撑与人才保障双重机制。通过数字贸易联盟建设强化风险共担能力，借助人才基地培育提升安全防护水平，形成涵盖主体协作、要素供给、风险防范的系统性生态支撑网络。

（一）组建"一带一路"数字贸易联盟

广东可牵头组建"一带一路"数字贸易联盟，整合企业、政府、智库等多方资源。该联盟可以为企业间合作搭建桥梁，促进信息共享、资源互补和业务协同。在地缘政治风险方面，联盟可以通过集体协商和合作，增强企业在国际市场中的话语权和影响力，降低因大国竞争带来的不确定性。譬如，在中东地区，联盟成员企业可以共同应对当地复杂的政治环境，通过联合投标、项目合作等方式，提高中标率和项目成功率。同时，联盟还可以组织开展政策研究和市场调研，为政府制定相关政策提供参考依据，为企业决策提供智力支持。

（二）建设"数字丝路"人才基地

人才是推动数字贸易发展的核心要素。广东应建设"数字丝路"人才基地，培养既懂技术又熟悉外语和国际规则的复合型人才。针对数字安全风险，复合型人才能够更好地应对跨境数据泄露和网络攻击等问题。以网络安全领域为例，该领域的人才既需要掌握先进的技术手段进行防护和应急响应，又需要了解国际网络安全法规和标准，以确保企业在不同国家的运营符合法律要求。人才基地可以通过与高校、培训机构合作，开设相关专业课程和培训项目，为企业输送高素质人才。同时，还可以邀请国际专家举办讲座和交流，拓宽人才的国际视野，提升其综合能力。

数字贸易作为核心驱动力，为广东服务贸易与"一带一路"共建国家的协同发展带来了前所未有的机遇。本节系统揭示了数字贸易驱动下广东与"一带一路"共建国家服务贸易协同发展的内在机理与实践路径。首先，数字技术的飞速发展显著降低了服务贸易的交易成本，提高了服务效率。以区块链和人工智能为例，这些技术在跨境支付、供应链管理等服务贸易领域的广泛应用，不仅简化了交易流程，还增强了交易的安全性和透明度。其次，数字贸易推动了产业融合，形成了新的服务贸易模式和业态。数字金融、智慧物流和文化服务等领域的发展，为广东服务贸易与"一带一路"共建国家的合作提供了更广阔的空间和更丰富的合作机会。最后，政策协同机制在数字贸易驱动下不断完善，为协同发展提供了有力的保障。国家"数字丝绸之路"政策与广东自贸区制度创新的有效衔接，以及粤港澳大湾区数据跨境流动试点的示范效应，都为广东服务贸易与"一带一路"共建国家的协同发展创造了良好的政策环境。

广东凭借其数字基础设施与产业体系优势，在东南亚、中亚、非洲三大市场分别形成"市场驱动型""技术赋能型""民生导向型"差异化合作模式，通过跨境电商生态共建、能源数字化协同、数字医疗普惠等实践，显著提升了区域服务贸易的互补性与竞争力。然而，地缘政治博弈、跨境规则冲突、高端服务供给短板及数字基建不均衡等复合性挑战，仍制约协同发展的深度与可持续性。对此，本节提出制度创新、产业升级与平台生态建设的优化路径：通过"软规则"互认与争端解决机制创新破解跨境制度壁垒；以核心技术攻关与定制化服务输出强化产业竞争力；依托数字贸易联盟与人才基地建设构建风险共担的生态网络。研究结论表明，广东需以数字规则对接为牵引、以技术赋能为支点、以民生需求为导向，推动与"一带一路"共建国家服务贸易协同由"链式分工"向"生态共生"跃迁，为构建互利共赢的"数字丝路"提供理论支撑与实践范本。

第十章

新形势下广东构建高水平开放型经济新体制推动科技型企业"走出去"

当前，我国对外投资规模持续扩大，高质量发展态势显著。自共建"一带一路"倡议纵深推进以来，全球产业链布局加速重构，我国作为投资大国的战略地位不断巩固，科技领域跨境资本流动已成为新一轮高水平开放的核心驱动力。党的二十届三中全会对建设更高水平开放型经济新体制做出系统部署，并提出了完善对外投资管理体制机制的明确要求。依托雄厚的产业基础与突出的外向型经济特征，广东常年稳居我国对外投资前列，对外投资规模大，占全国比重高；其市场主体国际化布局起步早、经验丰富，高科技企业对外投资表现成为一大亮点。广东企业科技创新能力突出，海外市场正逐渐成为其拓展利润增长点、链接全球资源、提升全球竞争实力的重要途径。在全球投资形势发生新的变化，国家对对外投资管理体制机制改革提出新要求的情况下，广东应充分发挥自身优势与功能定位，切实承担打造高水平对外开放门户枢纽、在扩大高水平对外开放等方面继续走在全国前列的使命任务，为广东、粤港澳大湾区以及更大范围的科技型企业高效能开展海外投资提供全方位服务支撑，着力建设成为我国企业对外投资的前沿高地。

第一节　新形势下科技型企业加快"走出去"布局全球的趋势

在经济全球化与产业结构优化升级的大背景下，企业为优化生产力布局、开拓新的利润增长点，积极实施"走出去"战略。近年来，我国企业"走出去"步伐显著加快，在国际经济舞台上越发活跃。其中，科技型企业凭借先进技术、创新模式以及对全球资源的高效整合能力，通过战略性拓展市场空间，有力地促进了国内外产业资源的优化配置与技术交流，进而为我国建设现代化产业体系注入强劲动力，极大地推动了建设现代化产业体系的步伐。

一、总体形势：总量增加与结构升级

2013年以来，我国对外投资实现了规模与结构的双重跃升，成为推动全球资本流动格局重构的重要力量。从总量维度来看，中国对外直接投资（OFDI）流量从2013年的1 078.0亿美元增至2023年的1 772.9亿美元，年均复合增长率达5.1%，占全球比重由7.6%攀升至11.4%，连续七年稳居全球对外投资前三位，见图10-1。存量规模同步扩张，2023年对外投资存量将近3.0万亿美元，较2013年的6 605.0亿美元增长超过3倍，持续巩固全球第二大对外投资国地位。这一增长轨迹不仅映射出我国经济实力的持续增强，更标志着对外投资正由规模驱动向质量引领转型。在规模扩张的同时，对外投资产业结构呈现优化趋势，投资重心由传统劳动密集型产业向技术密集型领域迁移。尽管中国对外投资存量仍以租赁和商服、批发零售等服务业为主，但增量向制造业集中的态势不断显现，其中装备制造业是制造业对外投资的主要领域。在跨国并购方面，按并购金额计，2023年中企海外

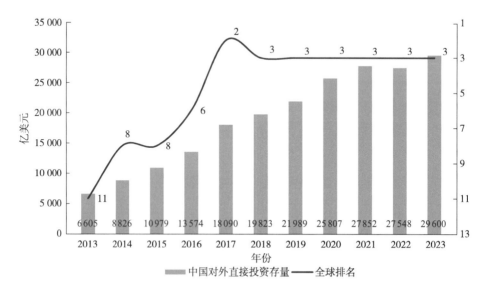

图10-1　2013—2023年中国对外直接投资（OFDI）存量及全球排名

数据来源：商务部。

并购前三大热门行业为电信、媒体和科技（Telecommunications，Media and Technology，TMT），先进制造与运输业以及医疗与生命科学行业，共占总并购额的53%；按并购数量计，前三大热门行业为TMT、先进制造与运输和金融服务业，共占总量的55%[①]。

二、行业特征：总量与投资者数量快速攀升

近年来，科技类企业对外投资规模呈现显著的增长态势。以智能通信、互联网、新能源、生物医药等为代表的科技型企业已建立起全球竞争优势，主动"走出去"开展全球市场布局。随着全球科技竞争的日益激烈，科技类企业为了拓展市场、获取先进技术和资源，纷纷加大对外投资力度。以信息传输、软件和信息技术服务业领域为例，商务部、国家统计局和国家外汇管理局联合发布的对外直接投资数据显示，2023年末信息传输、软件和信息技术服务业企业对外投资存量为1 331.1亿美元，较2015年增长超6倍[②]。2013—2022年十年间，中国科技企业在该行业的对外直接投资者数量总体呈增长趋势，2016年同比增速达103.5%，随后增速放缓，但数量仍持续增加；占全行业投资者数量的比重也逐年上升，从2012年的1.9%增至2022年的9.4%。这表明该行业对外投资活跃度不断提升，在行业中的地位越发重要，反映出行业发展壮大且对外拓展意愿增强。此后虽有所回落，但仍保持在较高水平且持续增长。这一增长趋势反映了科技类企业对国际市场的重视和积极布局，通过对外投资，企业能够突破国内市场的局限，在全球范围内整合资源，提升自身的竞争力。

[①] 数据来源：安永《2023年中国海外投资概览》。

[②] 数据来源：商务部、国家统计局和国家外汇管理局《2023年度中国对外直接投资统计公报》。

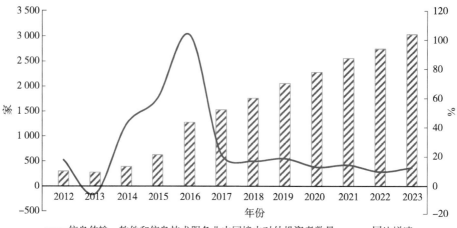

图10-2　2012—2023年信息传输、软件和信息技术服务业境内投资者对外投资变动情况

数据来源：赛迪顾问.中国软件出海形势研判：在摸索中发展，在波动中上升[EB/OL].（2024-07-29）. https://www.163.com/dy/article/J88O3G1S05118SRU.html.

三、投资形式：从产品出海、产能出海到产业链出海

我国企业对外投资，尤其是科技类企业对外投资经历了产品出海、产能出海、产业链出海等不同阶段。

早期，科技类企业主要凭借其成本优势以产品出口的形式进入国际市场，将国内生产的科技产品销售到海外，如消费电子产品、通信设备等。随着企业实力的增强和国际市场需求的变化，企业开始在海外投资设厂，实现产能出海，将生产环节布局到海外，以降低生产成本、提高生产效率，并更好地满足当地市场需求。随着全球产业链的不断调整和重构，科技类企业进一步向产业链出海阶段迈进。企业不再仅在海外进行生产和销售，而是将整个产业链进行全球化布局，从研发、设计、生产到销售、服务等各个环节，在全球范围内整合资源，实现产业链的协同发展。

截至2023年11月，A股上市公司中共有399家企业发布了503条在海外建厂的公告。其中，电子、电力设备、机械设备等行业的上市企业在海外建

厂数量均超过了40家；此外，汽车、基础化工、医药生物等科技类行业海外建厂企业数量也相对较多，如图10-3所示。整体而言，科技类企业在海外建厂布局上更为积极，对外投资步伐更快。例如，华为在全球多个国家和地区设立了研发中心与生产基地，不仅能够及时获取当地的技术资源和市场信息，还能有效规避贸易壁垒，提升产品的市场竞争力。

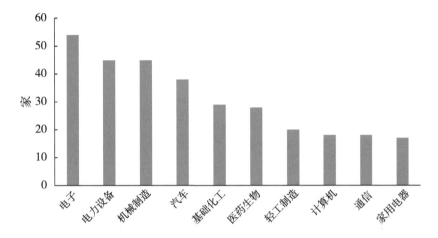

图10-3　上市公司海外建厂行业分布前十位（截至2023年11月）

数据来源：国联证券《中国企业出海研究系列（二）：上市公司海外建厂现状、驱动因素及结果》。

四、投资动因：从被动出海到主动出海

科技类企业对外投资动因经历了深刻变革，从过往被动应对贸易争端、地缘政治摩擦等因素而实施的出海策略，逐步转变为主动占领中高端市场，即实现从被动出海到主动出海的转型。在以往，部分科技类企业因面临贸易壁垒、关税上调等贸易争端，以及地缘政治摩擦引发的市场不确定性，为维系海外市场份额，被迫选择在海外投资设厂或开展并购活动，以此规避贸易风险，保障企业的生存与发展。然而，伴随科技类企业自身实力的持续增强以及全球科技市场格局的演变，企业投资动因越发侧重于主动拓展国际市场，探寻新的增长空间与竞争优势。企业通过对外投资，积极涉足国际中高

端市场，获取先进技术、人才及品牌资源，实现自身产业链的国际化布局，从而在全球科技产业竞争中占据有利位置。以电动载人汽车、锂电池和太阳能电池"新三样"产品为例，在核心技术突破、上下游产业配套完备等有利因素的共同推动下，我国"新三样"产品正在迅速占领全球市场，其中光伏组件产量已连续十六年位居全球首位，多晶硅、硅片、电池片、组件等产量产能的全球占比均达80%以上，动力电池企业全球市场份额超过60%[①]。

五、投资主体：本土跨国企业影响力快速提升

在科技类企业对外投资中，民营企业是对外投资的主力军。自2013年起，民营企业凭借其灵活的市场机制、敏锐的市场洞察力和创新精神，代替国有企业成为我国走向全球市场、进行海外直接投资的主体，其中2020年七成海外直接投资项目数量来源于民营企业。

随着我国经济的发展和政策环境的优化，民营企业在科技领域的创新能力和市场竞争力不断提升，积极参与国际市场竞争，加大对外投资力度。在对外投资的过程中，民营企业涌现出一批拥有自主知识产权、国际竞争力强的跨国企业。在世界500强企业的榜单上，中国企业的数量和位次逐年提升。根据2024年8月发布的《财富》世界500强企业榜单，来自中国大陆（包括香港）15个领域的128家企业上榜。其中，汽车与零部件企业表现较为突出，共10家企业上榜，比亚迪、宁德时代、吉利等企业带动我国电动汽车走向世界市场，已成为颇具竞争力的世界一流企业。

高技术领域是全球技术发展前沿和竞争焦点，在这一领域中除美国企业之外全球共17家入围，中国大陆企业6家，广东企业华为（HUAWEI）是本领域中国公司的龙头。对外投资整合全球资源，提升研发能力和生产效率，不仅是科技型企业自身发展的需要，也成为我国培育具有全球影响力的本土跨国企业、提升国家整体竞争实力的重要举措。

---

① 数据来源：央视网."新三样"出口首破万亿，释放出怎样的信号？ [EB/OL].（2024-01-17）.央视网，https://news.cctv.com/2024/01/17/ARTIVbETEBnkd2zkD1wwMung240117.shtml.

第二节 新形势下科技型企业"走出去"面临的挑战

当前全球投资环境深刻变革下，科技型企业出海面临的挑战远超传统资源驱动型企业。一方面，国际政治经济格局加速重构，主要经济体通过技术标准分化、产业链本土化政策构筑系统性壁垒，迫使企业在技术合规与创新突破间寻求动态平衡。另一方面，产业竞争维度显著升级，跨国企业依托知识产权网络与产业联盟强化先发优势，而新兴市场本土企业则凭借政策保护快速崛起，形成"双向挤压"。

一、政治风险：国际政经局势传导到对外投资企业

随着我国综合国力提升，国内科技产业蓬勃发展，在全球产业链中与发达国家的重合度不断增加，竞争压力也随之增大。这使得国际政治经济局势的变动对我国科技型企业对外投资的影响更为显著，政治风险急剧上升。近年来，我国以新一代通信技术、新能源、生物医药等为代表的科技型企业，依靠技术创新与市场拓展，在全球市场的竞争力不断增强，成为全球经济格局的重要力量。然而，这引起了部分西方发达国家的警惕。为维护自身利益，以美国为首的西方发达国家频繁动用政治手段，限制我国科技型企业的对外投资。

在特朗普首个任期内，美国针对中国企业投资出台一系列限制措施与法案，如表10-1所示。2019年，美国商务部将华为列入实体清单，禁止华为与美国企业的技术合作和贸易往来，对华为的全球供应链和市场布局造成冲击，极大地阻碍了我国科技型企业的海外投资进程。除了美国，印度对我国企业投资与运营人为干预的情况也呈多发态势。自2020年起，印度收紧邻国对印商业投资政策，此后两年收到382份中国实体投资申请，仅80份获批，获批率低。此外，已在印度投资经营的企业，近年来频繁遭受政府干预、审查和扣押等情况，如表10-2所示。这些事例充分说明，国际政治环境变化给我国科技型企业海外发展带来巨大挑战。我国科技型企业在国际化

发展过程中，必须高度重视政治风险，提前制定应对策略，以确保对外投资的稳定与安全，在复杂的国际环境中稳健前行。

表10-1　特朗普政府对华出口和投资限制主要政策

时间	政策/措施	政策性质	限制行业	限制主体
2018年	修订《出口管制改革法案》	对华出口限制	科技技术	中国企业
2018年	签署《外国投资风险审查现代化法案》	对美投资限制	关键技术、基础设施、敏感领域	中国企业
2019年	修订"视同出口"条例	对华出口限制	科学技术	在美华人
2019年	《第3873号行政命令》	对美投资与市场准入限制	信息通信技术设备、产品、服务	中国企业
2020年	《第13959号行政命令》	融资限制	航空航天，造船，建筑，技术和通信行业	中国企业
2020年	《外国公司问责法案》	融资限制	在美上市企业所涉及的行业	中国投资者

资料来源：课题组根据公开资料整理。

表10-2　中资企业在印度遭遇打压的代表性案例

企业名称	制裁时间	制裁形式、原因
小米	2022年7月13日	指控逃税37.18亿元
OPPO	2022年7月13日	指控逃税5.51亿美元
VIVO	2022年7月5日	指控涉嫌洗钱
中兴、VIVO	2022年5月31日	指控涉嫌"财务不当"
华为	2022年5月1日	华为电信（印度）首席执行官在新德里机场被拦下，被禁止前往泰国代表华为印度公司参加会议
华为	2022年3月3日	印度税务局指控华为在印度涉嫌通过虚增成本、压低收入、调整会计规则等方式避税，在特许使用权费用上可能存在漏洞
华为	2022年2月15日	印度税务部门对华为在印度的多个办公场所进行了搜查，并声称，这是他们年初就启动的逃税调查的一部分，不针对任何特定公司
小米、OPPO、一加	2021年12月21日	遭遇印度财政部税收局突击搜查，原因是隐瞒收入和避税、制作虚假财务报表

企业名称	制裁时间	制裁形式、原因
深圳振华数据公司	2020 年 9 月 14 日	被指控有中国政府背景，盗取印度用户及政要信息，引发信息安全与隐私问题
华为、中兴	2020 年 8 月 11 日	印度全国贸易商联合会（CAIT）寻求禁止中国科技公司华为和中兴在印参与部署 5G 网络业务
字节跳动	2020 年 6 月 29 日	印度总理莫迪发布对广受欢迎的应用和服务的禁令，海外版抖音 TikTok 和其他近 60 款中国应用在印度遭到封杀

资料来源：课题组根据公开资料整理。

二、行业竞争：产业升级推动直接品牌竞争

在我国企业融入全球经贸体系的初期，中国凭借"世界工厂"的角色参与国际分工，制造业企业依靠产品高性价比的优势，通过贴牌代工的模式在国际市场崭露头角，在积累初步资本与技术的同时，助力中国制造业在全球产业链中占据一定位置。随着我国经济规模的不断扩大、国内市场需求的日益多元化以及国际竞争的持续加剧，产业升级成为必然趋势。

我国科技型企业凭借技术研发上的领先优势、逐步完善的全产业链布局，已步入建立品牌优势的关键阶段，实现由"Made in China"向"Made by China"的转型，这一转变意味着它们将直接挑战发达国家市场原有的企业，尤其是在本土市场占据主导地位的老牌跨国公司和东道国龙头企业。对于我国已经具有全球行业竞争优势的科技型企业来说，在国际市场，尤其是发达国家市场，短期之内尚不能形成与老牌跨国公司和东道国龙头企业相匹敌的全方位竞争优势，一方面品牌认知度的建立需要大量的时间和市场投入，另一方面技术创新和市场渠道的开拓也需要长期的积累和适应。此外，发达国家市场的消费者对产品质量和服务有着更高的期待，出海科技型企业需要在品质、服务、创新等多个方面形成独特竞争优势，才能在激烈的市场竞争中站稳脚跟。因此，科技型企业在出海过程中，不仅要面对来自原有市场占有者的竞争，还要应对自身品牌升级和国际化能力提升的双重挑战。

三、市场准入：海外市场隐性壁垒愈加普通

相较于传统资源密集型行业，科技型企业产品和服务的技术含量高，这使其在进入海外市场时，面临更为复杂的市场准入问题。其中，生物医药行业作为科技型企业的典型代表，在出海进程中，充分凸显了科技型企业面临的市场准入压力。

生物医药产品的特殊性决定了其海外上市必须经过严格的标准认证流程。这一过程存在认证时间漫长、成本高昂以及重复认证等诸多难题。以广东生物医药企业出海重点目的地东南亚国家和地区为例，由于各国医疗水平、经济社会发展程度差异较大，其产品认证体系各不相同，企业往往需要面对"一国一认证"的复杂局面，这无疑大幅增加了产品的上市成本。例如，在"药品注册审评"环节，不同国家之间的评审要求存在较大差异。新加坡建立了高标准、高效率、透明且成熟的审评体系，虽然这一体系能够有效保障药品质量，但对于生物医药企业而言，意味着需要满足更为严格的标准，大幅增加了认证难度。而马来西亚、印度尼西亚等国，自身缺乏独立的评审体系，主要认可欧美国家的认证结果，如表10-3所示。这就导致企业在这些国家上市时，不仅要先获取欧美认证，从而增加了时间与成本投入，还可能因欧美认证标准与当地实际需求不完全匹配，影响产品在当地的市场适应性。

科技型企业在出海过程中，复杂的认证体系和审评标准，成为企业拓展海外市场的重要阻碍，亟待各相关方共同探索解决方案，以推动科技型企业顺利出海。

表10-3 东南亚代表国家海外药品注册要求

		新加坡	马来西亚	印度尼西亚
监管机构		卫生科学局（HSA）	国家药品管理局（NPRA）	国家药品和食品管理局（BPOM）
注册评审要求	境外临床试验数据	如在境外人群中开展过大样本试验且临床数据符合ICH要求，可接受海外临床试验数据	接受符合ICH和/或WTO的海外临床数据；针对治疗公共卫生的疾病的新药须包含10%的本地受试者	接受符合ICH和/或WTO指南的海外临床试验数据，但在调整了药物使用方法、剂量、不同人种将会出现不同反应时须开展额外试验

续　表

		新加坡	马来西亚	印度尼西亚
注册评审要求	优先评审路径	仅适用于通过了一个参考国家的批准并可解决临床未满足需求的新药	临床未满足需求、救命药、第一个仿制药可进行优先审批；已在参考国家获批，可简化流程	对于治疗罕见病、癌症等严重疾病的药物可进行优先审查；对于已在参考国获批药物，适用120天简略评审路径
	审批周期	0～8个月	12～18个月	5～10个月
	上市许可持有人	须在当地注册，海外药企可自行注册当地公司或授权给当地的代理机构	须在当地注册公司且在马来西亚公司委员会注册，海外药企可自行注册当地公司或授权给当地的代理机构	海外制造商须委托一家已在印度尼西亚注册为生产商的公司代为开展药品注册

资料来源：课题组根据各国药品、公共健康等监管机构公开信息整理。

四、专业服务：支撑功能待强化

科技型企业在实施海外投资战略时更需要专业服务支撑，往往置身于复杂的金融、法律与商业环境之中。

在金融层面，跨境资金安排是首要难题，外汇管理政策的差异以及资本流动限制，使得企业必须依赖专业金融服务机构的支持，以确保资金流转的合规性与高效性。在合规运营层面，各国法律法规大相径庭，企业在市场准入、合同签订、税务筹划等关键环节，都离不开法律专家的专业指导，以规避潜在法律风险。在要素支撑方面，海外投资企业对人才需求呈现多元化。科技型企业不仅需要具备前沿专业技术的人才，更需要熟悉当地市场环境、法律法规以及文化背景的复合型人才。同时，融入当地商业网络至关重要，与当地会计师事务所、人力资源公司等服务机构的合作，是保障业务顺利开展的必要条件。

在跨国经营期间，科技型企业还需应对专利保护、应急处置等复杂问题。这些领域既要求高度专业的知识储备，又考验企业的快速响应能力。从市场细分角度来看，以欧美为代表的发达国家和地区，专利申请与维护成本居高不下。依据美国专利商标局（USPTO）和欧洲专利局（EPO）的数据，专利维护费用随时间递增，且专利申请通常需聘请专业知识产权律师代理，其高昂的小时费用可达几百至几千美元。而在部分新兴国家市场，由于知识产权保护体系尚不完善，存在裁定标准不一、执行不到位等问题，企业面临专利实际灭失的风险。此外，专利保护布局涵盖争端解决、损失补偿、海外诉讼等一系列复杂问题，无疑显著增加了企业在海外市场的运营成本。

第三节　先进地区支持企业"走出去"的经验借鉴

在企业"走出去"开展海外布局已是大势所趋的背景下，各地纷纷采取措施推动本地企业拓展海外市场，形成了一系列有代表性的举措，可以为广东科技型企业安全高效出海提供经验借鉴。

一、上海：技术创新托底推动企业对外投资迈向更高阶段

上海是我国较早推动企业"走出去"开展海外布局的地区之一，近年来，企业对外投资迈入了更高的发展阶段，如对外投资聚焦医疗装备、绿色低碳等高端科技行业。

上海市商务委数据显示，2024年前三季度，上海共备案对外直接投资项目达674个，中方投资额为61.34亿美元，同比增长13.8%；对外投资领域主要集中在高端科技产业，民营企业对外投资占全市总额的九成。一是鼓励企业通过技术创新提升产品竞争力。较有代表性的案例是联影医疗，其数字PET探测器突破了业界分辨率和灵敏度极限，成功吸引了美国加利福尼亚大学戴维斯分校等团队的合作，通过与高等院校等科研机构合作，联影医疗得以在美国市场站稳脚跟，并以此拓展其他国家的市场。二是推动企业向绿色、低碳方向发展。在全球ESG标准趋向强制化、统一化、精细化的背景下，上海积极支持绿色低碳产业的发展，鼓励企业在出海过程中通过技术和模式创新，打造"上海制造"服务全球的绿色新名片。三是向出海企业提供全方位的服务支撑，包括提供政策支持、资金扶持、人才引进等，协助企业

更好地应对海外市场更严格的贸易投资准入和技术认证要求，提高国际化经营的成功率。

二、浙江：打造本土民营跨国公司"领航企业"

浙江本土民营跨国公司"领航企业"评价对象为总部设在浙江，具有一定的国际竞争力、品牌影响力强、产业链全球布局、占领价值链制高点、跨国经营指数较高且自愿接受评价的本土民营跨国公司。评价内容由企业国际化能力、企业产业链布局、企业品牌影响力、企业合规经营水平四个方面组成，评价体系由企业跨国指数、年度跨国经营绩效、全球资源要素整合能力、对浙江经济贡献度、海外社会责任履行以及合规经营五个方面23项数据组成。评选出的民营企业均为浙江各地民营企业的"排头兵"和"金名片"。

在"领航企业"评价体系的指引下，浙江培育出多家具有知名行业影响力、国际化布局走在前列的本土民营跨国公司，如荣盛控股、乐歌人体工学、青山控股、华友钴业等技术水平领先、行业影响力较大、海外布局广泛的国际化企业。

三、江苏：将自贸区战略融入企业全球化布局

随着国际力量对比变化，保护主义和逆全球化思潮不断抬头，各种因素错综交织，使得江苏企业"走出去"面临更加复杂的外部环境。为此，江苏积极引导企业在"走出去"过程中利用自贸协定等国际经贸规则，合理调整优化全球生产和采销市场布局。

一是利用自由贸易区网络合理布局生产，合力利用中国—东盟自贸协定优惠政策将生产线转移至生产成本较低的国家和地区安排生产。

二是综合利用自由贸易区网络扩大产业布局，重点引导江苏本地在光电传输基础设施领域的领军企业，利用别国自由贸易区网络优化生产布局，在巴西、摩洛哥等"一带一路"共建国家投资建厂，并在泰国、越南、澳大利亚等自贸伙伴国家设立营销中心，利用投资所在国的自由贸易区网络有力地

提升了该公司在全球电缆市场的份额和影响力。

三是及时调整全球生产网络布局，在守住传统欧美市场的同时拓展国际市场。引导江苏本地汽车零部件生产和销售企业，积极利用我国及其投资所在国的自由贸易区网络，及时调整生产方案，使产品获得原产资格后出口美国，不仅避免了美国对我国加征的高额关税，还利用美国给予的普惠制关税待遇，提升了产品的价格竞争力。

第四节　广东构建高水平开放型经济新体制推动科技型企业"走出去"的建议

广东是我国改革开放的前沿，科技型企业对外投资开展全球布局起步早、发展迅速、引领带动效果明显。着力破解对外投资体制机制改革中的难点堵点，为科技型企业出海提供更加顺畅、高效、全方位的服务支撑，既是广东践行改革开放前沿阵地的使命担当，先行先试探索对外投资新路径，为全国深化对外投资管理体制机制改革积累经验，又能够发挥引领示范作用，带动更广大范围内的科技型企业安全高效出海，提升我国科技产业国际竞争力，推动现代化产业体系建设再上新台阶，更好地服务国家发展大局。

一、加强统筹，完善对外投资管理服务机制

强化部门协同性，建立对外投资监督管理部门之间的常态化沟通协调机制，从全周期服务视角重构管理框架。

一是优化投前咨询服务机制，整合资源建立科技型企业对外投资重点信息共享和敏感信息定向推送机制。编制重点出海目的地投资手册并进行动态更新，重点提供出口管制、技术审查线、知识产权实践等信息。建立企业技术特征标签体系，根据核心技术领域（如AI算法、半导体材料）自动匹配目标国别风险预警，提供定制化国别技术安全评估报告。

二是完善投中审批与专业服务支持。推动金融机构开发适合科技型企业

的跨境融资产品，如知识产权质押融资、海外项目收益权质押贷款等，拓宽融资渠道。简化科技型企业对外投资所需资金的运作与融资审批流程，对符合国家战略方向、创新能力强的科技型企业项目给予优先审批权限。

三是强化投后风险防范机制。建立技术安全事件的分级响应机制，对于核心专利灭失、科技类资产收缴等突发事件制定应急预案。在重点区域（如欧美、东南亚国家）设立海外技术维权中心，提供知识产权紧急仲裁、技术合同纠纷调解等在地服务。

二、整合资源，搭建专业化服务平台

一是升级现有平台功能，构建科技型专属服务体系。依托中国企业"走出去"综合服务基地，与贸促会、行业协会等组织机构合作，建设专门的科技企业出海服务平台，提供政策指引、资源对接、市场拓展、法律保障等全流程服务，同时平台与国家发展改革委、商务部等建立紧密联络，全面统筹协调包括科技型企业在内的各类企业对外投资咨询、备案等事宜，对企业出海行政审批流程进行系统性优化，以显著提升办事效率。

二是组建混合所有制平台型企业，强化资源配置效能。平台企业以国有资本为主导，联合区域内海外运营成效显著的企业，鼓励外资参与，共同为科技企业海外运营提供全要素保障。其中，国有资本发挥引领和稳定作用，保障平台的战略方向与国家科技发展战略一致；民营、外资企业重点发挥海外网络优势，一方面推动科技企业安全高效开展海外运营，另一方面可以扩大服务支撑范围为东道国企业提供市场拓展、品牌建设等专业服务。

三是培育中资科技专业服务机构，完善服务支撑网络。加大对中资专业服务机构的培育力度，支持相关机构提升专业能力，吸引和培养熟悉国际科技投资规则、海外法律、知识产权保护等领域的专业型复合人才。鼓励中资专业服务机构加强与国际知名机构的交流合作，学习先进经验和技术，提升服务质量和国际竞争力。建立行业规范和监管机制，引导中资专业服务机构健康发展，为科技型企业对外投资提供可靠、专业的服务保障。

三、把握机遇，提升优势行业标准的市场话语权

发挥广东企业在部分科技领域已建立起的行业竞争优势，在产品服务"走出去"的同时争取将行业标准"带出去"，巩固和提升话语权。

一是深度嵌入国际标准治理体系。以人才派驻与机构引进并行的方式，一方面遴选半导体、新能源、生物医药等优势领域专家，派驻到国际标准化组织（ISO）、国际电信联盟（ITU）、国际电工委员会（IEC）等具有国际通行的行业标准制定组织，参与前沿领域的标准制定工作，另一方面推动国际标准制定组织在深圳前海、广州南沙、珠海横琴等重大合作平台设立分支机构，加速本地企业与国际规则接轨。

二是联动港澳推动本地优势标准与国际标准融合对接。香港、澳门作为自由港，国际标准规则体系已运行多年，对变化趋势、行业规则有更准确地把握。可将港澳作为中国标准与国际标准融合对接的缓冲带，在我国企业可接受的成本范围内，以港澳标准为指引对我国标准进行国际化升级改造，建立现行行业标准与国际通行标准均可接受的标准体系。

三是成立企业联盟抱团推动标准"走出去"。发挥珠三角城市群产业体系完备、供应链集中的优势，推动成立珠三角走出去企业联盟，抱团争夺国际标准话语权。选取专利技术多、市场占有率高、核心技术拥有自主知识产权的行业产品，探索专利与标准融合，积极对标国际标准，以联盟标准的形式推广市场，并逐渐扩大影响力实现优势行业标准"走出去"。

四、协同内外，发挥商协会的桥梁纽带作用

境内外的粤商协会在长期的发展过程中，积累了丰富的商业资源与多元化的专业服务能力，是联络企业与市场、企业与职能部门的桥梁和纽带。

一是推动境内粤商协会整合产业链。境内粤商协会应利用覆盖产业上下游的优势，引导行业整链式海外拓展。组织上下游企业共同参与海外投资项目，推动研发、生产、销售等环节协同布局，提升产业链竞争力和抗风险能力，为科技型企业海外投资筑牢基础。

二是强化境外粤商协会地缘对接功能。境外粤商协会要依托地缘优势，积极对接东道国资源。协助科技型企业寻找合作伙伴，获取生产要素、打通销售渠道，助力企业融入当地市场，提高经营效率，规避因文化差异和信息不对称带来的风险，为企业海外发展保驾护航。

三是促进境内外粤商协会联动。建立境内外粤商协会常态化沟通机制，加强信息共享与经验交流。境内协会及时传递国内产业动态、政策导向，境外协会反馈海外市场需求、投资环境变化。双方携手为科技型企业提供全流程服务，从投资规划、项目落地到运营支持形成合力，推动科技型企业在海外稳健发展。

五、联动港澳，提供高水平服务支撑

在当前及未来，香港作为国际金融中心和自由贸易港，在我国企业出海进程中扮演着关键中转站的角色。其专业化服务水平高、全球网络广泛，国际化要素能有效满足科技型企业出海的需求。

一是用好香港国际网络。涉外职能部门联合行业商协会等民间团体，与港澳国际机构紧密协作，共同布局专业服务网点。以大湾区合作的名义，积极争取香港贸发局商业网络加挂大湾区出海企业服务平台标牌。借助香港贸发局庞大的全球商业网络，为科技型企业提供海外市场信息、商业机会对接等服务，助力企业拓展国际业务，降低海外投资风险。

二是用好香港专业服务与人才。积极联动港澳，面向全球招揽专业技术人才及团队，充实科技型企业科研力量，提升其全球化运营能力和国际市场竞争力。深化粤港澳三地合作，试行更加便捷的人才跨境流动与执业政策，打破人才流动障碍。同时，深度对接港澳地区金融、法律、仲裁等投融资领域的专业服务机构，搭建线上线下服务对接平台，让本地科技型企业不出境就能便捷获得港澳优质专业的服务，为企业海外投资提供全方位专业保障。

三是用好香港资本支撑。加强内地与香港资本市场的互联互通，鼓励香港资本参与科技型企业海外投资项目。推动香港金融机构为科技型企业量身

定制跨境投融资产品，拓宽企业海外融资渠道。支持内地科技型企业利用香港国际金融市场进行股权融资、债券发行等活动，吸引全球资本助力企业海外业务拓展。设立粤港澳大湾区科技型企业海外投资专项基金，引导香港资本聚焦科技型企业出海项目，发挥资本杠杆作用，推动科技型企业在海外市场实现跨越式发展。

参考文献

[1] ACEMOGLU D，P. RESTREPO. The race between man and machine：implications of technology for growth，factor shares，and employment[J]. American Economic Review，2018，108（6）：1488-1542.

[2] 杨光，侯钰.工业机器人的使用、技术升级与经济增长[J].中国工业经济，2020（10）：138-156.

[3] LIN C，XIAO S，TANG P. Does artificial intelligence improve export technical complexity upgrade of manufacturing enterprises? evidence from China[J]. SAGE Open，2024，14（3）.

[4] 邹伟勇，熊云军.中国城市人工智能发展的时空演化特征及其影响因素[J].地理科学，2022，42（7）：1207-1217.

[5] 陈楠，蔡跃洲.人工智能技术创新与区域经济协调发展：基于专利数据的技术发展状况及区域影响分析[J].经济与管理研究，2023，44（3）：16-40.

[6] 王永钦，董雯.机器人的兴起如何影响中国劳动力市场？：来自制造业上市公司的证据[J].经济研究，2020，55（10）：159-175.

[7] 周慧珺.经济的空间集聚与人工智能发展：基于工业机器人数据的实证检验[J].产业经济评论，2022（5）：154-173.

[8] 张亚斌，谢岳峰，王振国，等.人工智能如何促进贸易强国建设[J].国际贸易问题，2023（9）：1-18.

[9] 陈志，程承坪，封立涛.人工智能是否有助于解决中国经济增长的结构性减速[J].经济问题探索，2022，（2）：47-57.

[10] 韩君，颜小凤，韦楠楠.人工智能对中国就业技能结构影响的区域差异研究[J].西北人口，2022，43（3）：45-57.

[11] 黄晓凤，朱潇玉，王金红.人工智能提升了中国制造业企业的全要素生产率吗[J].财经科学，2023（1）：138-148.

[12] 周杰琦，陈达，夏南新.人工智能对绿色经济增长的作用机制与赋能效果：产业结构优化视角 [J].科技进步与对策，2023，40（4）：45-55.

[13] UKROWSKA K . Technologies 4.0 and their impact on international trade[J]. Prace Naukowe Uniwersytetu Ekonomicznego We Wrocławiu，2019，63（4）：52-66.

[14] ERIK B，XIANG H，MENG L. Does machine translation affect international trade? evidence from a large digital platform[Z].NBER Working Paper，2018.

[15] 赵春明，钟晓欢，邹惠媛.工业智能化助推我国贸易高质量发展的作用路径与举措[J].国际贸易，2023（3）：3-10，28.

[16] 徐晔，朱婕，陶长琪.智能制造、劳动力技能结构与出口技术复杂度[J].财贸研究，2022，33（3）：16-27.

[17] STAPLETON K，WEBB M. Automation，trade and multinational activity：micro evidence from Spain[J]. CSAE working paper series，2020，16.

[18] GEORG GRAETZ，GUY MICHAELS. Robots at work[J].The Review of Economics and Statistics，2018，100（5）：753-768.

[19] 黄晓凤，汪琳，朱毅轩.人工智能技术赋能国际贸易的效应研究 [J].财经理论与实践，2022，43（4）：114-121.

[20] 唐宜红，顾丽华.智能制造对出口的影响：基于工业机器人的经验证据[J].国际经贸探索，2022，38（4）：4-21.

[21] 路玮孝，孟夏.工业机器人应用、就业市场结构调整与服务贸易发展[J].国际经贸探索，2021，37（9）：4-20.

[22] 马其家，冯慧敏.跨境生成式人工智能服务贸易的障碍与中国因应[J].亚太经济，2024（5）：88-99.

[23] 陈明艺，胡美龄.技术创新对我国劳动力市场的影响研究：以人工智能技术为例 [J].新金融，2020（8）：25-33.

[24] 夏杰长.以数字技术推动服务贸易高质量发展[J].红旗文稿，2023（19）：

38-40.

[25] 史丹，聂新伟，齐飞.数字经济全球化：技术竞争、规则博弈与中国选择[J].管理世界，2023，39（9）：1-15.

[26] 于蔚，汪淼军，金祥荣.政治关联和融资约束：信息效应与资源效应[J].经济研究.2012，47（9）：125-139.

[27] 马述忠，张洪胜.集群商业信用与企业出口：对中国出口扩张奇迹的一种解释[J].经济研究，2017，52（1）：13-27.

[28] 邵朝对，苏丹妮.国内价值链与技术差距：来自中国省际的经验证据[J].中国工业经济，2019（6）：98-116.

[29] 唐巧盈，张心志，戴丽娜.美国对华科技投资审查机制演进及其悖论[J].国际关系研究，2025（1）：57-76，156-157.

[30] 徐昕，吴金昌.单边经济制裁引发国际投资争端的路径、挑战及中国应对[J].国际经济评论，2024（5）：7，105-126.

[31] 姜照.推动对外投资高质量发展（人民时评）[N].人民日报，2024-12-25（5）.

[32] 桑百川，武云欣，李川川.美国限制对华科技投资的演进、影响与应对[J].国际贸易，2024（5）：74-86.

[33] 曲如晓，王陆舰，杜毓琦.专利出海与中国企业对外直接投资[J].经济与管理研究，2024（6）：112-130.

[34] 张晓涛.我国出海企业投资发展现状及对策研究[J].人民论坛，2024（13）：54-58.

[35] 薛军，等.中国民营企业对外直接投资指数年度报告（2023）[M].北京：人民出版社，2024.

[36] 陈兆源，杨挺，程润涛.2023年中国对外直接投资趋势展望[J].国际经济合作，2023（2）：48-59，92.

[37] 洪联英，张玉珍，吴雨奇，等.全球政策不确定性、组织控制与民营企业海外投资安全[J].世界经济研究，2022（9）：62-77，136.

附 录

广东对外贸易商品构成表（按HS分类）

第1类 活动物；动物产品	第01章 活动物 第02章 肉及食用杂碎 第03章 鱼、甲壳动物、软体动物及其他水生无脊椎动物 第04章 乳品；蛋品；天然蜂蜜；其他食用动物产品 第05章 其他动物产品
第2类 植物产品	第06章 活树及其他活植物；鳞茎、根及类似品；插花及装饰用簇叶 第07章 食用蔬菜、根及块茎 第08章 食用水果及坚果；甜瓜或柑橘属水果的果皮 第09章 咖啡、茶、马黛茶及调味香料 第10章 谷物 第11章 制粉工业产品；麦芽；淀粉；菊粉；面筋 第12章 含油子仁及果实；杂项子仁及果仁；工业用或药用植物；稻草、秸秆及饲料 第13章 虫胶；树胶、树脂及其他植物液、汁 第14章 编结用植物材料；其他植物产品
第3类 动、植物油、脂、蜡；精制食用油脂	第15章 动、植物或微生物油、脂及其分解产品；精制的食用油脂；动、植物蜡
第4类 食品；饮料、酒及醋；烟草及制品	第16章 肉、鱼、甲壳动物、软体动物及其他水生无脊椎动物、昆虫的制品 第17章 糖及糖食 第18章 可可及可可制品 第19章 谷物、粮食粉、淀粉或乳的制品；糕饼点心 第20章 蔬菜、水果、坚果或植物其他部分的制品 第21章 杂项食品 第22章 饮料、酒及醋 第23章 食品工业的残渣及废料；配制的动物饲料 第24章 烟草、烟草及烟草代用品的制品；非经燃烧吸用的产品，不论是否含有尼古丁；其他供人体摄入尼古丁的含尼古丁的产品
第5类 矿产品	第25章 盐；硫磺；泥土及石料；石膏料、石灰及水泥 第26章 矿砂、矿渣及矿灰 第27章 矿物燃料、矿物油及其蒸馏产品；沥青物质；矿物蜡
第6类 化学工业及其相关工业的产品	第28章 无机化学品；贵金属、稀土金属、放射性元素及其同位素的有机及无机化合物 第29章 有机化学品 第30章 药品 第31章 肥料 第32章 鞣料浸膏及染料浸膏；鞣酸及其衍生物；染料、颜料及其他着色料；油漆及清漆；油灰及其他类似胶粘剂；墨水、油墨

第6类 化学工业及其相关工业的产品	第33章 精油及香膏；芳香料制品及化妆盥洗品
	第34章 肥皂、有机表面活性剂、洗涤剂、润滑剂、人造蜡、调制蜡、光洁剂、蜡烛及类似品、塑型用膏、"牙科用蜡"及牙科用熟石膏制剂
	第35章 蛋白类物质；改性淀粉；胶；酶
	第36章 炸药；烟火制品；引火合金；易燃材料制品
	第37章 照相及电影用品
	第38章 杂项化学产品
第7类 塑料及其制品；橡胶及其制品	第39章 塑料及其制品
	第40章 橡胶及其制品
第8类 革、毛皮及制品；箱包；肠线制品	第41章 生皮（毛皮除外）及皮革
	第42章 皮革制品；鞍具及挽具；旅行用品、手提包及类似容器；动物肠线（蚕胶丝除外）制品
	第43章 毛皮、人造毛皮及其制品
第9类 木及制品；木炭；软木；编结品	第44章 木及木制品；木炭
	第45章 软木及软木制品
	第46章 稻草、秸秆、针茅或其他编结材料制品；篮筐及柳条编结品
第10类 纤维素浆；废纸；纸、纸板及其制品	第47章 木浆及其他纤维状纤维素浆；回收（废碎）纸及纸板
	第48章 纸及纸板；纸浆、纸或纸板制品
	第49章 书籍、报纸、印刷图画及其他印刷品；手稿、打字稿及设计图纸
第11类 纺织原料及纺织制品	第50章 蚕丝
	第51章 羊毛、动物细毛或粗毛；马毛纱线及其机织物
	第52章 棉花
	第53章 其他植物纺织纤维；纸纱线及其机织物
	第54章 化学纤维长丝；化学纤维纺织材料制扁条及类似品
	第55章 化学纤维短纤
	第56章 絮胎、毡呢及无纺织物；特种纱线；线、绳、索、缆及其制品
	第57章 地毯及纺织材料的其他铺地制品
	第58章 特种机织物；簇绒织物；花边；装饰毯；装饰带；刺绣品
	第59章 浸渍、涂布、包覆或层压的纺织物；工业用纺织制品
	第60章 针织物及钩编织物
	第61章 针织或钩编的服装及衣着附件
	第62章 非针织或非钩编的服装及衣着附件
	第63章 其他纺织制成品；成套物品；旧衣着及旧纺织品；碎织物
第12类 鞋帽伞等；羽毛品；人造花；人发品	第64章 鞋靴、护腿和类似品及其零件
	第65章 帽类及其零件
	第66章 雨伞、阳伞、手杖、鞭子、马鞭及其零件
	第67章 已加工羽毛、羽绒及其制品；人造花；人发制品

第 13 类 矿物材料制品；陶瓷品；玻璃及制品	第 68 章 石料、石膏、水泥、石棉、云母及类似材料的制品
	第 69 章 陶瓷产品
	第 70 章 玻璃及其制品
第 14 类 珠宝、贵金属及制品；仿首饰；硬币	第 71 章 天然或养殖珍珠、宝石或半宝石、贵金属、包贵金属及其制品；仿首饰；硬币
第 15 类 贱金属及其制品	第 72 章 钢铁
	第 73 章 钢铁制品
	第 74 章 铜及其制品
	第 75 章 镍及其制品
	第 76 章 铝及其制品
	第 78 章 铅及其制品
	第 79 章 锌及其制品
	第 80 章 锡及其制品
	第 81 章 其他贱金属、金属陶瓷及其制品
	第 82 章 贱金属工具、器具、利口器、餐匙、餐叉及其零件
	第 83 章 贱金属杂项制品
第 16 类 机电、音像设备及其零件、附件	第 84 章 核反应堆、锅炉、机器、机械器具及零件
	第 85 章 电机、电气设备及其零件；录音机及放声机、电视图像、声音的录制和重放设备及其零件、附件
第 17 类 车辆、航空器、船舶及运输设备	第 86 章 铁道及电车道机车、车辆及其零件；铁道及电车道轨道固定装置及其零件；附件；各种机械（包括电动机械）交通信号设备
	第 87 章 车辆及其零件、附件，但铁道及电车道车辆除外
	第 88 章 航空器、航天器及其零件
	第 89 章 船舶及浮动结构体
第 18 类 光学、医疗等仪器；钟表；乐器	第 90 章 光学、照相、电影、计量、检验、医疗或外科用仪器及设备、精密仪器及设备；上述物品的零件、附件
	第 91 章 钟表及其零件
	第 92 章 乐器及其零件、附件
第 19 类 武器、弹药及其零件、附件	第 93 章 武器、弹药及其零件、附件
第 20 类 杂项制品	第 94 章 家具；寝具、褥垫、弹簧床垫、软坐垫及类似的填充制品；未列名灯具及照明装置；发光标志、发光铭牌及类似品；活动房屋
	第 95 章 玩具、游戏品、运动用品及其零件、附件
	第 96 章 杂项制品
第 21 类 艺术品、收藏品及古物	第 97 章 艺术品、收藏品及古物
第 22 类 特殊交易品及未分类商品	第 98 章 特殊交易品及未分类商品
	第 99 章 跨境电商 B2B 简化申报商品